로마서는 미스터리다. 라이트는 우리를 저 휘장 뒤, 지성소 안으로 들어가는 흥미진진한 여행으로 인도한다. 인간이 영광 가운데 어떻게 새로워지고 있고, 어떻게 온 피조 세계가 새로워지고 있으며, 하나님이 영예를 받으시는지 찾아보라. 우리 왕이요 대제사장이신 예수를 응시하면, 우리의 참된 사명과 인간의 목적을 발견한다.

매튜 베이츠, 퀸시대학교 신학 교수

라이트는 먹이로 돌진하는 송골매처럼 독자가 멋지게 창공을 날아, 바울이 로마에 있던 가정교회들에게 보낸 서신의 심장이라 할 로마서 8장을 샅샅이 살펴볼 수 있게 인도한다. 로마서 8장에는 속죄, 영과 육, 입양, 사랑, 소망처럼 살펴볼 것이 아주 많다. 라이트는 우리를 실망시키지 않고 통찰이 담긴 설명과 누구라도 읽을 수 있는 글을 놀랍게 뒤섞어 제시한다. 이 책을 읽는 이 가운데는 로마서가 실제로 하는 말이 이렇다는 것을 이 책을 읽으며 깨닫는 이가 많을 것이다.

마이클 버드, 호주 멜버른 리들리 칼리지 학장 대리

우리 시대의 가장 위대한 성경학자가, 사도 바울이 쓴 가장 위대하다 할 수 있는 장章에 관하여 무르익은 성찰 결과를 내놓았다. 우리가 이보다 나은 통찰을 요구할 수 있을지 의문이다. 이 책은 대단히 탁월하며, 그리스도인의 삶을 샅샅이 꿰뚫는 시각도 설득력이 있다. 그러나《로마서의 심장 속으로》에서 무엇보다 두드러진 것은 라이트의 꼼꼼함이다. 그는 바울의 논지를 하나하나 자세히 강해하면서, 독자를 해석 과정으로 초대한다. 그의 이 작품은 우리 많은 이에게 익숙한 바울 패러디라기보다는 정녕 더 나은 '로마서의 길'로 인도하는 초대다. 읽고 변화를 체험하기를 바란다.

맥스 보트너, 제섭대학교 성경학 조교수

N. T. 라이트의《로마서의 심장 속으로》는 그가 쓴 '모든 사람을 위한' 시리즈와 비슷한 느낌으로 로마서 8장 주석을 제공한다. 이 주석은 해석학 입문서이자 바

울신학 입문서 역할을 할 만하다. 라이트는 로마서 8장이라는 유리한 지점에서 바울의 로마서를 여러 구역과 도시가 복잡하게 얽혀 있는 하나의 복잡한 도시처럼, '로마서의 길'이 데려다줄 수 있는 짧은 통근로보다 훨씬 정교한 복잡한 도시처럼 볼 수 있게 해 준다.

존 앤서니 던, 벧엘 신학대학원 신약학 조교수

톰 라이트는 매력 있고 누구도 흉내 내지 못하는 그만의 스타일로, 성경에서 가장 심오한 장 가운데 하나를 만나게 해 준다. 그는 전형적인 해석에 이의를 제기하고 새로운 해석을 제시하면서, 우리가 로마서 8장을 교회를 향한 부름, 삼위일체 하나님을 따라 이 세상의 다양한 고통 속으로 들어가라고 하는 부름으로 볼 수 있게 해 준다. 이는 정말 필요했던 도전이다.

마이클 고먼, 세인트메리 신학대학원 대학교 레이먼드 브라운 성경학과 신학 석좌 교수

톰 라이트는 그리스도인이 말하곤 하는 원리의 본보기를 보여 준다. "성경에는 늘 배우고 또 배워야 할 것이 있다." 라이트는 로마서를 다룬 책을 두루 썼지만, 이번에는 새 언약, 새 창조, 하나님의 사랑, 회복된 인간 같은 핵심 주제를 한데 뭉쳐놓은 중심 본문인 로마서 8장에 초점을 맞춤으로써 신선한 통찰을 제시한다. 처음에는 독자들이 이 책을 보며 로마서 8장을 공부하고 있다고 생각하겠지만, 결국 성경 전체를 이해하게 될 것이다. 이것이 라이트의 장점이다. 이 책은 분명 로마서의 심장에 관하여 풍성한 대화를 나누게 해 줄 것이다.

니제이 굽타, 미국 노던 신학대학원 신약학 교수

톰 라이트는 《로마서의 심장 속으로》에서 성경 정독의 마스터클래스를 제공한다. 이제 로마서 8장은 그의 섬세한 강해 덕에 성경의 더 큰 이야기, 곧 죽음의 세력을 극복하고 변화된 하나님의 백성 안에서 그리고 그 백성을 통해 깨진 세계를 구해 내려는 하나님의 계획을 담은 더 큰 성경 이야기를 더 뚜렷하게 볼 수 있게 해 줄 렌즈가 되었다. 거꾸로, 라이트는 그 더 큰 이야기가 바울이 로마서 8장

에서 강조하는 다양한 것들의 논리를 어떻게 설명해 주는지 보여 준다. 로마서가 그저 개인이 죄를 용서 받고 천국에 가는 것을 이야기하는 책이라고 생각하는 이들에게, 이 책은 그야말로 충격일 것이요, 동시에 바울이 선포한 복음을 더 풍성히 이해하게 해 줄 자극제가 될 것이다.

리처드 헤이스, 듀크대학교 조지 워싱턴 신약학 명예 교수

톰 라이트의 매력이 넘치는 책이다. 이제 독자들은 라이트의 꼼꼼한 인도 덕분에 설득력 있는 로마서 8장 조감도를 볼 수 있게 되었고, 그를 따라 창조와 구원에 관한 모든 이야기를 설명하면서 칭의와 영화, 열매 맺는 고난, 기독론과 같은 핵심 주제를 강조하는 깊은 못으로 뛰어들 수 있게 되었다. 특히 유익한 점은 라이트가 새로운 근거를 바탕으로 인간이 '하나님의 형상을 가진 이'(고대 교부들과 궤를 같이 한다)요 '성전 백성'(바울 자신과 궤를 같이 한다!)임을 집중 조명한 것이다. 라이트는 역시 바울에게서 '온전히 살아 있는 인간이 하나님의 영광'임을 배웠던 이레나이우스와 한 목소리로 노래한다.

이디스 험프리, 피츠버그 신학대학원 윌리엄 오어 신약학 명예 교수

이 작품은 바울의 가장 위대한 서신에 담긴 가장 위대한 장을, 생존해 있는 가장 위대한 바울 해석자가 설명해 놓은 것이다. 여기서 라이트는 바울의 방대한 성경관—창조, 선택, 포로로 잡혀감, 새 출애굽, 새 창조—이 모두 메시아와 영을 중심으로 재편되었음을 능숙하게 설명한다. 이를 통해 바울 해석자들은, 취약하고 그릇된 반대 명제와 철저한 오해에서 벗어나 초창기 기독교의 가장 심오한 신학자가 제시하는 거대한 신학 비전의 영광 속으로 들어간다.

크리스 쿠글러, 옥스퍼드 케블 칼리지 연구 조교

N. T. 라이트는 오래 전부터 로마서 8장이 그에게 친숙한 본문이요 바울을 이해하는 데 긴요한 본문임을 분명히 해 왔다. 우리는 이 책에서 목자요 교수이며 학자인 라이트를 만난다. 그는 (교수로서) 본문을 어떻게 읽어야 하는지 가르쳐 주

고, (학자로서) 본문에서 발견한 것을 가르쳐 주며, (목자로서) 바울의 가장 중요한 본문 가운데 하나에 담긴 바울의 메시지가 오늘날에도 여전히 교회에 중요한 이유를 가르쳐 준다. 아울러 이 책은 더 나은 본문 해석을 제시함으로써, 누군가의 의견을 바로잡는 주해가로 자라갈 능력을 가진 이란 어떤 사람인가를 라이트라는 모델을 통해 증언한다는 점에서 신선하다. 이 책은 치밀하면서도 여러 보상을 안겨 주는 바울의 가장 유명한 서신을 목자이자 주해자로서 풍성하게 분석하는 것이 어떤 것인지 보여 주는 모범이기도 하다.

이서 매콜리, 휘튼 칼리지 신약학 조교수

평생을 바울의 글을 연구하며 살아 온 N. T. 라이트는《로마서의 심장 속으로》에서 그의 인증마크라 할 놀라운 주제들을 치밀하면서도 사람들이 이해하기 쉽게 제시한다. 라이트는 이 신선한 습격을 통해 로마서 8장을 어떻게 이해해야 하고 바울을 어떻게 읽어야 하는지 가르쳐 준다. 개인 성경 연구, 그룹 토론, 회중 설교에 탁월한 그는, 신학 면에서 대단히 중요한 이 로마서 8장을 어려워하며 긴장할 수도 있는 이들에게 올바른 방향을 잡게 해 준다. 이 책은 바울의 선포를 세세히 따라가며 꼼꼼한 지도와 친절한 길잡이를 함께 제공한다. 내가 얻은 명쾌함에는 감사를, 바울에 관한 탁월한 설명에는 놀라움을 표할 수밖에 없고, 예수 그리스도의 승리에서 나타난 하나님의 은혜를 찬미할 수밖에 없다.

에이미 필러, 휘튼 칼리지 케네스 웨스너 성경학 석좌 교수

바울 연구 분야에서 톰 라이트보다 통찰력 있고, 성경을 두루 통합할 수 있으며, 중요한 해석자 이름을 대라면 선뜻 대기가 어려울 것이다. 아울러 그는 많은 책을 써 낸 이이기도 하다. 라이트에게 익숙하지 않아서 어디서 시작해야 할지 모르는 이들에게는 때론 그것이 버겁기도 하다. 그러나 이제 이 새 책 덕분에, 라이트는 당신의 길잡이가 되었다. 그는 우리를 바울 사상의 핵심을 관통하여 우리가 능히 이해할 수 있는 블록으로 단번에 데려다준다.

니콜라스 페린, 트리니티 국제대학교

소위 '경건주의의 아버지'인 필리프 야코프 슈페너는 성경이 반지요 로마서가 값진 보석이라면 로마서 8장은 그 보석에서 가장 빛나는 부분일 것이라고 말했다 한다. 톰 라이트는 아주 꼼꼼하게, 남다른 통찰을 발휘하여 로마서 8장을 다룬 이 책에서, 슈페너의 그 말을 분명하고 뛰어나게 증명해 보였다. 우리는《로마서의 심장 속으로》에서 탁월한 바울 해석자가 바울 사도가 쓴 본문 가운데 가장 의미 있고 기억할 만한 본문 중 하나의 깊이를 꼼꼼히 재고 측정했음을 본다. "그렇다면 이에 대하여 우리가 무슨 말을 하겠는가?"

토드 스틸, 베일러대학교, 트루이트 신학대학원 성경학 교수

톰 라이트의 새 책《로마서의 심장 속으로》는 학자의 엄격함과 그리스도인의 열정이 무엇인지 잘 보여 주는 본보기다. 톰은 유쾌하면서도 도전을 안겨 주는 방식으로 로마서 8장의 문을 연다. 그는 로마서 8장이 천국에 가는 방법을 요약하여 일러 주는 곳이 아니라, 아버지가 그 아들의 부활과 성령의 능력을 통해 온 피조 세계를 자신과 화해시킨 놀라운 이야기의 집약임을 우리에게 보여 준다. 학자든 평신도든 일단 이 책을 잡으면 내려놓기가 힘들 것이다.

프레스턴 스프링클, 뉴욕타임스 베스트셀러 저자이며 강연자

바울의 복잡한 사상을 잘 걸러 초심자를 비롯한 우리 모든 이가 바울이 구사하는 수사의 높이와 깊이를 파악할 수 있게 해 줄 담론을 들려줄 능력을 지닌 성경학자는 거의 없다. 그러나 톰 라이트는 그런 일을 할 수 있는 드문 학자다. 톰은 바울의 글에서 발견할 수 있는 논증 가운데 가장 감동 깊고 유려하지 않을까 싶은 로마서 8장에 초점을 맞춘 이 작은 책에서, 그 장을 신선하고도 놀랍게 설명해 준다. 그는 바울이 그리스도 안에서 죽은 자들이 부활할 때 일어날 온 피조 세계의 갱신을 언급하고 있다고 주장하며, 만물이 회복되고 그리스도가 다시 오실 때도 신자들이 저기 하늘 어딘가가 아니라 바로 여기 땅에서 어떤 역할을 할 것이라고 주장한다. 다시 말해, 하나님은 하늘에서 말라비틀어진 몇몇 영혼을 가지는 대가로 그가 지으신 세계 전체를 불태워 버리는 데(말 그대로) 관심이 없으시다. 아니, 도리어 창조주 하나님은 온 피조 세계를 새롭게 하고 회복함으로써 새 하늘과 새 땅이 존재하기를 원하신다. 이 땅에 있는 신실한 이들의 마지막 목적지는 하늘이 아니라 땅이다. 바울이 인간의 미래에 관하여 제시하는 비전에 관하여 더 알고 싶은 이라면 누구나 이 점을 알아야 한다.

벤 위더링턴 3세, 애즈베리 신학대학원 아모스 신약학 석좌 교수

로마서의 심장 속으로

INTO THE HEART OF
ROMANS

로마서의 심장 속으로

위대한 서신의 가장 위대한 장

톰 라이트 · 박규태 옮김

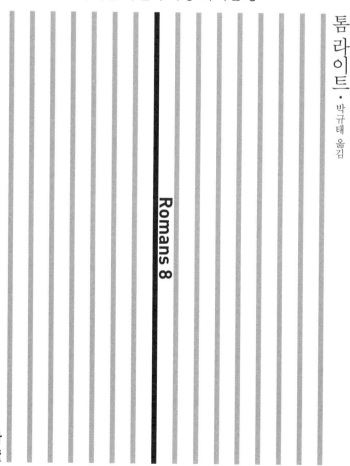

Romans 8

역자의 일러두기

• 저자가 인용한 성경 본문은 이미 나와 있는 한국어판에서 그대로 옮기지 않고, 저자가
  제시한 본문을 직접 번역했습니다.

피터 로저스 목사에게 헌정함

목차

14   서문

20   **1장** 로마서 8장의 맥락

60   **2장** 로마서 8:1-4 정죄함이 없다

112   **3장** 로마서 8:5-11 영이 생명을 준다

148   **4장** 로마서 8:12-17 영의 인도를 받음

184   **5장** 로마서 8:17-21 피조 세계의 해방

220   **6장** 로마서 8:22-27 영의 탄식

254   **7장** 로마서 8:28-30 의롭다 하심을 받고 영화롭게 됨

290   **8장** 로마서 8:31-34 하나님이 우리를 위하시면

326   **9장** 로마서 8:34-39 어떤 것도 우리를 하나님의 사랑에서
                              떼어놓을 수 없다

363   **부록 1_ 로마에서 시작된 종말론: 황금시대(사투르누스 시대)의 귀환**

365   **부록 2_ 히브리 종말론: 메시아 시대 그리고/또는 하나님의 영광이
                              돌아옴**

368   **참고 문헌**

370   **고대 자료와 성경 구절 색인**

이 책은 사람마다 달리 주장할 여지가 있기는 하지만 그래도 바울의 가장 위대한 서신에서 가장 위대한 장章이라 할 만한 곳을 깊이 연구한 결과다. 로마서 8장은 심장을 뛰게 하고 극적이지만, 동시에 치밀하며 적어도 우리 지성으로는 파악하기 어려울 때도 종종 있다. 첫 청중에게는 뚜렷했던 몇 가지가 우리에게는 명확히 보이지 않는 것 같다. 이는 우리가 바울 시대로부터 긴 시간이 지난 뒤에 다른 문화 속에서 살고 있기 때문이기도 하다. 그러나 우리의 다양한 기독교 전통 때문에 바울이 실제로 하지 않는 말을 한다고 지레 생각하게 된 까닭도 있으며, 바울에게는 대단히 중요했지만 현대 기독교 사상에서는 그다지 중요한 역할을 하지 못하게 된 다른 주제들을 차단해 버린 탓도 있다. 이런 문제를 해결할 유일한 길은 로마서 8장의 세세한 내용 속으로 더 깊이 뛰어드는 것이다. 말하자면, 본문을 조각조각 떼어낸 뒤 그 각 요소를 연구한 다음 다시 결합하여, 적어도 바울이 실제로 말하는 것을 들을 수 있도록 훨씬 더 가까이 다가가 보는 것이다. 그것이 내가 여기서 시도한 일이다.

이 책의 발단은 내가 평생 로마서의 매력에 끌린 덕분이다. 내 로마서 연구는 1970년대에 박사 과정에서 시작하여 몇몇 책과 논문으로 이어졌는데, 그중에서 특히 《로마서-NIB 주석 시리즈》(2003, New Interpreter's Bible에 속한 로마서 주석, 에클레시아북스), 대중서 《모든 사람을 위한 로마서 I, II *Paul for Everyone: Romans*》(2004, IVP), 그리고 방대한 논의인 《바울과 하나님의 신실하심*Paul and the Faithfulness of God*》(2013, CH북스)과 그 자매편 《바울을 바라보는 관점들*Pauline Perspectives*》(2013) 등이 언급할 만한 연구 결과물이다. (내가 내놓은 관련 출판물의 전체 목록은 이 책 뒤에서 볼 수 있다.) 그러나 2010년에서 2020년 사이에는 이전에 철저히 생각해 보지 않았던 성경 주제들을 연구하게 되었다. 그것은 특히 성전과 연관된 주제 그리고 초기 그리스도인이 그 주제를 다시 가져다 다룬 일과 관련이 있었으며, 또 초기 그리스도인이 예수를 창세기 1장 및 시편 8편이 말하는 것처럼 하나님의 형상을 지닌 인간으로 강조한 것과도 관련이 있었다. 나는 이 연구를 진행할 때 내가 지도하던 몇몇 박사 과정 학생에게서 자극을 받았는데, 그 가운데 크리스 커글러와 헤일리 고런슨 제이콥 두 사람은 특히 이 분야를 집중 연구하면서 내 이전 성경 해석 일부를 다시 생각해 보라는 도전을 했다. 오랜 벗인 브라이언 왈쉬와 실비아 키즈마트도 나와 사사로이 나눈 대화와 그들의 책 《로마서를 무장 해제하다*Romans Disarmed*》(2019)에서 역시 내게 그런 도전을 했다. 놀랍게도 나는 이 모든 도전에서, 내가 자라는 동안 함께 해 왔고 20여 년 전부터 나온 주석들에도 여전히 반영되어 있는 로마서 8장 해석과는 사뭇 다르게 로마서 8장을 읽어 보라는 자극을 받았다. 비록 내가 제시하는 새로운 관점이 일부 사람들에게는 많은 사고의 전환을 요구할 수도 있지만, 그럴지라도 그런 새로운 관점이 독자들에게 호소력을 가지기를 소망한다.

바울을 철저히 파고들 길은, 그가 본디 써 놓은 그리스어 본문을 읽는 길뿐이다. 그러나 많은 독자에게는 그런 일이 불가능하겠기에, 나는 음역音譯한 그리스어 본문과 함께 내가 직접 영어로 번역한 본문을 나란히 제시했다[《모든 사람을 위한 하나님 나라 신약성경*The New Testament for Everyone*》(2011, IVP 역간; 2023년에 원서 개정판 출간)]. 그리스어 성경이 하나도 없는 사람이라면 영역 성경을 적어도 두세 권은 가지고 있는 것이 바람직하다. 그래야 바울의 뉘앙스를 포착하는 일이 때로는 아주 복잡하고 어렵다는 것을 알 수 있다. 영역 성경 하나만으로는—당연히 내 역본도 그렇다!—바울이 제시하는 온갖 힌트와 암시를 제대로 간파하지 못한다.

이 책의 특징 가운데 하나는, 바울의 글은 물론 다른 본문들까지 더 깊이 연구하는 데 도움을 줄 안내서가 될 수 있다는 것이다. 나는 로마서 8장을 해설한 이 책의 각 장에서 세 가지 질문을 했다. 첫째, 그 문단 자체가 첫머리와 끝부분에서 주요 주제로 암시하는 것은 무엇인가? 둘째, 바울이 사용하는 소소한 접속어('이는', '그 까닭은', '그러나' 등)는 8장의 밑바탕에 흐르는 그의 생각을 어떻게 드러내는가? 바울의 문장은 하나하나가 멋대로 떠오른 생각을 두서없이 적어놓은 것이 거의 없다. 그의 문장들은 논리 정연한 논증을 이루며, 그의 사상과 복음 자체의 더 깊은 구조를 일러 준다. 셋째, 바울이 태어나고 자란 유대 세계든 아니면 그가 사역했던 더 거대한 그리스-로마 세계든, 바울이 몸담았던 더 큰 세계 속의 어떤 맥락이 그가 말하는 바와 자연스럽게 공명할까? 이는 여기서 상세히 탐구하기에는 너무 큰 분야지만, 몇 가지 출발점은 대단히 중요할 것이다.

다른 작품에서도 그리했지만, 여기서도 내 관행을 따라 성령을 비롯한 '영spirit'의 첫 자모로 소문자 's'를 사용하겠다. 신성神性을 상징하는 대문자를 사용하는 전통(어쨌든 영어에서만큼은 그렇다!)은 바울이 선택할 수 있는 방안이 아니었다. 바울이 *pneuma*에 관하여 한 말은, 많은 철학자가 그 단어를 다양한 의미로 사용하던 세계에서 통하는 말이어야 했다는 점을 되새겨 두는 것이 좋겠다. 또 '아버지'를 하나님을 가리키는 말로 사용할 때도 비슷한 이유로 같은 관행을 따랐다(한국어 번역문에서는 차이가 없겠지만, 하나님 아버지의 '아버지'를 Father가 아니라 father로 표시했다는 말이다―옮긴이).

이 책은 2021년 가을 옥스퍼드 위클리프 홀에서 열린 일련의 강연으로 시작되었다. 위클리프 홀은 내가 처음 옥스퍼드에 발을 디딘 뒤로 50년이 지나 다시 한번 내 학문의 고향이 되었다. 나를 도와준 위클리프 홀의 학장 마이클 로이드와 그의 동료들 그리고 그들이 가르치는 학생들에게 깊이 감사드린다. 아울러 지성의 멋이 넘치는 위클리프 홀에서 마음 맞는 이들과 함께 기도하고 우정을 나누는 생활을 할 수 있게 도와준 위클리프 홀의 벗들에게도 깊이 감사드린다. 그 뒤 나는 위클리프 홀에서 한 강연을 발전시켜 2022년 6월에 텍사스 웨이코의 트루이트 신학대학원에서 강연을 했다. 트루이트 신학대학원 원장인 토드 스틸 박사는 놀라울 정도로 나를 환대하는 자리를 만들어 주었다. 그런가 하면, 또 다른 오랜 벗인 캐리 뉴먼과 리앤 뉴먼도 그들 집에서 나를 더할 나위 없이 잘 보살펴 주었다. 트루이트 강연은 데이비드 시머스 박사가 이끄는 위스콘신 기독교 연구 센터에서 나온 팀이 관리해 주었는데, 시머스 박사는 www.ntwrightonline.org에 여러 강의를 편성해 놓았으며 그 가운데 이 책의 온라인 버전을 대비한 강의도 들어 있다.

내 책을 출간해 준 출판사들, 그리고 특히 크고 작은 여러 문제에 대해 조언과 도움을 아끼지 않은 SPCK의 필립 로와 존더반 아카데믹의 카티아 커브리트에게 변함없는 감사를 표한다. 아울러 내 가족, 그리고 특히 사랑하는 아내 매기에게 감사한다. 한 해 한 해 지나며 한 권 두 권 나오는 책이 늘어갈수록 내가 아내를 비롯한 가족에게 진 빚도 늘어만 간다. 책 앞부분에 쓴 헌사에는 평생에 걸친 우정이 담겨 있다. 피터 로저스는 1970년에 옥스퍼드에서 나와 같이 공부했으며, 그 뒤 세월이 흐르고 사는 곳이 멀리 떨어져 있어도 격려하고 기도해 주며 변함없이 내 대화 상대가 되어 주었고, 깨우침을 안겨 주는 주해와 목회의 지혜를 나눠 주었다.

톰 라이트
옥스퍼드 위클리프 홀

1장

로마서 8장의 맥락

2000년 1월, 나는 가족과 함께 런던 한가운데로 이사했다. 나는 이미 런던을 조금 알고 있었다. 영국박물관, 성^뿔바울 대성당, 런던탑을 알고 있었다. 버킹엄 궁, 의회 의사당, 웨스트민스터수도원도 알았다. 간선철도 노선의 한 역에서 다른 역으로 가는 법도 알았다. 로즈 크리켓 구장Lord's Cricket Ground처럼 정말 중요한 곳을 찾아갈 줄도 알았다. 그러니 런던으로 이사했어도 길을 몰라 집이나 지키고 있어야 할 신세는 아니었다. 그러나 이 모든 장소가 서로 어떻게 연결되어 있는지, 혹은 이곳에서 저곳으로 저곳에서 이곳으로 오가려면 어떻게 해야 하는지는 실제로 런던에 살아보고 나서야 알았다. 나는 보통 지하철로 이동하는데, 지하철로 이동하면 어디가 어딘지 알 수가 없다. 지하철은 요한복음 3장에 나오는 바람과 좀 비슷하다. 지하철이 내는 소리는 듣지만 그것이 어디서 와서 어디로 가는지는 알수가 없다.

그러나 일단 거기서 살게 되자 그런저런 교통망을 즐기게 되었다. 나는 몇 킬로미터씩 걸으면서 모든 것이 잘 연결되어 있음을 알게 되었다. 런던의 택시 운전사들이 이 거대하고 복잡한 체계 속에서 그들이 갈 길을 알고 있다는 점은 놀라웠다. 그들은 GPS 시스템을 비웃는다. 그들 자신이 살아 숨 쉬는 지도가 되었다. 그들은 두 해 동안 모든 곳을 걸어 다니면서 일방통행 체계와 지름길을 기억하고 기록하며 숙지한다. 그렇게 하고 나면 그것이 제2의 천성이 된다. 택시 운전사들의 뇌를 촬영한 결과는 실제로 그런 과정을 통해 그들의 뇌가 달라진다는 것을 보여 주었다. 공간 인식력이 발달하면서 뇌의 해마도 커진다.

많은 그리스도인이 로마서를 대할 때 내가 런던에 관하여 느끼곤 하는 것과 같은 느낌을 가진다. 이 책과 같은 책을 고르는 대다수 사람은 적어도 로마서의 핵심 본문 몇 개는 알지 않을까 싶다. 그런 본문들 가운데는 분명 로마서 3:23("모든 사람이 죄를 범하였으매 하나님의 영광에 이르지 못하더니"), 5:1(유명한 킹 제임스 역본은 "우리가 믿음으로 의롭다 하심을 받고 하나님과 평화를 누린다"라고 번역해 놓았다), 8:28이 있다. 그러나 8:28은 "하나님을 사랑하는 자…에게는 모든 것이 합력하여 선을 이루느니라"로 잘못 번역해 놓은 경우가 보통이다. 나는 대다수 사람이 로마서 8:39도 알기를 바란다. 작년에 세상을 떠난 여왕 엘리자베스 2세는 이 구절을 아주 소중히 여긴 나머지, 이 구절을 음악으로 만들어 자신의 장례식 때 초연을 해 달라고 부탁했다. "[그 무엇도] 우리 주 메시아 예수 안에서 나타난 하나님의 사랑에서 우리를 떼어놓지 못하리라." 또 현재 그리스도를 믿고 있는 많은 사람이 12:2도 알고 있다고 생각하고 싶다. 바울은 이 구절에서 "오직 마음을 새롭게 함으로 변화를 받[으라]"라고 명령한다. 많은 이가 바울의 이신칭의론(믿음으로 의롭다 하심을 받는다는 가르침)이 로마서 3장에 뿌리를 두고 있음도 알 것이다. 또 로마서 7장이 죄와 싸우는 이로 언급한 이가 그리스도인인지 아니면 비그리스도인인지가 여러 세기 동안 수수께끼로 남아 있음을 떠올릴 이들도 많을 것이다. 이 외에도 많은 구절이 있다.

그러나 이런 핵심 본문들이 어떻게 결합되어 있는지 아는 사람은 얼마나 많을지 궁금하다. 혹 우리는 그냥 지하철로 이동하듯이 외따로 떨어진 한 구절이나 본문에서 다음 구절이나 본문으로 옮겨가는 것일까? 땅위로 올라와 걸어서 이동할 때 어디로 가야 하는지 아는 사람이 우리 가운데 얼마나 있을까? 교회에 다니는 친구일 수도 있는 젊은 그리스도인이 와서 "로마서를 읽고 있는데, 도통 뭔 말인지 모르겠어요"라고 말하면, 어디서부터 읽으라고 말해 줄 만한 사람이 얼마나 있을까?

로마서를 얼른 훑어보고 당연시 여기고 넘어가기보다 우리가 이책에서 하는 것처럼 (로마서에서 유달리 중요한 장에 초점을 맞춰) 깊이 공부하는 이유 가운데 하나는, 이렇게 표현해도 될지 모르겠지만, 교회 전체에 성경이라는 택시를 운전해 줄 기사들이 필요하기 때문이다. 이 거리 저 거리를 돌아다니며 중요한 건물과 이정표를 익히고 거기에 가려면 어떻게 가야 하는지 혹은 거기를 지나 다른 곳에 가려면 어떻게 가야 하는지 배우며 진지하게 시간을 보낸 사람들이

1장
로마서 8장의 맥락

그런 기사다. 교회는 특히 세계 선교라는 그 사명 때문에, 성직자든 성도든 지도자들을 절실히 필요로 한다. 그들은 우리가 성경이라 부르는 대도시와 사랑에 빠진 사람이요, 그 대도시를 훤히 알게 되어 다른 사람들이 그 도시에서 지혜롭게 길을 찾아가도록 도와주고자 하는 사람이다. 우리에게는 그 놀라운 책으로 말미암아 그 생각과 마음이 변화된 사람들이 필요하다. 우리에게는 성경을 파고드는 해마가 확장된 사람들, 신학의 면에서 공간 인식력이 높은 사람들이 필요하다. 많은 이가 그렇게 말하듯이 우리도 '성경의 영감과 권위'를 믿는다고 할 수 있지만, 그건 마치 그냥 "아, 차에 도시 지도가 있으니, 제가 길을 찾아보겠습니다"라고 말하는 것과 같다. 자부심 있는 런던의 택시 기사라면 그렇게 말하는 것으로 만족할 수 없을 것이다.

로마서의 매력 가운데 하나는, 로마서가 성경에서 대단히 중요한 부분이라는 것을 넘어 더 큰 의미를 갖고 있다는 점이다. 로마서는 구약과 신약을 아우르는 성경의 나머지 부분을 읽을 때 길잡이 역할을 한다. 로마서가 모든 것을 아우르지는 않으나, 많은 것을 아우른다. 또 로마서 8장은 초기 기독교의 글들 중 가장 장엄한 작품 가운데 하나라는 데에, 사람들이 한 목소리로 동의한다. 로마서 8장은 바로 로마서의 심장이다. 그리고 이 점 때문에 로마서 8장은 성경과 기독교 자체의 심장 가까이에 있다고 할 수 있다.

로마서 8장의 전체 취지는 분명하지만, 그 세부 주장은 복잡하다. 로마서 8장은 성경과 신학의 주요 주제를 치밀하면서도 멋지게 엮어 짠 태피스트리다. 로마서 8장은 아버지 하나님, 기독론, 영, 그리고 예수가 곧 메시아이심과 예수의 십자가와 부활과 승천 그리고 구원과 부활과 구속과 입양을 다룬다(하지만 이런 주제들은 단지 같은 것을 그저 모호하게 말하는 방식이 아니다). 로마서 8장은 또한 고난과 영광, 기도와 사랑을 이야기한다. 또 거룩과 소망을 이야기한다. 로마서 8장은 하나님 바로 그분의 생명으로 충만함을 받아 진정한 인간이 되라는 요구를 다룬다. 또 '언약'과 '묵시' 또는 '칭의'나 '그리스도 안에 있음'처럼 신학자들이 때때로 묘사했던 다양한 범주들을 결합한다. 로마서 8장은 창세기와 출애굽기, 시편과 이사야를 한데 모은다. 또 우리는 로마서 8장의 꼭대기에서 앞을 내다보며 요한계시록의 마지막 장들을 어렴풋이나마 볼 수 있다.

로마서 8장이 이 모든 것인 까닭은, 바로 설교자들이 **보증** assurance이라 칭하는 절정의 주장을 하기 때문이다. 그것은 "다른 어떤 피조물도 우리 주 메시아 예수 안에서 나타난 하나님의 사랑에서 우리를 떼어놓지 못하리라"라는 확신이다. 그러나 이 보증은 바울이 실제로 사려 깊게 구축한 주장의 절정이다. 그것은 그저 앞뒤 생각 없이 내지른 야심찬 꿈이 아니다. 더 나아가 바울이 구축한 주장은 설교자, 교사, 신학자가 중세 이후로, 특히 16세기 종교개혁 이후로 상상해 왔던 여느 주제들을 잘 그려 보이지도 않는다. 안심하라. 종교개혁자들이 열심히 지키고자 했던 모든 것이 여기 있다. 그러나 (많은 성실한 학자가 지난 세대 동안 인정했듯이) 바울의 주장은 종교개혁자들이 다룬 중세의 질문들과는 좀 다른 더 큰 틀 안에 있

1장
로마서 8장의 맥락

다. 사실, 이런 변천을 인정하는 것도 일면 종교개혁자들의 통찰을 따라가는 것이기도 하다. 그들은 성경 자체가 우리의 전통을 포함한 모든 전통을 판단해야 한다고 여겼다. [이는 얼핏 들으면 단순해 보이지만 실은 더 복잡하다. 내가 생각하는 그 통찰의 의미는 내 책 《성경과 하나님의 권위*Scripture and the Authority of God*》(새물결플러스)에서 천명했다.] 교회 안에서 어떤 특별한 흐름의 가르침이나 전통이 '성경적'이라 자처하면서도 정작 성경이 실제로 말하는 바의 핵심에는 다가가지 못할 때 여러 문제가 발생한다. 우려스럽게도 특히 로마서 해석과 관련하여 그런 일이 자주 일어났다. 나는 하나님이 주신 성경 본문 자체 속으로 더 깊이 들어가 그 본문이 늘 새롭게 말하도록 하는 것이 세대마다 성경을 연구하는 이들의 과업이라고 믿는다.

앞으로 보겠지만, 이 모든 말은 우리가 바로 바울이 여기서 말하고 있는 것에 특히 세심하게 주의를 기울여야 한다는 의미다. 어쨌든, 이 로마서 8장은 예수를 따르는 이라면 모두 알아야 할 도시 같은 곳이다. 당신이 그룹 성경 공부를 함께하거나, 일대일 만남을 할 이들, 또는 당신이 설교를 해야 하거나 목양을 할 사람들이 로마서 8장을 알아가려면, 당신이 필요하다. 따라서 짧지만 아주 밀도 있는 이 연구서에서 내가 이루려는 목표는 핵심 표지판과 도로 그리고 도로와 도로를 이어주는 보도步道를 소개하는 것이다.

우리는 당분간 헬리콥터를 타고 그 지역의 전체 모습을 살펴볼 것이다. 그 일을 마치면 도로로 내려와 공책을 손에 들고, 우리의 영적·신학적 해마가 진실로 우리가 부딪친 도전 과제를 감당할 수 있을 정도로 자랄 때까지 로마서 8장 전체를 한 구절 한 구절 살피는 걸음을 걸을 것이다. 나는 독자들이 이 일을 통해 성경을 자세히 파고드는 공부의 맛도 예리하게 느낄 수 있는 미각을 갖게 되기를 바란다. 그런 공부는 평생의 즐거움이 되어, 로마서 8장에서부터 로마서 전체를 파고드는 공부로, 나아가 로마서 전체에서 로마서 자체가 한 중심부를 이루는 성경이라는 도시 전체를 자세히 파고드는 공부로 자라가야 한다.

이 여행을 시작하면서 '사전 경고' 삼아 세 가지를 말해 두어야겠다. 이 세 가지는 서로 긴밀하게 연결되어 있지만 별개 항목으로 제시하는 것이 도움이 될 것이다.

첫째, 사람들은 로마서를 보통 '나와 내 구원'이라는 주제를 주로 다루는, 아니 심지어 '나와 내 구원'이라는 주제만 다루는 책으로 읽어 왔다. '로마서의 길Romans Road'이라는 오래된 개념을 익히 아는 독자가 많을 것이다. 많은 복음 전도자와 상담자가 이 '로마서의 길'을 사용하여 사람들이 그들을 믿음으로 이끌어 줄 어떤 특정 내러티브를 따라가게 만들었다. 문제의 내러티브는 다음과 같이 펼쳐진다.

1. 나는 하나님의 진노를 받아 마땅한 죄인이다.
2. 예수가 내 죄 때문에 죽었다.
3. 나는 예수를 믿는다.

1장
로마서 8장의 맥락

4. 나는 천국에 갈 것이다.

분명히 해 두자. 나는 사람들이 무신론자인 것보다 그 내러티브를 믿는 편이 더 낫다고 생각한다. 그러나 도시 전역의 길이 처음에 생각했던 것보다 복잡하고 흥미로움을 일찌감치 알게 된 택시 운전사의 경우처럼, 로마서의 길도 사실은 위와 같은 도식보다 훨씬 거대하고 그 도식과 사뭇 다르다.

알다시피 바울이 다루고 있는 문제는, 단지 인간의 죄와 영원한 형벌을 받을 위험만이 아니다. 문제는 인간이 처음부터 그 안에서 아주 중요한 역할을 하도록 설계된 온 우주가 부닥친 위기다. 바울은 여기 8장에서, 로마서의 절정인 이곳에서, 사람이 죽은 자 가운데서 부활하여 온 피조 세계를 제대로 책임지게 되면 비로소 그 피조 세계가 탄식과 슬픔과 혼돈에서 구원을 받을 것이라고 말한다. 구원은 하나님이 그 백성에게 주시는 선물일 뿐 아니라, 하나님이 그 백성을 통해 주시는 선물이다. 사람들은 이런 주제를 늘 무시해 왔으며, 이는 엄청난 결과를 낳았다. 따라서 나는 로마서가 더 큰 이야기, 많은 사람이 배워 온 것과 뭔가 다른 이야기를 들려준다는 것을 가장 먼저 경고해 둔다.

이 첫 번째 경고는 두 번째 경고로 이어지는데, 이 두 번째 경고는 더 구체적인 문제를 강조한다. 지난 수백 년 동안 그리스도인은 그들의 이야기를 들려주었지만, 그 이야기에는 한 핵심 요소가 빠져 있었다. 문제가 되는 핵심 요소는 이스라엘이 부름을 받은 것과

로마서의
심장 속으로

그 뒤에 이어지는 이야기다. 내가 얼마 전에 본 한 책의 저자는, 우리가 성경 이야기를 알아야 한다는 말을 지나치다 싶을 정도로 힘주어 말했다. 사실 나도 그렇게 생각했다. 그러나 그 책을 열어보고 발견한 이야기는 이런 형태다.

1. 하나님이 세상을 만드셨다.
2. 사람이 죄를 지었다.
3. 하나님이 예수를 보내셨다.
4. 그렇다면 괜찮다.

(앞으로 보겠지만, 이것은 방금 잠깐 본 '로마서의 길' 내러티브와 아주 비슷하다.) 그러나 성경 이야기를 이렇게 들려주면 중간에 큰 구멍이 생긴다. 하나님이 이스라엘을 부르신 일은 어디에 있는가? (말하자면) 아브라함에서 세례 요한에 이르는 긴 이야기는 어떻게 된 것인가? 바울이 복음의 토대라 역설하는 구약(롬 1:2; 고전 15:3-6)에는 대체 무슨 일이 일어난 것인가?

그 지점에서, 많은 전통에 속한 수많은 그리스도인이 여러 세대를 거쳐 오는 동안 사실상 이렇게 말했다. "하나님은 사람들을 구원하고자 하는 첫 시도를 하시며 그들에게 율법과 다른 모든 것을 주셨다. 그러나 그것은 제 구실을 하지 못했다. 이 때문에 하나님은 그 계획을 백지로 돌리고 전혀 다른 길을 시도하셔야 했다. 곧, 이스라엘을 중심으로 한 계획을 한쪽으로 밀쳐내시고 대신 예수를 보내셨

1장
로마서 8장의 맥락

다. 말하자면, '율법'을 중심으로 한 계획을 한쪽으로 밀어 버리고 대신 '믿음'을 중심으로 한 계획을 모색하셨다." 일부 신학자는 여전히 이런 종류의 이야기를 억지로 밀어붙이려 한다. 그러나 이는 결국 구약성경을, 이 시대와 거리가 먼 '모형', '상징', 모호하고 동떨어진 예언을 모아놓은 책으로 전락시킬 뿐이다. 그러면 신약성경도 당연히 구약성경에 맞춰 왜곡시킬 수밖에 없다. 신약성경 자체가 구약성경의 주요 주제를 가져오며, 그 주요 주제의 폐지가 아니라 성취를 크게 축하하기 때문이다.

사람들은 때로 신약성경이 유대인과 그들의 소망에 초점을 맞추고 있다면 그 메시지는 그 시대부터 오늘날까지 (당연히 대다수 그리스도인을 포함하는) 이방인과 무관한 것이 되어 버릴 것이라고 상상한다. 모든 사유 도식, 특히 바울을 해석하는 도식이 그런 가정 위에 세워졌다. 그러나 우리가 바울을 이해하기 원한다면, 그런 생각에 만족할 수 없다. 바울이 상황을 바라보는 방식(이는 곧 더 자세히 보게 될 것이다), 이스라엘을 향한 하나님의 목적은, 항상 온 세상을 향한 하나님의 목적의 중심점이자 하나님이 의도하신 수단이었다. 온 세상을 바로잡으시려는 하나님의 계획은 아브라함을 부르심으로 시작되었으며, 하나님이 아브라함과 맺으신 언약에 초점을 두었다. 아브라함의 백성이 죄를 지었을 때 하나님은 그들이 그러리라는 것을 아셨지만(그 백성 자체가 아담과 하와의 자손이었기에), 그래도 하나님은 그 계획을 백지로 돌리지 않으셨다. 하나님은 마음을 바꾸지 않으셨다. 그 언약은 신실한 한 이스라엘 사람을 요구했고, 하나님은 바로 이스라엘의 메시아인 예수라는 인격체 안에서 그 사람을 제공해 주셨다. 사실은 이런 사고의 흐름이 로마서 첫 네 장의 기초인데, 많은 강해에서 이런 기초를 만나지 못했을 것이다.

알다시피 *Christos*라는 말은 고유명사가 아니다. 이는 우리가 로마서 8장 속으로 들어갈 때도 중요하다. 이 말은 '기름 부음 받은 사람', 이스라엘의 소명과 운명을 그 자신 안에 집약한 메시아를 의미한다. 예수는 이스라엘과 맺은 그 언약이 시종일관 이루려 했던 것을 드라마처럼, 충격을 안겨 주며, 마치 한 편의 묵시같이 이루어 낸다. 따라서 바울이 펼치는 구원 이야기 속에, 특히 로마서 8장 속에 시종일관 이스라엘 이야기가 엮여 있음은 놀랄 일이 아니다. 이 때문에 몇 가지는 많은 독자가 익히 알고 있는 것보다 복잡해졌을 수도 있다. 그러나 그것은 런던의 지하철을 이용하지 않고 실제로 런던 거리와 길을 걷게 될 때 일어나는 일과 비슷하다. 여러 가지가 훨씬 더 복잡해지지만, 그래도 런던이라는 도시가 실제로 어떻게 작동되는지 훨씬 잘 이해할 수 있다. '이스라엘'이라는 차원을 로마서 안에 집어넣으면, 우리는 더 큰 구원 이야기의 전체 면모를 파악하기 시작한다. 비로소 하나님의 계획을 처음부터 끝까지 간파하게 된다.

그럼 이제 숨을 깊이 들이마시고 세 번째 경고로 넘어가 보자. 이 세 번째 경고 역시 앞의 두 경고와 연결되어 있다. 우리는 우리의 구원 이야기를 거꾸로 뒤집었다. 적어도 중세 초기 이래로, 대다수 그리스도인은 구원 받은 사람의 '영혼soul'을 '천국'으로 올라갈 수

1장
로마서 8장의 맥락

있게 해 주는 것이 바로 기독교 복음의 핵심이라고 생각했다.[1] 우리는 로마서를 그렇게 읽어 왔으며, 특히 8장을 그렇게 읽어 왔다. 바울이 로마서 8장의 절정(30절)에서 "그가 의롭다 하신 이들을 또 영화롭게 하셨다"고 말할 때, 우리는 이것을 '의롭다 하심을 받은 죄인은 천국으로 갈 것이다'라는 뜻으로 생각했다.

그러나 바울이 생각하는 '영화롭게 하셨다'는 그런 의미가 아니었다. 그는 여기는 물론이요 다른 곳에서도 '천국으로 감'을 언급하지 않는다.[2] 신약성경에서 하나님의 백성이 누리는 영원한 안전은, 소위 죽은 뒤 몸을 떠난 상태에서 누리는 복락과는 관련이 없다. 오히려 죽은 자 가운데서 부활하여 진정으로 사람다운 역할을 하게 될, 구조 받고 새로워진 피조 세계로 들어가는 것과 관련이 있다. 성경, 곧 구약과 신약이 모두 들려주는 이야기는 하나님이 세상을 창조하시고 그 창조하신 세상에 오셔서 그가 지으신 인간들과 함께 살려 하신다는 것이다. 결국 성경은 구원 받은 영혼이 천국으로 올라감으로 끝나는 게 아니라, 새 예루살렘이 땅으로 내려오고 이를 통해 '하나님이 인간과 함께 거하심'으로 끝난다(계 21:3). 출애굽기 40장에서는 하나님의 '영광'이 임하여 성막에 거하고 열왕기상 8장

---

1 Peter Brown, *The Ransom of the Soul: Afterlife and wealth in early western Christianity* (Cambridge, MA: Harvard University Press, 2015)를 보라.

2 고후 5:1-5; 빌 3:20 그리고 비슷한 본문들의 의미를 살펴보려면, 내가 쓴 《하나님의 아들의 부활 *RSG*》(CH북스)과 《마침내 드러난 하나님 나라 *SH*》(IVP)를 보라(내 저작의 제목과 영문 머리글자는 이 책 참고 문헌을 보기 바란다).

에서는 성전에 거한다. 그리고 이제 예수 자신 안에, 또 그 영으로 말미암아 예수를 따르는 이들 안에 거한다. 이는 그들에게 시편 8편이 말하는 '영광'을 부여하는데, 이 영광은 온 세상에 미치는 회복된 인간의 권위를 의미한다. 바울은 로마서 5:17 같은 구절에서 그 점을 정확히 말하면서, 로마서 8장에서 그 점을 더 자세히 강설할 것을 미리 귀띔한다. 하나님이 인간을 죄와 죽음에서 구하신 이유는 그리해야 온 피조 세계가 새로워졌을 때 인간이 제자리를 잡을 수 있기 때문이다. 하나님은 그 새로운 세계 안으로 몸소 오셔서 사시면서 그곳을 자신의 집으로 삼으실 것이다.

따라서 우리는 여기 로마서 8장에서, 하나님 아들의 성육신 그리고 하나님 영의 내주가 죄를 처리하고 사람들을 약속된 유업으로 인도함을 본다. 그러나 바울이 여기서 말하는 '유업'은 '천국'이 아니다. 거듭 말하지만 이 장은 '천국'을 언급하지 않는다. 메시아가 그의 모든 백성과 공유하는 '유업'은 구속 받은 온 피조 세계다. 여기서 죄를 용서 받은 죄인들은 죽은 자 가운데서 부활하여 그 새로운 세계를 함께 통치한다.

특히 이 세 번째 요점은 익숙해지려면 시간이 좀 걸릴 것이다. 그러나 그렇게 읽으면 여느 방식보다 로마서 8장의 의미가 훨씬 잘 통한다. 또 일단 이런 읽기를 성경 전체를 읽는 방식에 정착시키면, 생각보다 성경 전체의 의미를 훨씬 잘 이해하게 될 것이다. 그리고 우리는 그렇게 로마서 8장 본문으로 깊이 뛰어드는 일을 시작해야 한다.

로마서 8장: 형태와 주제

헬리콥터를 타고 로마서 위를 천천히 날아간다면, 로마서 8장 상공을 통과할 때 무엇을 보게 될까? 로마서 8장의 주요 구역과 건물은 어디이며, 그 구역과 건물들은 어떻게 이어져 있는가?

8장의 주요 단락을 나누는 일은 비교적 쉽다. 물론 뒤에 가서 첫인상을 바꿀 필요도 있지만, 처음에는 늘 그렇게 시작하는 것이 좋다. 1절부터 11절까지는 단호하면서도 축하하는 분위기가 넘치는 도입부를 이룬다. 끝 부분인 31절부터 39절까지도 분명 단호하며 축하하는 분위기가 넘치는 결론이다. 따라서 이 두 위대한 진술이 12절에서 30절에 이르는 긴 중간 본문을 에워싸는 틀을 이룬다. 중간 부분에서는, 17절에서 분명한 주제 변화가 나타난다. 12절부터 16절까지는 영과 아들의 지위에 초점을 맞추는 반면, 18절부터 27절까지는 고난과 영광을 이야기한다. 그리고 이 모든 내용은 승리의 분위기가 가득한 결론인 29절과 30절로 이어진다. 이는 8장의 결론이기도 하지만, 로마서 1-8장 전체의 결론이기도 하다. "그가 미리 정하신 이들을 그가 또 부르시고, 그가 부르신 이들을 그가 또 의롭다 하셨으며, 그가 의롭다 하신 이들을 그가 또 영화롭게 하셨다." 이는 31절부터 39절까지에 음악의 코다(coda, 종결부) 같은 느낌을 주면서, 우리가 지금 어디까지 왔는지를 아주 빼어난 수사로 축하한다. 따라서 로마서 8장을 크게 나누면, 1절부터 11절까지, 12절부터 17절까지, 그리고 앞부분과 뒷부분을 이어 주는 다리 기능을 하

로마서의
심장 속으로

는 17절, 17절부터 30절까지, 31절부터 39절까지다.

그렇다면 이 부분들은 모두 무엇을 말하는가? 앞에서 말했듯이, 로마서 8장은 보증을 말하는 장이다. 로마서 8장은 드라마 같은 시작("그러므로 이제 메시아 예수 안에 있는 이에게는 결코 정죄함이 없다")부터 승리의 분위기로 가득한 결론("다른 어떤 피조물도 메시아 예수 안에서 나타난 하나님의 사랑에서 우리를 떼어놓을 수 없다")에 이르기까지 불안에 떠는 그리스도인에게, 그리고 특히 고난을 겪고/겪거나 핍박받는 그리스도인에게, 그들이 앞으로 받을 최종 구원(새 피조 세계 안에서 죽음 자체로부터 구원받음)이 반석처럼 확실하고 든든하다는 것을 일러 주려고 쓴 것이다. 메시아 바로 그분이 하신 일(그의 죽음, 부활, 승천 그리고 그가 계속하시는 중보) 그리고 성령의 사역이 그 구원을 확실히 보장한다. 성령은 예수의 사람들을 거룩함의 길로 이끌어, 그 사람들이 고난 속에서도 영에 감동하여 올리는 기도를 통해 하나님의 구원 사역에 동참할 수 있게 한다.[3]

이 모든 일은 몇 가지 차원에서 이루어진다. 예수를 따르는 이들로 구성된 자그마한 공동체들, 특히 로마에 있던 공동체들은 늘 위협을 받고 있었다. 그들은 종종 폭력에 시달리거나 가진 것을 빼앗겼다. 그들이 사회 규범, 문화 규범 그리고 특히 종교 규범을 비웃었기 때문이다. 로마의 그리스도인들이 이 서신을 들은 지 10년도 지나지 않았을 때, 네로는 로마의 그리스도인들을 64년에 일어난 로

---

3 내가 영을 'Spirit'라 쓰지 않고 'spirit'라 쓰는 이유는 서문에서 설명했다.

1장
로마서 8장의 맥락

마 대화재의 희생양으로 삼았다. 로마서 8장은 보증을 함께 제시하는 예언자의 경고와 아주 비슷하다. 예언자들은 고난이 다가오지만 결코 부술 수 없는 하나님의 사랑이 단단히 붙잡아 줄 것이라고 말했다. 그러나 이런 주장은 더 넓은 차원, 더 일반적인 차원에도 적용된다. 예수를 따르는 이들이, 심지어 예수를 믿고 세례를 받았는데도 여전히 바울이 로마서 2장에서 말한 마지막 심판을 앞두고 있다는 점에 불안해하는 경우들이 있다. 어떤 이들은 그 심판이 여전히 그들에게 불리할 수 있다고 추측했을 수도 있다. 바울은 마지막 심판 때 그들에게 내려질 판결은 이미 드러나 있음을 확실하게 일러 준다. 그는 이렇게 써 놓았다. '하나님이 의롭다 하시는데, 누가 정죄하겠느냐?'

이렇듯 8장의 세 주요 부분은 서로 균형을 이루고 있다. 1-11절은 정죄가 없다고 말한다. 메시아의 죽음 그리고 생명을 주시는 영의 능력 때문이다. 31-39절 역시 정죄가 없다고 말한다. 그 어떤 것도 하나님 아들의 죽음과 부활 그리고 승천에서 나타난 하나님의 사랑에서 우리를 떼어놓을 수 없기 때문이다. 그리고 두 부분 사이에 있는 12-30절은, 우리가 모든 피조 세계가 토해 내는 탄식에 휘말려 있을 때도 영이 아들의 지위와 받을 유업을 확실히 보증해 줄 뿐 아니라 하나님이 인간에게 부여하신 소명이 현재 어떤 모습인지도 알려 주신다고 설명한다. 구원받은 사람은 그 영으로 말미암아 하나님의 목적 안에서 수행해야 할 결정적인 역할을 갖게 된다. 그래서 바울은 1절부터 11절까지, 31절부터 39절까지에서 아들(예수)

의 죽음과 부활과 승천 그리고 영의 선물이라는 객관적 실재에 호소한다. 그리고 12절부터 30절까지에서는 영의 사역, 곧 신자들이 아들의 형상, 특히 그 아들의 죽음을 닮게 함으로써 인간에게 하나님의 형상을 지닌 자라는 영예 곧 '영광!'을 안겨 주고 새 피조 세계를 건설하려는 하나님의 프로젝트에 동참하게 하시는 영의 사역이라는 주관적 실재를 펼쳐 보인다.

물론 이것은 지나친 단순화다. 그러나 이 단계에서는 그렇게 할 수밖에 없다. 상세한 것은 뒤에 가서 채워 나가겠다. 그러나 이 단순화도 로마서 8장 전체가 어떻게 돌아가는지 일깨워 준다. 하나님의 구원, 즉 죽음 자체에서 새 몸을 입고 새 피조 세계에서 살아가는 삶으로 옮겨 가는 최종 구원이 확실한 이유는, 아들과 영이 우리를 위해, 우리 안에서 행하시는 일 때문이다. 아울러 우리가 자주 잊어버리지만 그것은 특히 우리를 통해서이기도 하다. 우리는 메시아의 고난과 영의 탄식에 동참하게 되는데, 이런 동참은 하나님의 전체 목적 속에서 대단히 중요한 역할을 한다. 로마서 8장은 구원과 인간의 소명을 삼위일체 관점에서 바라보는 극적인 견해를 제시한다.

이 때문에 12절부터 30절까지는 그 소명에 초점을 맞춘다. '메시아 안에' 있는 사람들, 결코 부서질 수 없는 하나님의 사랑을 보증 받은 이들은, 지금 역설적으로 이 세상에서 그의 영광이 나타나고 작동하는 거처이자 수단이 되라는 부름을 받는다. 로마서 8장 전체가 우리에게 제시하는 보증이 필요한 이유는, 우리가 우리의 마지막 상태에 관하여 걱정하기 때문이기도 하지만, 우리가 하나님의

1장
로마서 8장의 맥락

동일한 전체 목적 가운데 일부로서 구체적으로 이런저런 모습으로 고난의 어두운 골짜기를 지나갈 소명을 받았기 때문이기도 하다. 바울이 18절에서 말하듯이, 우리가 메시아의 고난에 함께함은 그와 함께 영광을 받으려 하기 때문이다. 이는 뒤에 가서 더 자세하게 살펴보겠다. 로마서 8장이 로마서의 심장이라면, 고난과 기도를 말하는 이 구절은 어두우면서도 더할 나위 없이 중요한 로마서 8장의 심장이다.

로마서 전체 안에서 로마서 8장 살펴보기

로마서 8장 전체가 어떻게 돌아가는지 알고 나면, 그 주제들이 여기까지 로마서가 제시해 온 여러 사상의 흐름을 어떻게 결합해 주는가를 적어도 대강이나마 인식할 수 있다. 로마서는 네 악장으로 이루어진 하나의 교향곡 같다. 그 각 부분은 나름의 온전성을 갖고 있으면서도 다른 부분과 여러 모로 이어져 있다. 특히 복잡하게 성경을 끌어옴으로써 사고의 흐름이 얽힌 곳이 아주 많다. 그 네 악장은 뚜렷하게 드러난다. 로마서 1-4장이 1악장, 5-8장이 2악장, 9-11장이 3악장, 그리고 4악장은 12-16장이다.

로마서의 논지는 뒤로 가면서 누적된다. 따라서 우리가 다루는 본문인 8장은 그 자체가 한 악장인 5-8장의 결론인 동시에, 로마서 전반부인 1-8장 전체의 결론이다. 그와 더불어 8장은 또한 로마서

후반부를 밑받침하는 기반을 이룬다. 따라서 우리가 다룰 장은 다른 부분과 무관한 어떤 주제를 단독으로 논한 곳이 아니다. 이는 로마서의 더 큰 흐름 속에서 그 의미를 찾을 수 있다는 의미다. 그렇더라도 로마서 8장은 그 나름의 온전성, 그 나름의 특별한 강조점이 있다. 그것이 바로 우리가 여기서 연구하는 내용이다.

로마서는 무엇보다 하나님에 관한 서신이다. 이는 당연하게 들릴지 모르지만, 실제로 '하나님'을 가리키는 그리스어 *theos*가, 로마서 전체 분량에 준하여 볼 때 바울의 다른 어느 서신이나 신약성경의 나머지 부분보다 훨씬 많이 등장한다. 따라서 이를 더 상세히 파고들면서, 바울이 여기서 하나님에 관하여 말하는 다양한 내용들을 자세히 살펴보고, 그것들이 전부 어떻게 결합되어 있는지 살펴보는 일은 충분한 가치가 있을 것이다. 로마서 8장은 이런 작업에 많은 도움을 제공한다. 이어 바울은 숨을 깊이 들이마시고 나서 9-11장에서 하나님의 신실하심이라는 주제를, 그리고 12-16장에서 소망의 하나님이라는 주제를 파고든다. 둘 다 로마 교회가, 그리고 오늘을 살아가는 우리가 깊이 파고들어야 할 대단히 중요한 주제다.

로마서 8장은 특히 바울이 1:16-17에서 말한 주제, 곧 하나님의 복음이 하나님의 **의**를 드러낸다는 것에 예리하게 초점을 맞춘다. 여기서 우리는 유명한 문제에 부닥친다. 보통 '의righteousness'로 번역하곤 하는 그리스어 *dikaiosynē*는 서로 복잡하게 얽혀 있는 의미들을 담고 있으며, 오늘날의 세계에서 사용하는 영어로는 그 의미를 다 담아내지 못한다. 바울은 자주 그러하듯이, 성경을 꼼꼼하게

1장
로마서 8장의 맥락

따라간다. 그의 그리스어 성경에서 *dikaiosynē*라는 단어와 그 동족어는 언제나 히브리어 *tsedaqah*와 그 동족어를 번역한 말이었다. 우리가 볼 때 아이러니인 것은 많은 사람이 하나님의 '정의'와 하나님의 '사랑'이 철저히 다르다고 가정한다는 것이다(예를 들면, 하나님의 정의는 하나님으로 하여금 우리를 벌하게 만들지만, 하나님의 사랑은 결국 우리를 벌하지 않을 길을 찾으려 한다고 생각하는 것이다). 그러나 사실 구약성경에서는 하나님의 정의와 하나님의 사랑이 함께 붙어 다닌다. 성경은 하나님의 정의에 관하여 이야기할 때, 곤경에 빠진 피조물을 보면서 그 모든 것을 바로잡으시려는 창조주의 단호한 결단에 관하여 이야기한다. 그리고 하나님의 사랑에 관하여 이야기할 때는, 그 세상을 바로잡으시려는 수단으로서 창조주가 자신의 백성과 '언약'을 맺음을, 다시 말해 인격 대 인격으로 긴밀한 관계를 맺음을 이야기한다. 바울은 이렇게 결합된 의미를 인용하면서, 하나님이 그 언약을 어떻게 신실히 지키셨고 그렇게 언약에 신실하심이 어떻게 그가 이 세상을 바로잡으시는 수단이 되는가를 이 서신에서 시종일관 줄기차게 설명한다. 그것은 하나님의 사랑이 작정하실 수밖에 없는 일이요, 바울이 여기서 설명하듯이 하나님이 중요한 복음 사건들에서 행하신 일이었다. 우리는 이를 요한의 언어로 이렇게 요약할 수 있을 것 같다. 하나님이 그의 세상을 아주 사랑하사 그 세상을 바로잡기로 결심하셨다. 또 요한처럼 바울도 이렇게 말한다. 하나님은 예수와 영을 통해 그 일을 행하셨고 행하고 계신다. 우리도 엠마오로 가던 두 제자처럼 되돌아보면 알겠지만, 이는 이스라엘 이야기 전체가 이미 내내 가리켜 온 결정적인 성취였다.

이 모든 것 덕분에 우리는 바울이 로마서에서 제시하는 유명한 교리인 칭의를 이해할 수 있다. 칭의는 단순히 죄인 개인이 '하나님과 바른 관계에 있게 됨'으로써 천국으로 갈 수 있게 되었음을 깨닫는 것을 의미하지 않는다. 개인 차원에서 하나님과 관계를 회복하는 일도 여전히 중요하지만, 그것 자체는 로마서 8장이 온 피조 세계의 갱신이라는 그림 속에서 영광스럽게 초점을 맞추고 있는 더 큰 프로젝트의 일부일 뿐이다. 여기서 그것이 어떻게 작동하는지 설명해 보겠다.

하나님은 성경에서 (특히 이사야서와 시편에서) 온 세상을 바로잡겠다고 약속하셨다. 하나님은 복음(예수에 관련된 사건, 그리고 성령의 능력을 힘입은 그 사건들의 선포)을 통해 인간을 바로잡으신다. 그 결과, 인간은 온 세상을 바로잡으시려는 하나님의 프로젝트의 일부가 된다. 하나님은 언제나 그의 형상을 지닌 피조물을 통해 그가 지으신 세상 속에서 일하려 하셨으며, 이제는 그것이 분명히 보인다. 로마서 8장이 시종일관 이야기하는 최종 구원에 관한 보증이 그 자체 안에, 곧 12절부터 30절까지에 소명을 이야기하는 놀라운 본문을 담고 있는 것도 그 때문이다. 이 놀라운 본문은 우리가 영으로 말미암아 메시아의 고난 속으로 이끌려 들어가서, 역설 같지만 그것을 통해 고통당하는 세상의 자리에서 아버지 하나님께 기도하는 영광스러운 임무를 부여받았음을 서술한다.

이처럼 로마서 8장은 어떤 차원에서는, 확고부동한 하나님의 사

1장
로마서 8장의 맥락

랑을 찬미하고 이곳까지 적어 온 서신을 마무리하며 칭의가 어떻게 이루어지는가를 더 자세히 설명한다. 그러나 또 다른 차원에서 보면, 로마서 8장은 5장에서 시작된 더 구체적인 생각의 흐름을 마무리하면서, 의롭다 하심을 받은 사람은 하나님이 계속 이어 가시는 새 창조 사역으로 인해 새롭게 빚어지고 그 새 창조 사역에 동참할 소명을 받았음을 설명한다. 다시 말하지만, 바울은 이를 한마디로 '영광'이라 말한다. 구속받은 사람들은, 성전처럼 하나님의 영광이 충만하게 될 것이요, 진정한 인간이 됨으로써 온 세상을 다스릴 권위를 부여받게 될 것이다. 동시에 '영광을 받는다'는 것은 영을 통해 하나님의 인격적 임재와 능력으로 충만하게 됨을 의미하며, 하나님의 형상을 지닌 진정한 인간의 소명을 수행할 수 있게 됨을 의미한다. 바울은 이를 29절에서 '아들의 형상을 본받다'라는 말로 요약한다. 바울은 이 '영광'이라는 주제를 로마서 2:7, 10에서 내비쳤다가 5:2에서 확실하게 이야기한 뒤, 8장에서 다시 강력하게 천명하며, 이 주제로 이 전체 단락을 한 덩어리로 결합한다.

그런데 사람들은 진정한 인간이 되라는 소명, 곧 내가 방금 언급한 두 가지 의미의 '영광을 받아야' 하는 소명을 자주 소홀히 여기거나 심지어 무시해 왔다. 하나님의 은혜가 구원과 변화를 가져온다는 강력한 주제가, 휘몰아치는 강한 바람처럼 로마서 전체를 관통하는데, 이 주제는 때로 독자들로 하여금 우리 인간이 구원 이야기에서 시종일관 수동적 위치에 있다고 생각하게 만들었다. 사람들은 로마서 8장도 종종 그런 식으로 읽어 왔다. 우리는 구원을 확신하고, 영은 우리가 하나님의 길을 따라 살 수 있게 해 주며, 하나님은 우리가 최종 구원을 받는 날까지 고난을 겪는 동안 우리를 내내 도와주실 것이라고 이해했다. 그러나 이런 견해는 아주 중요한 중간 단계, 곧 의롭다고 선언된 이들, 하나님의 백성이라고 선언된 이들은 새로워진 인간이라는 사실을 놓치게 된다. 이 새로워진 사람은 하나님이 처음 그의 형상을 지닌 피조물을 창조하실 때 염두에 두었던 사람들이며, 현재는 새 피조 세계가 탄생하는 데 결정적인 역할을 수행하는 이들이다. 앞서 보았듯이, 하나님은 언제나 이 세상에서 인간을 통해 일하려 하셨다. 그것이 창세기 1:26이 '형상'과 관련하여 말하려는 핵심의 일부다. 최고의 형상이신 인간 예수 안에서 영광스럽게 성취된 그 목적을, 이제는 영을 통해 예수의 사람들이 공유한다.

이 모든 것은 이스라엘 자체가 받은 소명이 이미 시사하고 있었다. 내가 다른 곳에서 설명했듯이, 그리고 많은 고대 유대인 성경 독자도 오래 전에 인식했듯이, 하나님은 아담의 죄를 말끔히 없애려고 아브라함을 부르셨다. 아담과 하와는 생육하고 번성하고 하나님의 동산을 돌보라는 명을 받았다. 그리고 아브라함과 사라는 하나님이 그들에게 (노령이지만) 자식을 낳게 하고 번성하게 하실 것이며 (당장은 이리저리 떠도는 유목민이지만) 또 땅을 주시리라는 약속을 받았다. 땅을 주시겠다는 이 약속은 특히 시편과 이사야서에서, 온 세상을 아우르는 데로 이미 확장되었다. 바울도 이를 로마서 4:13에서 이야기한다. 아브라함 가족에 관한 약속 역시 다른 모든 민족을 아우르는 약속으로 이미 확장되었다. 바울은 이 모든 약속이 이스라엘의 메시아인 나사렛 예수 안에서 이루어졌다고 믿었다. 그리고 몇몇 지점에서 이를 자세히 설명했다. 나사렛 예수가 부활을 통해 공중 앞에서 '하나님의 아들'로 선포된 것이 바로 복음의 핵심이었다(롬 1:3-5). 따라서 예수만이 온 세상의 정당한 *kyrios*, 곧 주시다. 이스라엘의 메시아가 온 세상의 주시라는 것은 언제나 유대인의 생각이요 성경의 생각이었다. 이를 이미 다른 '주', 특히 로마 황제라는 주가 있던 세상과 연계하고자―물론 불편한 연계였다!―할 때 유대의 용어가 아닌 용어로 '번역할' 필요가 없었다.

예수 시대까지만 해도 성경의 그런 위대한 약속들은 실패한 것처럼 보였을지 모른다. 신명기는 이스라엘이 하나님께 반역할 것이며 그 결과로 고초를 겪을 것이라고, 다시 말해, 이스라엘 백성이 무수히 죽고 그 땅에서 쫓겨나 포로로 끌려갈 것이라고 경고했다. 그것이 로마서 7장이 말하는 요점 가운데 일부다. 이스라엘은 그 자체만 놓고 보면, 실패한 것처럼 보인다. 이 때문에 이스라엘에게 주어진 약속에도 의문이 제기된다. 그러나 바울은 로마서 8장에서 그가 이미 5:12-21에서 한 말을 다시 꺼낸다. '그리스도 안에' 있는 이들, 곧 새로워진 메시아의 백성 가운데 속한 이들이 '생명 안에서 다스릴 것이다'(5:17). 그들은 새 피조 세계라는 '유업'을 받을 것이다. 바로 그들을 통해 하나님이 이 세상을 향하여 품으셨던 목적, 하나님께 순종하는 사람들을 통해 이루려 하셨던 목적이 마침내 실현될 것이다. 그 소명은 지금 여기서 시작되지만, 메시아의 고난과 중보

로마서의
심장 속으로

를 함께 겪는 역설적인 형태로 시작된다.

로마서 8장 자체를 상세히 연구할 길을 준비하려면, 뒤로 물러나 이 거대한 주제들을 잘 살펴봐야 한다. 그 주제들은 이 주목할 장에서 성경신학 전체의 상당 부분을 한데 모은다. 우리는 우리가 시작했던 움직임을 되돌려 하나하나의 거리와 도로에서 뒤를 돌아보고 그 거리와 도로가 속한 더 큰 도시를 되새겨 봐야 한다.

새 피조 세계, 새 형상, 새 언약

그 도시, 곧 이스라엘의 성경이 제시하고 뒤이어 초기 그리스도인들이 제시한 창조주 하나님의 계획은 새로워진 인간이 돌보는 **새 피조 세계**new creation다. 로마서 8장 전체는, 이미 말했듯이, 최종 구원을 보증한다. 그러나 구원은 구조rescue를 의미한다. 여기서 말하는 구조는 죽음과 죽음을 초래하는 모든 것에서 구조되는 것이다. 죽음에서 구조됨은 몸의 부활을 의미한다. 바울은 하나님 백성의 부활 자체가 바로 온 피조 세계가 썩음에 노예 노릇 하는 데서 구원받는 수단이라고 선언한다. 인간은 하나님이 지으신 세상에서 하나님의 대리자가 되도록 지음 받았다. 이는 하나님의 형상으로 지음 받았다는 의미의 일부다. 인간이 이 역할을 맡을 수 있을 때가 되어야 비로소 온 세상이 구속받을 것이다. 그렇기 때문에 온 세상은 하나님 백성의 부활을 기다린다(8:19-21). 우리는 세상에서from 구원받지 않고 세상을 위해for 구원받는다.

　이런 인간의 소명, 곧 새로워진 하나님의 백성이 되어 온 피조 세계에 오랫동안 고대해 온 자유를 안겨 줄 도구가 되어야 하는 소명은, 메시아와 영의 사역을 통해 이미 현실이 되었다. 시편 8편이 인간에게 약속한 '영광'("영광과 존귀로 관을 씌우셨나이다.…만물을 그 발아래 두셨으니")이 이미 예수 안에서 현실이 되었다. 그리고 이제 그것이 현재 인간이 받은 소명의 핵심 요소를 이룬다.

　로마서 8장을 다소 다르게 읽는 것에 오랫동안 길들여진 사람들에게는 이런 주제가 놀라움으로 다가온다. 이미 보았듯이, 대중이 보통 생각하는 로마서 8장은 하나님의 백성이 종국에 안전히 천국으로 올라가리라고 말하는 곳이다. 이런 지나친 단순화를 바로잡는 일은, 단순히 사후死後의 실존에 또 하나의 단계를 추가하며 부활을 "'죽음 뒤의 삶' 뒤에 이어지는 삶"으로 보는 문제가 아니다. 그것도 대단히 중요하지만, 우리는 이런 구해 냄이 목표로 삼는 목적을 깊이 생각함으로써 그 상황을 설명해야 한다. 우리가 죄에서 그리고 죽음 자체에서 구조 받는 목적은, 요한계시록이 강조하듯이, 우리가 '왕 같은 제사장'이자 하나님의 형상을 지닌 왕의 대리자가 되어 인간이 본디 늘 했어야 했던 일, 곧 온 세상을 위해 중보하고 온 세상을 지혜롭게 다스리는 일을 하게 하기 위함이다.[4] 그것은 피조 세계 자체가 썩음의 노예 노릇에서 해방되는 순간이자 수단이며, 하나님

4　계 1:6; 5:10; 20:6을 보라.

로마서의
심장 속으로

의 자녀들이 영광을 받을 때 임할 자유를 얻는 순간이자 수단일 것이다. 우리는 인간이 진정으로 감당해야 할 이 소명이 현재 이미 시작되고 있음을 로마서 8장의 핵심에서 발견한다. 그것은 역설적이게도 고난 중에서 나오는 기도에서 나타난다.

이를 달리 이야기해 보자. 하나님이 인간을 자신의 형상으로 지으심은, 인간이 하나님의 피조 세계 안에서 하나님의 지혜와 생명을 주는 통치를 그대로 드러낼 수 있게 하려 함이었다. 이를 위해 인간은 죽은 자 가운데서 일으킴을 받아 새 피조 세계 안에서 다스리는 책임을 감당해야 한다. 죄의 문제는 단순히 우리가 유죄이며 하나님의 진노를 살 수밖에 없는 이들이라는 것이 아니다. 오히려 그 문제는, 우리가 하나님을 훌륭히 되비치는 이들이 되지 못했다는 것이요, 그로 말미암아 하나님의 선한 피조 세계가 타락과 부패에 빠지고 말았다는 것이다. 바울은 플라톤주의자가 아니다. 이 세상을 떠나 '하늘'로 가는 것은 바울 시대 플라톤주의자가 으레 갖고 있던 소망이며, 우리 역시 이런 소망을 갖고 있다! 그러나 그 소망은 결국 이 피조 세계 자체가 선함을 부인하는 셈이 될 것이다. 결코 그렇지 않다. 이 피조 세계 자체가 구속받아야 하며, 그 구속에 이르는 수단은 인간이 구조를 받아 다시 새 몸을 가지는 것이다. 그런데 바울이 로마서 6장에서 주장했듯이, 세례를 받고 믿는 그리스도인이 이미 부활한 사람이요 성령으로 살아가는 사람이라면, 방금 말한 일은 이미 시작되었다. 이것이 실제로 의미하는 바는 우리를 로마서 8장의 핵심으로, 특히 18절부터 30절까지 이어지는 내용으

1장
로마서 8장의 맥락

로 데려간다.

그러나 로마서 8장 아래에 있는 주요 주제가 하나님이 약속하신 새 피조 세계(인간이 죄와 죽음에서 구조 받고 그 안에서 필수불가결한 역할을 하게 될 세계)라면, 우리는 성경에서 새 피조 세계가 언제나 새 언약의 결과임을 되새겨야 한다. 이스라엘의 성경은, 특히 바울과 같은 시대를 살았던 이들 가운데 일부가 그 성경을 이해했던 방식대로, 바벨론에 포로로 끌려간 재앙 너머에 있는 구조와 갱신의 시대를 내다보았다. 이사야 40-55장 같은 고전적 본문은 그런 시대가 어떻게 펼쳐질지 일러 주었다. 하나님이 예루살렘으로 돌아오셔서(사 40장과 52장), 자기 백성의 죄를 처리하시고(53장), 이를 통해 언약을 갱신하신 뒤(54장), 마지막으로 피조 세계 전체를 새롭게 하실 것이다(55장). 이 모든 구조와 갱신 뒤에 있는 이야기이자 그 원형은 언제나 출애굽 이야기였다. 이는 예수 자신이 하나님 나라를 이 땅으로 가져오는 결정적인 사역의 순간으로 유월절을 선택한 이후로, 언제나 초기 그리스도인의 이해의 중심에 있었다. 로마서 8장은 초기 그리스도인이 곱씹었던 주제인 '새 출애굽'의 대표적인 사례다.

그 주제는 이렇게 펼쳐진다. 출애굽기는 하나님이 이스라엘을 노예 처지에서 구해 내신 일, 시내산에서 율법(토라)을 수여하신 일, 그리고 이스라엘 백성 가운데 거하시고자 새로 지은 성막에 영광스럽게 임하신 일을 드라마처럼 펼쳐 보인다. 사람들이 가끔씩 지적하듯이, 성막을 짓고 하나님이 그 안에 충만히 거하신 일이야말로 실은 창세기와 출애굽기 전체를 아우르는 이야기의 절정이다. 성막은

로마서의
심장 속으로

새 피조 세계, 하나님이 임하여 거하고자 하시는 작은 세계 같다. 하나님은 바로 그것 때문에 그 백성을 이집트에서 구해 내셨다. 우상의 땅에는 하나님이 들어가 거하실 수 없었기 때문이다. 또 하나님이 그 백성에게 율법을 수여하신 것도 그것 때문이다. 그가 율법을 수여하신 목적은, 그리스도인이 빈번히 상상하는 것처럼, 선행이라는 사다리를 밟고 하늘로 올라가게 하려 하심이 아니라, 이스라엘 백성을 그가 진실로 그 가운데 오셔서 거하실 수 있는 백성으로 만들려 하심이었다.

이렇게 여러 주제가 복잡하게 얽혀 있는 출애굽 이야기 전체는, 아무 대답도 제시되지 않은 채 창세기 끝부분에 남아 있는 두 물음에 원론적인 대답을 제시한다. 창세기는 하나님이 목적을 담아 창조하신 선한 피조 세계를 자신의 형상을 지닌 인간에게 관리하도록 맡기신 이야기, 하나님의 형상을 지닌 이들이 잘못된 길로 나아가 선한 피조 세계를 혼돈으로 되돌려 놓은 이야기, 하나님이 아브라함과 언약을 맺으심으로써 이런 상황에 대응하신 이야기를 들려준다. 그러나 창세기 마지막에 이르면, 아브라함의 가족은 이집트에서 나그네 생활을 하게 된다. 그러다 결국 노예로 전락하고 하나님은 그 처지를 되돌리려고 나서실 것이다. 출애굽기는 언약과 직접 닿아 있는 물음에 답한다. 출애굽기는 하나님이 아브라함의 가족을 노예 처지에서 구해 내시고 그들을 약속하신 땅으로 이끄신 이야기를 해 준다. 그러나 밑바탕에 있는 두 번째 질문은, 하나님이 아브라함과 맺으셨던 언약을 지나 피조 세계 전체를 향한 하나님의 목적

1장
로마서 8장의 맥락

을 내다본다. 하나님은 그가 지으신 인간과 함께 거하기 위해 오셔서 온 피조 세계를 구해 내시고 새롭게 하심으로써 창세기 3-11장의 문제를 바로잡으실 것이다. 성막이 세워져 하나님이 오셔서 그 안에 거하실 때(출 40장), 이는 새 피조 세계 자체를 앞서 알려 주는 표지가 된다. 하나님은 그 새 피조 세계를 자신의 영광스러운 임재로 가득 채우려 하신다(사 11:9). 따라서 새로워진 언약 백성은 토라를 지향하고 성막에 초점을 맞춘 삶을 살아가기에, 새 피조 세계를 보여 주는 작은 실행 모델working model이라 불리게 된다. 하나님은 오셔서 이스라엘 가운데 거할 준비를 하시고자 그들에게 토라를 주신다. 이어 하나님은 온 피조 세계를 자신의 영광스러운 임재로 가득 채우시겠다는 뜻을 미리 보여 주는 표지로, 실제로 그들 가운데 거하신다. 출애굽기에 기초한 이 주제들은 로마서 8장을 이해하는 데 대단히 중요하다.

이런 일이 어떻게 이루어지는지 알아보기 위해서는, 로마서 앞부분을 더 세세하게 곱씹어 보기 바란다. 바울은 로마서 3:21-4:25에서 하나님이 아브라함과 맺으신 언약의 약속에 신실하셨다고 주장했다. 하나님은 메시아를 통해 그 죄를 용서받은 이들로 온 세상을 아우르는 하나의 가족을 만들어 내심으로써 그 약속을 성취하셨다. 따라서 바울은 로마서 5-8장 전체에서, 그리고 특히 8장에서 새 창조를 성취할 수단으로서 새 출애굽이 진행되고 있다고 주장할 수 있다.

이는 많은 독자가 어디서 잘못된 길로 나아갔는지 보여 준다. 기독교 전통은 출애굽 어휘가, 고작해야 (인간을 '천국'으로 데려감으로써) 그들을 이 세상에서 구해 낸다는 주제를 멀찌감치 떨어진 지점에서 일러 주는 것이라고 생각할 때가 많았다. 그러나 성경 내러티브는, 다시 말해 바울이 시종일관 따라가는 내러티브는 그렇게 흘러가지 않는다. 바울은 예수가 진정한 최종 출애굽을 이루셨다고 믿었다. 하나님이 자기 백성 가운데, 곧 자신의 진정한 형상을 지닌 인간 가운데, 그 인간으로 오셔서 거하심은, 언약을 갱신하기 위해서이기도 하고 그럼으로써 온 피조 세계를 새롭게 하기 위해서이기도 했다. 그리고 이제 하나님은 그의 영으로 자기 백성의 마음과 삶 속에 들어와 거하심으로써 바로 그 프로젝트를 실행하려 하셨다. 바울은 아브라함이 약속된 땅뿐 아니라 온 세상도 기업으로 받으리라는 약속을 하나님에게서 받았다고 말한다(4:13). 성경은 시편 2편과 다른 곳에서 메시아에게 주어진 약속을 통해, 다시 말해 온 세상을 다스리리라는 약속을 통해 아브라함 약속에 힘을 실어 준다. 그것이 교회의 삶 전체의 목적인 선교의 기초다. 이처럼 하나님은 이 새 출애굽을 통해, 메시아와 영의 사역을 통해, 피조 세계 자체를 구해 내시고 회복시키시고자 언약을 새롭게 하시고 인간을 구해 내신다. 이것이 바로 로마서 1-8장이 제시하는 논리다.

결국 내가 앞서 말하고 다른 곳에서 자세히 주장했듯이, 창세기에서, 그리고 창세기 뒤에 이어지는 많은 유대 사상에서, 언약의 목적 자체는 언제나 피조 세계를 다시 새롭게 하는 것이었다. 하나님은 아담의 죄와 그 죄에 따른 결과를 없애려고 아브라함을 부르셨다. 하나님은 아담에게 "생육하고 번성하며 동산을 돌보라"라고 명령하셨다. 그러나 그 뒤 하나님은 아브라함에게 이렇게 약속하셨다. "내가 너로 생육하고 번성하게 해 주고, 네게 가나안 땅을 주겠다." 이 약속은 그 뒤에 출애굽을 통해 이루어진다. 하나님은 이스라엘을 노예 처지에서 구해 내시고, 그들 가운데 오셔서 거하심으로 그들을 약속하신 기업으로 인도하셨다. 그러나 가나안은 단지 첫 단계요 앞날을 내다보는 표지판이었다. 이제는 온 세상을 내다본다. 로마서 8:18-28이 바로 그것을 천명한다. 피조 세계 자체가 구속救贖을 받을 것이다. 그리고 구속받은 인간이 그 세계를 책임질 것이다. '천국으로 감'이 아니라 피조 세계 자체를 책임지는 일이 메시아의 백성이 받은 소명이다.

이 계획 속에서 인간이 맡은 역할을 잠시 곱씹어 보자. 오늘날의 그리스도인은 이런 역할을 많이 말하지 않지만, 초기 그리스도인은 그 역할을 당연하게 받아들였다. 로마서 5:17 그리고 로마서 8장을 보면, 언약의 구성원이라는 선물을 받은 이들이 생명 안에서 다스리게 된다. 그것이 바로 인간의 소명이요 하나님의 형상을 지닌 이들의 소명이며, 로마서 8:18-30이 강조하는 것이다. 바울은 로마서 8:29에서 우리가 "그 [하나님의] 아들의 형상이라는 본보기를 따라 빚어지게 하려고…, 이는 그로 큰 가족의 맏아들이 되게 하려 하심"이라고 말한다. 바울의 말은 "'영화와 존귀로 관冠을 [쓰고]"만물을 그 발아래 두는 인간의 소명을 축하하는 시편 8편을 떠올려 준다. 이 소명은 예수 안에서 성취되었고 이제는 예수의 백성이 공유하고 있다. 여기서 우리가 앞서 칭의에 관하여 한 말을 다시 요약해 본다. 하나님은 온 세상을 바로잡겠다고 약속하셨으며, 복음을 통해 남자들과 여자들을 바로잡으심으로 이들이 지금 여기서 그리고 그 뒤에도 온 세상을 바로잡으려는 그 계획의 일부가 되게 하겠다고 약속하셨다. 칭의와 정의는 가까이에서 함께 간다.

그러나 하나님이 구해 내신 백성이 현재 행하는 '통치'나 '다스림' 이나 누리는 '영광'은 역설적이다. 거기에는 고난이 따른다. 하나님 의 백성이 왕 같은 제사장이라는 자격으로 드리는 중보, 로마서 8장 의 정점에 나오는 그 중보는, 은밀한 곳에서 올리는 기도다. 이때 신 실하고 하나님을 사랑하는 사람들은 그들이 알지도 못하는 것을 위 해 기도한다. 우리가 현재 그리스도인의 삶을 '지금 그리고 아직 아 니'라는 종말론 원리, 곧 이미 참이지만 아직 참이 아닌 무언가가 빚어 가는 삶이라 생각한다면, 바울이 8:26-27에서 이야기하는 기 도는 '이미'인 진리, 곧 하나님이 이미 영으로 충만한 자기 백성을 통해 이 세상에서 그의 목적을 이루어 가고 계신다는 진리와, '아직 아니'인 진리, 곧 영으로 충만하여 '아빠, 아버지'를 부르며 기도하 는 우리가 어떻게 기도하는 것이 마땅한지 아직 알지 못하여 우리 속 깊은 곳에서 말할 수 없는 탄식으로 중보하시는 영에게 의지할 수밖에 없다는 진리를 결합한다.

로마서 5-8장이 제시하는 이 새 출애굽이라는 개념을 좀 더 깊이 꼼꼼히 살펴보자. 영, 아들의 지위, 물려받을 기업 등에 관한 이런 본문은, 단순히 '나와 내 구원'이나 '나와 내 영성'을 이야기하는 본

1장
로마서 8장의 맥락

문으로 '듣기'가 아주 쉽다. 그러나 그것은 마치 색안경을 끼고 미술관을 돌아다니며 작품을 보는 것과 마찬가지다. 그렇게 보면 한두 색깔만 볼 수 있을 뿐이다. 우리는 성경 전체가 제시하는 그림을 봐야 한다. 그것을 그저 우리 구원이나 영성을 '묘사'한 그림으로만 보지 말고, 그것이 가질 수밖에 없는 깊이와 의미를 꿰뚫어봐야 한다.

출애굽 이야기가 어떻게 흘러가는지 생각해 보라. 바울이 그 이야기를 어떻게 가져다쓰는지 살펴보라. 이미 보았듯이, 출애굽에는 중요한 세 가지 순간이 있다. 노예라는 처지에서 벗어난 해방, 시내 산에서 이루어진 토라 수여, 그리고 하나님의 영광이 성막에 임하여 거하시면서 자기 백성이 받을 기업까지 그들을 인도하심이 그세 순간이다. 바울도 이 순서를 따라간다. 바울은 로마서 6장에서 노예로 살아가는 죄인이 세례의 물을 건너 메시아 안으로 들어가 자유를 찾는다고 말한다. 이어 이스라엘 백성은 시내산으로 가 거기서 토라를 받는다. 이 토라는 생명을 약속하지만 동시에 죽음도 경고한다. 그런 다음 바울은 로마서 7장에서 율법의 임함과 이 율법이 초래한 슬픈 결과를 묘사하면서 포로로 끌려가는 데까지 이야기를 이어 간다. 그러나 뒤이어 하나님은 그 백성의 죄를 처리하시고, 성막에서 몸소 그 백성 안에 거하신다. 바울은 로마서 8장에서 토라가 할 수 없었던 것을, 하나님이 메시아의 죽음과 영이라는 선물을 통해 행하셨음을 설명한다. 하나님이 광야에서 성막에 거하셨듯이, 이제는 영이 예수의 백성 안에 거하면서 그들에게 율법이 약속한

로마서의
심장 속으로

생명을 제공한다.

출애굽기 40장에 제시된 하나님의 영광스러운 임재는, 다양한 지점에서 이집트로 돌아가고 싶은 유혹에 넘어가려 하는 이스라엘 백성을 그들이 기업으로 약속받은 땅으로 인도한다. 바울은 그와 같은 식으로 영이 예수를 따르는 이들을 그들이 받을 기업으로 인도하고 있다고 선언한다(8:12-17). (사람들이 '보통' 갖고 있는 이해로 다시 빠져 버리기가 아주 쉬워 다시금 해 두는 말이지만) 이 기업은 '천국'이 아니라 다시 새로워진 피조 세계 전체를 가리킨다. 따라서 바울은 이제 노예로 살아가던 시절로 다시 돌아가려는 어떤 경향도 따르지 말아야 한다고 경고한다. 요지는 이제 온 세상이 하나님의 거룩한 땅이라는 것이다. 영의 인도를 받는 예수 따르미들은, 십자가의 길에 동참함으로써 그리고 그들의 고난과 기도를 통해, 하나님의 치유하는 사랑을 그의 세상으로 가져와야 한다. 그것이 우리가 적절한 때에 살펴볼 로마서 8:18-27의 숨은 핵심이다. 이 본문 역시 출애굽을 되울려 준다. 온 피조 세계가 신음하고, 교회도 신음하고, 심지어 영도 신음한다. 이 신음은 이스라엘 백성이 노예로 살아갈 때 토해 내던 신음을 되울려 준다. 하나님은 그 신음을 들으시고 언약을 기억하사 행동에 나서셨다.

1장
로마서 8장의 맥락

로마서 8장: 진정한 인간, 진정한 신

결국 로마서 8장은 인간됨이 무슨 의미인지 풍성한 비전을 우리 앞에 내놓으며, 하나님이 정녕 누구신지에 관하여는 그보다 훨씬 풍성한 비전을 제시한다. 앞으로 이야기를 진행하면서 이를 더 충실히 살펴보겠지만, 여기서 미리 간단히 말하고 넘어가는 것이 도움이 될 수 있겠다.

먼저 '영화glorification'의 놀라운 이중 의미부터 이야기해 보자. 여기서 '영광'은, 바울의 글에서 종종 그러하듯이, 사실 '존엄'이나 '가치'를 의미한다. 이 '가치'는 진정한 인간이 되라는 소명을 받을 만함을 의미한다. 그러나 이 영광은 당연히 하나님 자신의 영광이다. 하나님의 영광스러운 임재가 성막 안에 거하며 그 백성을 그들이 받을 기업으로 인도했듯이, 이제는 영이, 비록 어떤 때는 (바울도 고린도후서 3장과 4장에서 말하듯이) 심히 모순처럼 보일 때도 있지만, 그래도 진정 하나님의 백성 안에 거하면서 이미 그들을 '영광'의 백성으로 만드신다. 다른 한편, 새로워진 인간은 시편 8편이 이야기하는 '영광'을 받는다. 인간의 소명은 "영화와 존귀로 관을 [씀]"(바울이 로마서 2:7-10에서 이미 제시한 약속이다)으로써 새로워진 하나님의 피조 세계를 하나님 대신 다스리는 것이다. 따라서 '영광'은 우리 안에 계신 하나님의 살아 있는 임재이자, 그 임재의 결과로서 나타나는 진실로 하나님을 되비쳐 주는 인간다움이다. 물론 이것은 우연이 아니다. 바로 이를 위해 인간이 만들어졌기 때문이다. 인간은 바로 이렇게 하나님을 되비쳐 주는 자가 됨에서 성취감을 얻는다. 이레나이우스Irenaeus의 말이 옳았다. 하나님의 영광은 온전히 살아 있는 인간이요, 정녕 인간의 삶은 하나님이 품으신 비전 안에 있다.

결국 영은 이렇게 예수 따르미 개개인을 그리고 한 몸을 이룬 예수 따르미 전체를 성전 백성Temple-people으로 만들어 낸다. 이곳, 하늘과 땅이 겹치는 이 지점에 하나님이 들어와 거하신다. 광야의 성막과 예루살렘 성전은 온 피조 세계가 새로워질 것을 미리 알려 주는 표지판이다. 따라서 이제 예수 따르미들은 예수와 영 때문에 바로 그런 표지판이 되라는 소명, 새 피조 세계가 어떻게 작동하는지 보여 주는 작은 모형이 되라는 소명을 받았으며, 그러기에 하나님이 만들어 내실 최종적인 새 피조 세계를 내다보는 현재의 갱신을 적극 수행할 대리인이 되라는 소명을 받았다. 이는 로마서 8장에서 거룩함과 소망, 고난과 기도를 의미한다. 이는 보증과 축하를 허물지 않고, 도리어 그것들이 실제로 어떻게 나타나는지를 보여 준다.

이어 우리는 이 새 피조 세계와 새 언약이라는 틀 안에서, 인간이 다시 새로워져 하나님의 세계 안에서 진정 하나님의 형상을 지닌 이가 된다는 틀 안에서, 신학 역사를 통틀어 가장 위대한 선언 가운데 하나인, 나중에 삼위일체 교리로 알려지게 된 것을 발견한다. 그것은 상세한 주해라는 안개 속에서 어떤 거대한 산이 어렴풋이 보이는 것과 비슷하다. 아버지는 아들과 영을 보내 '율법이 할 수 없었던 것'을 행하게 하시고, 예수 따르미들을 그들이 받을 기업으로 인도하신다. 현재 그 영은 교회와 온 피조 세계의 모호한 기도 속에서 신음하신다. 그리고 아버지 하나님은 그런 영의 생각을 귀 기울여 들으시고 아신다. 교회는 이를 통해 아들의 형상을 닮는다. 이는 모두 하나님의 사랑, 메시아의 사랑 그리고 영으로 말미암아 하나님께 되돌려드리는 우리의 사랑을 이야기한다. 그것이 결국 '언약'이 말하는 전부다. 물론 바울은 '삼위일체'라는 말을 사용하지 않는다. 그러나 로마서 8장은 풍성한 논증과 호소와 축하를 통해 훗날 삼위일체라는 이름표를 얻을 진리를 생생히 표현한다.

로마서 8장의 놀라운 다층多層 세계에 온 당신을 환영한다. 이 로마서 8장이 바로 로마서의 심장이다. 새 피조 세계, 새 언약, 진정한 인간, 사랑을 베풀어 주시는 삼위일체 하나님이 다 이 8장에 들어 있다. 이곳은 우리가 이제 거리 하나하나를 다니며 꼼꼼히 탐구해야 할 도시다. 이 로마서 8장을 기도하며 꼼꼼하게 연구하면, 우리 생각과 마음이 넓어질 것이다. 그러면 우리는 우리 스스로 이곳을 즐길 수 있을 것이며, 우리가 부름 받을 때 그리고 우리가 부름 받은 그대로, 다른 이들도 생명을 주는 로마서 8장의 비밀 속으로 확실하게 인도할 수 있는 길잡이가 될 것이다.

로마서의
심장 속으로

2장

로마서 8:1-4 정죄함이 없다

1 그러므로 이제 메시아 예수 안에 있는 이에게는 결코 정죄함이 없다!

2 왜 없는가? 메시아 예수 안에 있는 생명의 영의 법이 너희를 죄와 죽음의 법에서 해방시켜 주었기 때문이다.

3 이는 하나님이 (인간의 육 때문에 약한) 율법이 할 수 없었던 일을 하셨기 때문이다. 하나님은 자신의 아들을 죄 있는 육의 모양으로, 또 속죄 제물로 보내셨으며, 바로 그 육 안에서 죄를 정죄하셨다.

4 이는 우리가 육을 따라 살지 않고 영을 따라 살 때 율법의 바르고 적정한 평결이 우리 안에서 이루어질 수 있게 하려 함이었다.

1 *Ouden ara nyn katakrima tois en Christō Iēsou.*

2 *ho gar nomos tou pneumatos tēs zōēs en Christō Iēsou ēleutherōsen se apo tou nomou tēs hamartias kai tou*

thanatou.

3 *to gar adynaton tou nomou en hō ēsthenei dia tēs sarkos, ho theos ton heautou hyion pempsas en homoiōmati sarkos hamartias kai peri hamartias katekrinen tēn hamartian en tē sarki,*

4 *hina to dikaiōma tou nomou plērōthē en hēmin tois mē kata sarka peripatousin alla kata pneuma.*

"그러므로 이제 메시아 예수 안에 있는 이에게는 결코 정죄함이 없다!" 우리를 로마서 8장이라는 비범한 장의 세부 내용 속으로 들여보내는 이 멋진 강조문은, 저 유명한 요한복음 3:16, 곧 "하나님이 세상을 이처럼 사랑하사 독생자를 주셨으니"라는 말씀에 버금간다. 앞에서 로마서 8장 전체를 대략 살펴봤으니, 이제 로마서 8장이라는 도시의 거리에 들어선다. 이제 이 도시를 한 구역 한 구역 걸으면서, 주요 건물을 알아보고, 그 건물들을 이어 주는 도로와 작은 길을 알아 가려 한다.

앞서 보았듯이, 8장의 첫 주요 단락은 몸의 부활을 힘차고 분명하게 약속하는 11절까지 이어진다. 그러나 그 논지를 탐구하는 희열은 이 책 다음 장까지 미루려 한다. 5-11절이 1-4절이라는 토대 위에 굳건히 서 있기 때문이요, 우리가 현재 다루는 주제를 담고 있는 8장 첫머리의 아주 중요한 네 절이 많은 주의와 집중을 요구하기 때문이다. 여기서 바울은 믿음의 중요하고 살아 있는 몇 가지 진리

로마서의
심장 속으로

를 단단하고 치밀한 하나의 묶음으로 제시한다.

　로마서 8장에 뛰어드는 우리에게 도움이 되도록, 바울 서신의 어떤 본문을 이해할 때나 적용할 수 있는 세 기본 규칙을 소개해 보겠다. (서문에서 말했듯이, 나는 이 책을 읽는 사람이라면 바울의 그리스어를 읽을 수 있거나 적어도 두 개의 영역 성경을 사용하려는 뜻을 갖고 있다고 추정한다. 이 책은 음역한 그리스어 본문과 내가 번역한 본문도 함께 제시했다.)

　한 구절이든, 한 문단이든, 한 장이든, 서신 전체든, 바울 서신의 어떤 본문이든 이해하는 데 적용되는 첫 번째 규칙은 이것이다. **전체를 관통하는 주된 취지를 발견하는 데 주의를 기울이라.** 중요하지만 부차적인 요소들에 한눈을 팔아서는 안 된다. 각종 흥미로운 신학 논의와 연관되어 중요해 보인다 할지라도 그것에 마음이 가면 안 된다. 바울은 그의 논지의 내적 역학이라 부를 만한 것을 잘 알고 있지만, 한 문단이나 한 장에서 제시하는 여러 가닥의 논지를, 여는 말이나 맺음말에서 한 덩어리로 결합한다. 우리가 서 있는 자리, 나아갈 방향을 알려면, 먼저 그것부터 살펴봐야 한다. 현재의 경우, 내가 방금 언급했듯이 우리는 1절부터 11절까지 내쳐 살펴볼 수 있다. 바울은 이렇게 쓴다. 정죄함이 없다.…이는 우리 안에 거하시는 하나님의 영이 우리 몸의 부활을 이루시기 때문이다. 그러나 이와 같은 원리는 더 짧은 본문에서도 작동한다. 우리가 다루는 주제인 8장의 첫 네 절을 보면, 4절이 1절이 강조하는 바("정죄함이 없다")를 다시 거론한다. 정죄함이 없다.…이는 (바울이 7:10에서 말한 대로 생명을 주려는) 율법의 의도가 영을 통해 이루어지기 때문이다. 사실 그것은 8:9-

2장
로마서 8:1-4

11에 나오는 같은 요지, 곧 영은 율법이 줄 수 없었던 생명을 준다는 요지를 맨 처음 일러 준 것이다. 이것이 이 첫 네 절의 주된 강조점이요, 앞으로 등장할 더 온전한 진술을 예고하는 것이다. 영이 생명을 주려는 율법의 의도를 다 이루기에 결코 정죄함이 없다.

이런 일은 어떻게 일어났는가? 분명 메시아와 영의 사역을 통해 일어났다. "메시아 예수 안에 있는" 이들에게는 정죄함이 없다. 영이 율법을 다 이루는 일을 하고 있기 때문이요(2절), 메시아의 죽음으로 죄 자체가 유죄 선고를 받았기 때문이다(3절). 따라서 이 네 구절은 무엇보다 이런 의미를 가진다. 십자가와 영 때문에 "결코 정죄함이 없다."

그것이 우리의 출발점이다. 그러나 바울이 늘 그러하듯이, 여기에서도 다른 많은 것을 함께 이야기한다. 더 깊이 들어가려면 다른 규칙이 두 가지 더 필요하다.

꼼꼼한 주해에 필요한 두 번째 규칙은 기계적인 성격이 더 강하지만, 거듭 활용된다. **바울이 사용하는 접속사에 세심한 주의를 기울이라.** 이를테면 *kai*('그리고'), *de*('그러나'), *gar*('이는…때문이다'), *hina*('…하고자'), *ara*('그렇다면'), *oun*('그러므로') 같은 단어들이다. 모든 번역이 그렇듯이, 그리스어 본문과 영어 번역문도 항상 정확히 일치하지는 않는다. 당연한 말이겠지만, 한 언어의 어떤 단어는 작은 접속사라도 다른 언어에서 그 단어와 가장 가까운 말이 함축하는 의미를 다 담아내지 못한다. 그래도 우리는 할 수 있는 최선을 다해야 한다. 바울은 이렇게 사소한 단어라도 아무 생각 없이 내뱉지 않는다. 그가 늘 어떤 식으로 논증을 전개하는지 살펴보라. 지금 우리가 보는 본문에서도 나타나듯이, 여러 *gar*가 이어짐은 그가 어떤 특정 진리를 더 깊이 파고들고 있음을 의미한다(A가 일어난 것은 B 때문이다. B가 일어난 것은 C 때문이다 등등). 그런 다음, 충분히 깊게 들어갔으면 *de*를 잇달아 사용하여 그의 논지를 되쌓아 간다(여기서 de는 '그러나'라는 뜻으로, 논리상 '그러나 만일 그렇다면, 결국…이라는 결과가 따른다'라는 의미다). 바울은 그런 식으로 의기양양하게 *ei de*를 사용하며 11절에 이른다. '그러나 그것이 사실이면, 결국…이라는 결과가 따른다.' 이어 이 문단 전체에서 제시한 논증을 마쳤음을 나타내는 말이 뒤따른다.

따라서 1-4절, 그리고 뒤이어 1-11절 전체는 바울이 흔히 그의 논증 구조를 어떻게 만들어 가는지 고전적인 본보기를 제공한다. 그가 써 놓은 문장들은 서로 먼 관계에 있는 요점들을 따로따로 강조하는 것이 아니다. 그 문장들은 그가 자세히 설명하는, 여러 층위로 된 진리의 논리적 상호관계를 아주 정확히 탐구한다. 이런 상호관계가 어떻게 작동하는지 보여 주는 것이 바로 자그마한 접속사들이다.

세 번째 규칙은 **1세기의 시각으로 들어가 생각해 보라**는 것이다. 사람들은 종종, 마치 불쌍한 바울 노인이 정말 하려던 말을 좀 더 명확하게 할 수 있도록 도와주어야 한다는 듯이, "바울은 X라고 썼을지 모르지만, 그가 정말 하려던 말은 Y였어"라고 말하면서, 시대착오적인 의역을 한다. [일부 학자는 이런 사이비 방법을 완전히 다른 차원에서 받아들여, 만일 그의 논증이 우리 생각대로 '작동'하여 우리가 실제로 그가 하는 말을 (우리가 생각하기에) 그가 정말 하려 했던 말에 비추어 신학적 차원에서 바로잡을 수 있다면, 가끔은 바울이 해야 했던 말을 알 수 있다고 주장한다. 그러나 진지한 주해에는 이와 같은 오만이 들어설 자리가 없다.[1] 그렇게 해서는 안 된다. 모든 주해의 목표는 이렇게 말할 수 있는 지점에 이르는 것이어야 한다. 여기에(훌륭한 교육을 받은 한 유대인 사상가가 살았던 1세기 세계에) 서서, 이와 같은 것들을 보라. 그러면 그가 실제로 하는 말이 바로 그가 하려 했던 말임을 알게 될 것이다. 바울이 제대로 하도록 우리가 도울 필요는 없다. 우리는 그가 말하려는 핵심을 알 때까지 그가 우리를 계속 괴롭히게 함으로써, 결국 퍼즐 조각들이 제자리를 찾게 해야 한다.

물론 '이것이 오늘 우리에게 무엇을 의미하는가'라는 질문은 사라지지 않았다. 사람들은 종종 그 질문을 동력 삼아 '바울이 정말 하려는 말은 무엇인가'라고 말하면서, 바울이 실제로 기록한 것을 설교자나 교사가 그들의 청중에게 의미 있으리라 상상하는 것으로 '번역하고' 싶어 한다. 이런 일이 일어나는 이유 가운데 하나는, 바울이 실은 현대 독자가 가져오는 질문들을 다루지 않을 때가 자주

---

1 *PRI*, p. 33에서 *Sachkritik*를 논한 것을 보라. 《바울과 그 해석자들》(IVP). (*Sachkritik*은 '내용 비평'이나 '주제 비평'으로 번역할 수 있는 말로서, 성경의 어떤 본문을 그 본문 저자가 실제로 말하려 한 것에 비추어 고찰하고 평가하는 것을 말한다—옮긴이).

있기 때문이다. 사람들은 우물에서 숭늉 찾듯 '그래서 어쩌라는 거요?'라는 질문을 내뱉는데, 그러다 보면 종종 바울이 정말 말하는 바를 잘못 듣고 만다. 이 때문에 무엇보다 바울이 본디 말한 의미에 초점을 맞추는 주해가는, 네 번째 복음서 속의 예수와 비슷한 처지에 있게 된다. 그 복음서 속의 예수는 계속 대답을 하는 듯 보이지만, 그것은 사람들이 한 질문이 아니라, 그 배후에 사람들이 인식하지 못하는 숨겨진 질문에 관한 답이었다. 그처럼 우리가 현재 다루는 본문을 봐도, 바울은 율법에 관하여 아주 압축된 문장들을 썼다. 생명의 영의 법, 죄와 죽음의 법, 율법이 할 수 없었던 일, 율법의 적절한 평결 등이 그런 예다. 오늘날의 사람들은, 바울이 살았던 세계를 꼼꼼히 생각해 보지 않으면 풀 수 없는 수수께끼에 빠지고 말 것이다. 바울이 말하는 '율법'(법)은 대체 무엇인가? 그것은 우리의 전제에 얼마나 부합하는가? 그것이 바울에게는 왜 그토록 중요한가? 오늘날 대다수 사람은 '법'이라는 단어를 들으면 그들이 사는 나라의 법을 생각할 것이다. 혹은 더 오래된 신학 논의를 익히 알고 있다면, 하나님이 주신 엄격한 도덕법(어쩌면 시내산에서 주신 그 법)이요, 모든 사람이 심판 받을 기준이 되는 '율법', 그리고 많은 사람이 예수가 폐지했다고 짐작하는 그 율법을 생각할지도 모른다. 그러나 바울이 살았던 1세기 유대 세계로 들어가면, 사정이 아주 다르다. 우리는 바로 그런 다름 속에서, "메시아 예수 안에 있는 이에게는 결코 정죄함이 없다"라고 말하는 이유에 관하여 바울이 제시하는 설명의 핵심을 찾아낸다.

사실 이곳은 내가 시작하는 장에서 (성경 이야기를 들려주는 결함이 있는 방법들에 관하여) 했던 말이 실제로 아주 분명하게 드러나는 곳 가운데 하나다. 만일 성경 이야기 가운데 많은 부분이 아브라함의 육체적 가족, 곧 바울 시대의 유대인들에게 초점을 맞추고 있음을 잊어버린다면, 바울의 핵심 논증이 담고 있는 이스라엘이라는 차원, 따라서 결국 토라라는 차원에 대비하지 못하게 될 것이다. 우리는 분명 로마서 7장에서 율법, 곧 토라를 다룬다. 이 토라는 그저 막연한 도덕법이 아니라 하나님의 백성을 위한 언약 선언서로 널리 이해되었다. 그런데 사람들은 교회사 초기부터 그런 유대인 중심의 시각을 아주 가벼이 옆으로 밀쳐 버렸다. 사람들은 이제 복음을 가졌으니 율법 때문에 괴로워하지 않아도 된다고 생각했다! 그러나 그것은 결코 바울의 견해가 아니었다.

이는 우리가 앞서 제기했던 다른 질문, 곧 바울이 복음을 유대인이 아닌 이들에게도 '적용하려' 했다면 그것을 유대인의 범주와 용어가 아닌, 다시 말해 이방인이 사용하는 범주와 용어로 번역해야 하지 않았을까 하는 생각을 다시 떠올려 준다. 그렇지 않다. 복음은 온 세상이 이제 새 주님 아래 있다는 소식이었다. 그것은 심히 유대인다운 메시지였지만 온 세상을 향해 있으며, 물론 수치스러운 것이었지만 (바울도 발견했듯이) 강한 힘을 가지고 있었다. 따라서 로마서 8장 첫머리에 나오는 '그러므로'를 이해하려면, 바울이 7장에서 율법을 두고 하는 말을 붙잡고 씨름해야 한다. 그것은 그가 이스라엘 이야기 전체를 어떤 식으로 보았는가를 적어도 간략한 형태로나

로마서의
심장 속으로

마 이해하는 것을 의미한다. 우리는 '내가 왜 이 율법이라는 복잡한 문제를 놓고 골머리를 앓아야 하는가?'라는 생각을 할 수도 있지만, 우리가 그런 생각을 할 법한 지점은 바로 우리가 정말 성경에 부합하는 생각과 삶이라는 좁은 길을 벗어나려는 유혹에 말려드는 지점이요, 덜 부담스럽고 성경에 덜 부합하며 실제로 이스라엘의 메시아인 예수에 초점을 덜 맞추는 것으로 만족하고 넘어가려는 유혹에 말려드는 지점이다.

로마서 8:1-4 읽기: 틀

이런 세부 내용을 꿋꿋이 견디라는 경고 겸 격려를 마음에 새기고 1-4절을 함께 읽어 보자.

먼저 첫 번째 주해 규칙을 적용하여 처음과 마지막 부분을 살펴본다. 1절은 "결코 정죄함이 없다"고 말하며, (영어 본문 기준으로) 4절 상반절은 "율법의 바르고 적정한 평결이 우리 안에서 이루어[진다]"고 말한다. 이것이 진짜 결론이다. 4절 하반절("우리가 육을 따라 살지 않고 영을 따라 살 때")은 4절 상반절의 선언을 수식하면서, 5-8절을 내다본다. 그러나 우리는 1-4절을 마무리하는 가장 놀라운 말이 '율법의 평결이 이루어[진다]'임을 분명히 알아야 한다. 다시 말해, 처음과 마지막을 결합해 보면 이런 말이 된다. '율법이 이루어진다.… 결코 정죄함이 없는 것은 바로 그 때문이다!' 물론 바울이 제시한 이 상당히 치밀한 공식의 의미가 정확히 무엇인지는 아직 탐구해 보지 않았다. 그러나 우리는 이것이 바로 1-4절을 통해 말하고자 하는 것임을 이미 알 수 있다.

그렇지만 한 가지 문제가 곧장 뒤따른다. 많은 그리스도인은 바울의 생각이 이렇게 흘러간다고 추측했다. '율법은 우리를 율법을 어긴 자로 정죄한다. 그러나 하나님은 예수의 죽음 안에서 이제 율법이 틀렸거나, 우리와 상관이 없거나, 마귀로 인한 것이거나, 군더더기라고 선언했다. 따라서 이제 율법은 밖으로 밀려났으며, 그러므로 결코 정죄함이 없다.' 이 견해는 주로, 지옥에 떨어질 거라고 위협하며 지나치게 사람들을 억압하던 당시 로마 가톨릭 도덕주의에 대한 16세기 프로테스탄트의 반발에서 힘을 얻었다. 때때로 이 견해를 밑받침하는 구절로 (종종 "그리스도는…율법의 마침이[다]"라고 번역하는) 로마서 10:4을 인용하지만, 그것은 바울이 거기서 말하려는 취지가 아니다. 율법을 복음이 폐지한 도덕주의자의 헌장으로 보는 개념은 바울이 지금 하는 말과 상관이 없다.[2]

그럼 소소한 연결어에 주의를 기울이라는 두 번째 주해 규칙으로 가 보자. 왜 정죄함이 없는가?(1절) 그 이유는*gar* 생명의 영의 법이 너를 죄와 죽음의 법에서 해방시켜 주었기 때문이다(2절). 그게 왜 그럴까? 그런 일이 어떻게 이루어졌을까? 그 이유는(또 다른 *gar*) 하

---

2 바울의 율법관을 자세히 다룬 글을 보려면, *PFG*, 10장을 보라. 《바울과 하나님의 신실하심》(CH북스).

나님이 율법이 할 수 없었던 일을 하셨기 때문이다(3절). 그는 두 가지 일을 하셨는데, 첫 번째 일이 두 번째 일의 기초다.

1. 그 아들의 죽음(3절)
2. 영의 일(4절)

4절 첫머리에 나오는 *hina*('…하려 함')는 후자(영의 일)가 전자(예수의 죽음)의 목적임을 보여 준다.

어떤 의미에서는 그것으로 충분하다. 우리는 어쩌면, 특히 2절에 나오는 율법과 관련한 다루기 힘든 내용 없이도 풍족하다고 생각할지도 모르겠다. 큰 줄거리만 일러 주는 가르침에 만족하며 거기서 끝낼지도 모르겠다. 마치 여기에 기름을 넣고 거기 있는 버튼을 누르면 자동차가 출발한다고 아는 자동차 운전자처럼 말이다. 그러나 우리가 바울을 연구하는 것은, (내 은유를 바꿔 표현하면) 정비사처럼 훈련하여 우리 차와 다른 이들의 차가 고장 나면 그 차들을 고쳐 주려는 목적도 있다. 슬프게도 서구 신학은 대개 바로 이 지점에서 고장이 나고 실패했다. 바울이 여기서 율법에 관하여 하는 말은 우리가 보통 생각해 온 것보다 복잡하다. 우리는 그 복잡한 이야기 속에서, 하나님의 목적에 관한 바울의 이해에 담겨 있는 훨씬 더 풍성한 보화, 사람들이 종종 무시해 온 그 보화를 찾아내려 한다.

제법 분명한 실마리가 1절 첫머리에서 등장한다. 바로 '그러므로'다! 이 소소한 단어 *ara*('그렇다면'으로 번역하는 것이 적절하겠다)는, 바울이 방금 나온 내용과 긴밀한 논리적 연관 관계를 생각하고 있음을 우리에게 일러 준다. 우리는 주해가의 책에 들어 있는 가장 오래된 상투어 가운데 하나를 떠올린다. '그러므로'를 보거든, 그 말이 왜 거기 있는지 물으라. 로마서 8장 첫머리에 나오는 이 '그러므로'는 유명한 수수께끼다. 어떤 의미에서 보면, 우리는 이 말에서 시작했어야 했다. 이 말은 로마서 8:1-11이 완전히 새로운 논증의 시작이 아니라 더 긴 논증의 결론임을 암시한다.

그러나 여기 있는 '그러므로'는 얼핏 보면 대단히 위치가 잘못된 것 같다. 결국 로마서 7장은 좌절이나 심지어 절망처럼 보이는 말로 끝난다. '비참한 사람'(개역개정은 '곤고한 사람')은 7:24에서 이렇게 절규한다. "이 사망의 몸에서 누가 나를 건져내랴?" 바울은 7:25 상반절에서 이렇게 대답한다. "우리 주 예수 그리스도(메시아)로 말미암아 하나님께 감사하리로다!" 그러나 7장 마지막 구절의 하반절은 슬픔이 가득한 목소리로 이렇게 선언한다. "내 자신이 마음으로는 하나님의 법을 육신으로는 죄의 법을 섬기노라." 그런 그가 어떻게 곧장 그러므로 메시아 안에 있는 이들에게는 정죄함이 없다고 말할 수 있을까?

이 물음에 답하려면, 로마서 7장 자체로 걸음을 돌려야 한다. 그렇게 해야 로마서 8:1-4이 어떻게 흘러가는지, 그리고 특히 바울이 율법에 관하여 하는 말이 실제로 어떻게 펼쳐지는지 보게 될 것이다.

간주곡: 로마서 8장으로 올라가는 디딤돌인 로마서 7장

로마서 7장은 오랫동안 독자들을 괴롭혀 온 수수께끼였다. 대체 이 신비에 싸인 이, 그리고 사실은 비참한 자인 '나'는 누구일까? 그리스도인이 되기 전의 사울일까? 지금의 바울일까? 아니면 다른 누구일까? 또 이 지점에서 우리의 특별한 질문이 있다. 어떻게 바울은 이처럼 생생하고 듣는 이마저 비관하게 만드는 글로 '나'를 묘사해 놓고, 특히 7장 끝에서 그렇게 해 놓고, 곧장 그러므로 이제 메시아 백성에게는 정죄함이 있을 수 없다고 말할 수 있을까?

여기서 네 가지 점을 명확히 해야 한다. 이 네 가지는 하나하나 다 길게 변호하고 설명할 수 있지만, 여기서는 짧게 할 수밖에 없다.

첫째, 로마서 7장 전체는 율법, 곧 유대교 율법인 모세의 토라를 다룬다. '율법'에 해당하는 그리스어는 *nomos*다. 지레 겁을 먹고 몇몇 구절에서 *nomos*를 '원리'나 그와 비슷한 말로 번역한 역본들에 속지 말라. 바울은 지금까지 이 서신에서 율법과 관련하여 놀랍고도 이상한 말을 많이 했다. 이곳은 그 많은 이야기가 어떻게 서로 들어맞는지, 그리하여 어떻게 더 큰 그림이 작동하는지 그가 설명하는 곳이다.

바울은 7장을 여는 말(7:1-3)에 이어, 그가 갈라디아서와 다른 곳에서 강조한 점, 곧 십자가에 못 박힌 메시아에게 속하면 토라와 단절됨을 간략히 말한다(7:4-6). 그러나 이는, 이 서신에서 앞서 등장한 몇몇 짤막한 재담처럼, 토라 자체를 나쁘게 보이려고 하는 험담

2장
로마서 8:1-4

같다. 이 때문에 바울은 뒤따르는 열아홉 구절에서 무슨 일이 일어났는가를 분명히 밝히며, 이를 통해 그의 전체 논지를 진전시킨다. '그리스도인의 삶을 다룬 신학'이란 것을 찾아 로마서 6-8장에 다다른 사람들은, 그리고 7장의 주어가 누구인지 이해하려고 씨름한 사람들은 바울이 실제로 말하고 있는 바를 무시했다. 다시 말하지만, 사람들이 (그렇게 말할 법한데) 만일 "그렇지만 유대 율법에 관한 물음이 오늘날 우리와 상관이 있을 수는 없다"고 말한다면, 그들은 그냥 바울의 진짜 생각의 흐름을 따라갈 뜻이 없음을 내비친 것이며, 이어 바울이 설명하려 하는 성경신학을 액면 그대로 붙잡고 씨름할 준비가 되어 있지 않음을 보여 준 것에 불과하다.

핵심 본문(7:7-25)의 틀을 이루는 것은 다음 두 질문이다. "율법이 죄냐?"(7:7) "선한 것[율법]이 내게 사망이 되었느냐?"(7:13) 첫 번째 질문의 대답은 '아니다'이다. 그러나 '죄'가 선한 율법을 사용하여 죽음을 가져왔다. 두 번째 질문의 대답도 '아니다'이다. 그러나 토라가 토라를 따르고자 했던 이들의 도덕적 혼란을 통해 '죄'의 본색을 여실히 드러냈다.

첫 번째 대답(7:8-12)은 과거 시제다. 바울은 토라가 이스라엘에 주어지던 과거 사건을 이야기하고 있다. 두 번째 대답(7:13-19)은 현재 시제로, '이스라엘이 육을 따르는' 상황이 이어지고 있음을 언급한다. 바울은 이 말을 한 뒤 결론으로 나아간다(7:20-25). 그가 율법에 관하여 '찾아낸' 것은(여기서 '찾아내다'는 '이런 탐구의 결과로 발견하다'라는 뜻이다), 방금 7:10에서 말한 것처럼 그것이 둘로 나뉜 것처럼 보인다는 것이다. 토라는 생명을 약속했지만, 죽음만을 가져다줄 뿐이었다. 그것이 작용하는 대상이 '죄'가 자리 잡고 있는 '육'이었기 때문이다. 이는 토라로 하여금 분명 상반된 두 일을 행하도록 만드는 결과를 낳았다(7:22-23). 그리고 이는 다시 8:2의 대립을 미리 귀띔하는데, 이 대립은 곧 살펴보겠다.

우리는 바울 같은 유대인에게는 '율법' 곧 토라가 십계명만이 아니라 그보다 훨씬 많은 것이었음을 유념해야 한다. 그것은 '다섯 책', 곧 창세기에서 신명기까지 이어지는 오경 전체였다. 그것은 과거에도 그랬고 지금도 유대인의 삶 전체의 기반이다. 그 삶의 기초이며, 언약 헌장이다. 우리가 만일 로마서를 읽는 많은 이가 생각해 온 것처럼, '율법'은 그냥 도덕법을 의미한다고 생각한다면, 율법의 핵심을 많이 놓치고 말 것이다.

둘째, 7:7-25은 이스라엘 이야기를 율법과 관련지어 들려준다. 바울이 '나'라고 지칭하는 인물은, 율법이 주어지기 전부터 율법이 주어진 순간을 거쳐 바울 자신이 살던 시기까지 이어진 이스라엘 백성 전체다. 바울은 이스라엘 백성을 '그들'이라 일컬음으로써 자신을 이 문제 및 이스라엘 백성과 떨어뜨려 놓는 대신, 이 '나'라는 수사 도구를 씀으로써 이 크고 복잡한 이야기를 마치 자기 이야기처럼 들려줄 수 있게 되었다. 그리고 이는 비록 과거를 회고하는 이야기처럼 보이지만, 사실은 현재의 이야기다. 이것이 초래하는 한 가지 중요한 결과는, 우리가 '바울의 영적 자서전'을 구성하는 요소들을 찾겠다고 이 7장을 샅샅이 조사하는 잘못을 범하곤 한다는 것이다. 그것은 바울이 말하려는 핵심이 아니다. 바울은 '그 자신의 체험' 자체를 묘사하는 것이 아니다. 7장은 바울이 현재, '메시아 안에 있는' 그의 현재 위치에서, 그가 전에 역사 및 신학과 관련하여 가졌던 입장을 분석한 것이다.

토라에 관하여 묻는 것은 결국 이스라엘 전체에 관하여 묻는 것이다. 토라는 이스라엘에게 주어졌다. 따라서 토라가 '실제로' 어떻게 '작용하여 어떤 결과를 만들어 냈는지' 보고 싶다면, 오경과 뒤따르는 역사서와 예언서 안에 있는 이스라엘 이야기가 그것을 살펴볼 수 있는 곳이다. 그러나 여기에는 우리가 해결해야 할 문제가 하나 있다. 앞서 보았듯이, 바울은 로마서 6-8장 전체에서 출애굽 순서를 따라간다. 홍해를 건너고(6장), 시내산에 도착하고(7장), 이어 하나님이 이스라엘 백성 안에 거하심으로 유업으로 인도받는다(8장). 하지만 그 안을 들여다보면, 바울은 모세 율법 자체가 끝 무렵에 이르러서는 이스라엘 역사 전체를 내다보는 예언 내러티브를 담고 있었음을 알고 있다. 바울은 오경에서 신명기를 마무리하는 장들을 좋아했다. 그 장들은 특히 언약의 복과 저주를 기록한 28장에 초점을 두며, 이스라엘이 삶과 죽음을 선택할 기로에 섰을 때 반역과 우상 숭배 그리고 죽음의 길을 택하리라는 것을 경고했다. 최고의 저주는 창세기 3장에서 아담과 하와가 받은 저주가 보여 주듯이, 유배(쫓겨남)다. 아담과 하와는 오경이 시작할 무렵 동산에서 쫓겨났다. 그리고 신명기는 끝부분에서 우상 숭배와 불의가 이스라엘이 약속받은 땅에서 쫓겨나는 결과를 가져오리라는 오싹한 경고로, 아담과

로마서의
심장 속으로

하와가 쫓겨난 것을 되비쳐 준다.

따라서 바울은 로마서 6-8장이 담고 있는 출애굽 이야기 전체 안에서 우리를 시내산에서 이루어진 율법 수여로 데려감으로써("계명이 이르매", 7:9), 율법이 신명기 28장과 32장의 경고와 예언 속에서 펼쳐 보인 역사의 전경을 잠시나마 우리 앞에 펼쳐 보일 수 있게 되었다. 바울은 바로 그 언약 헌장을 충실히 고수함으로써, 토라에 순종해야 할 소명과, 다른 모든 사람처럼 유대인도 '아담 안에' 있다는 사실, 다시 말해, 유대인도 모든 인간이 공통으로 갖고 있는 '죄로 가득한 육'을 공유하고 있다는 사실 사이에 낀 자신을 발견한다 (독실한 바리새인으로 살았던 어린 시절에). 토라는 그 두 가지를 강력히 주장하고 강조한다.

그 결과는 토라 자체가 극적으로 둘로 나뉜 것bifurcation이다. 이것 역시 8:1-4에 없어서는 안 될 긴요한 일이 될 것이다. 토라는 여전히 하나님의 법이요, 거룩하고 정의로우며 선한 법이다. 실제로 그것은 '생명'을 약속한다(7:10). 그리고 바울은 8:1-11에서 이 약속이 메시아와 영을 통해 극적으로 완전히 이행되었음을 보여 주려한다. 그러나 토라가 계속해서 '죄로 가득한 육'에 작용하는 한, 율법은 죽음을 만들어 낼 수밖에 없다. 그리고 그 죽음은 바로 '유배'라는 형태, 동산에서 쫓겨난 유배(아담), 약속받은 땅에서 쫓겨난 유배(이스라엘) 그리고 생명 자체를 빼앗긴 유배라는 형태를 띤다. 이스라엘의 성경을 번역한 그리스어 역본이 '유배'를 가리킬 때 보통 사용하는 단어는 *aichmalōtos*와 그 동족어다(예를 들면, 신명기 28:41과

32:42 그리고 시편과 예언서의 많은 본문이 이 단어를 사용한다).[3] 이 단어는, 대다수 역본의 7:23 번역과 달리, 그저 '사로잡힌 자'나 심지어 '전쟁 포로'만을 의미하지 않는다. 이는 우리가 말하는 그대로 진짜 유배, 이스라엘이 이교도의 통치 아래 살아가는 '유수幽囚, the Exile'를 의미했다. 바울 시대의 대다수 유대인은 다니엘 9장의 예언을 따라 이런 상태가 여전히 계속되고 있다고 믿었다.[4] 이 때문에 바울은 로마서 6, 7, 8장의 '새 출애굽' 이야기 안에 그보다 작지만 대단히 중요한 이야기, 곧 토라와 함께 살아가는 이스라엘 이야기를 집어넣었다. 이 토라는 생명을 약속했지만, 아담의 후예 이스라엘을 정죄할 수밖에 없는 것이었다. 아울러 바울은 8:3에서, 생명을 주겠다는 토라의 약속이 영을 통해 이루어지듯이, 정죄에 관한 경고가 어떻게 메시아의 죽음을 통한 하나님의 일하심 안에서 같은 식으로 이루어지는가를 보여 주려 한다.

셋째, 이 절들은 이스라엘이 아담의 죄를 어떻게 재연했는가를 보여 주는 식으로 이스라엘 이야기를 들려준다. 우리가 5:20에서 예상해야 하는 것이 바로 이것이다. 바울은 이 절에서 (그가 늘 하던 대로 치밀하게) "율법이 들어온 것은 범죄가 더하게 하려 함이라"라고 말했다. 거기서 말하는 '범죄'는 아담의 죄였다. 로마서 5:20은 모세의 토라가

---

3 분명한 예가 겔 40:1과 시 126:1(70인역은 125편이다)이다. 시 126:1은 이렇게 시작한다. "여호와께서 시온의 포로를 돌려보내실 때에." 여기서 70인역은 '포로'를 의미하는 *shibat*를 *aichmalōsia*로 번역했다. 4절도 마찬가지다.

4 *PFG*, 2장을 보라.

이르렀을 때, 그것이 결국은 첫 범죄를 키워 최대한도까지 가득 채우는 결과를 낳았다고 강조한다.

이는 그때와 지금 많은 비유대인 독자가 이 지점에서 던질 법한 질문에 대한 대답을 제공한다. 그러나 나는 이방인이다! 이 복잡한 이스라엘 이야기가 대체 나와 무슨 상관이 있단 말인가? 바로 이 지점에서 세 번째 요점이 등장한다. 바울은 지금 토라 자체가 예견했던 이스라엘의 실패가 재연되었으며, 그 실패는 아담의 죄에 첨예한 관심이 가게 만들었음을 강조한다. 다시 말해, 그때나 지금이나 하나님의 기이한 목적 속에서는, 온 인류가 마주한 문제가 이 한 백성에게 초점이 맞춰지게 되었다. 기독교의 메시지는 이스라엘 이야기를 비껴가서는 안 된다. 그럼에도 그런 일이 자주 이루어진 것은 비극이다. 이 주제 전체(곧 이스라엘 이야기가 더 큰 인류 이야기의 초점이라는 주제)는 실제로 몇몇 지점에서 로마서와 함께 섞여 짜였으며, 우리가 살펴본 대로 5:20에서는 예리하게 나타난다. 우리는 특히 이를, 바울이 죄가 그를 속이고 그를 죽였다고 묘사하는 것(7:11)이 아담과 하와와 뱀의 이야기를 되울려 준다는 점에서 발견한다.

사실, 7장의 문제는 이스라엘 자체가 아담의 후예인 인간으로 구성되어 있다는 점에 있었다. 토라가 그런 아담의 후예인 인류에게 할 수 있는 일이란 더 많은 죄와 죽음을 만들어 내는 것뿐이었다. 토라가 처음 이스라엘에 이르렀을 때도 산에서 내려온 모세가 본 것은, 금송아지 주위에서 신나 날뛰는 아론과 사람들이었다. 토라가 이런 이교도식 우상 숭배에 보일 수 있는 적절한 반응은 그것을 정죄하는 것뿐이었다.

그러나 우리는 이 본문에서 핵심을 보기 시작한다. 인류를 구하려는 (그리고 그럼으로써 온 피조 세계를 구하려는) 하나님의 계획은 이스라엘에 초점을 맞추었다. 이스라엘도 다른 모든 백성과 같은 곤경에 처해 있었다. 그러나 바울이 13절에서 말하듯이, 이 모든 일은 '죄'를 한곳에 끌어모아 그 본색을 있는 그대로 드러내기 위해 하나님의 목적 안에서 일어났다. 13절은 *bina*('…하기 위해')를 거듭 사용하는데, 이는 하나님이 토라를 수여할 때 가지셨던 기이한 목적을 표현한다. 다시 말해, 토라로 말미암아 죄가 '실로 아주 가득한 것'처럼 보이지만, 이런 토라는 하나님이 장차 죄를 단번에 정죄할 절정의 결정적인 순간을 대비하려는 좋은 목적을 갖고 있었다(8:3). 로마서 7장과 8장을 읽는 유대인이라면 이스라엘의 오랜 투쟁이 어떻게 이 기이한 소명의 일부가 되었는지 곱씹어 볼지도 모르겠다. 바울 시대와 오늘날의 이방인 독자라면, 우리가 7장에서 아주 생생히 본 도덕적 무능과 좌절이 사실은 높은 도덕 기준을 인식하면서도 거기에 이르지 못했음을 알고 있던 아주 많은 이교도 도덕주의자의 좌절에 상응한다는 것을 곱씹어 볼지도 모르겠다.

그렇다면 **넷째**는 특히 8:1-4을 이해하는 데 대단히 중요하다. **이 이야기 속에 등장하는 악당은 '죄**Sin**'와 '육**flesh**'이다.** 문제는 율법 자체가 아니다. 인간이라는 것도, 정녕 이스라엘이라는 것도 문제가 아니다. 바울은 여기서 '죄*bamartia*'라는 말을, 특정 행위뿐 아니라 인간이 행하는 모든 우상 숭배와 불의와 부도덕 뒤에 있는 어둠의 세력을 가리키는 말로 사용한다. 내가 여기서 '죄Sin'를 대문자로 쓴 것도 이를 분명히 밝히기 위함이었다. 따라서 이 본문에서 말하는 '죄'는 거의 '사탄'과 같은 말이다. 마찬가지로, 바울은 여기서 '육'을 인간을 가리키는 말로 사용하지만, 이는 그저 몸만을 가리키는 게 아니라(물론 이 몸은 선한 것이었다), 육신과 도덕이 부패하고 타락한 상태도 가리킨다. 아울러 그는 이 말을 '육을 따른 이스라엘', 곧 이스라엘이라는 민족을, 유대인이든 이방인이든 가릴 것 없이 타락하고 부패하기 쉬운 인간 본성 자체와 일치시킬 때도 사용한다. 이는 대단히 중요한 움직임이다. 바울은 시종일관 창조와 언약을 염두에 두는 유일신론자로서 생각한다. 하나님의 창조는 선하며, 비록 타락과 죽음이 찾아왔지만 언젠가는 그 창조가 선하다는 사실이 재확인될 것이다. 이스라엘은 하나님의 백성인데, 이 사실도 언젠가는 이스라엘의 메시아가 가져온 변화를 통해 재확인될 것이다. 하나님의 법인 토라 자체는 거룩하고 정의로우며 선하다. 토라 자체가 약속했던 생명을 가져다주지는 못했지만, 그래도 토라가 거룩하고 정의로우며 선하다는 것은 복음을 통해 확인될 것이다(바울이 저 앞 로마서 3:31에서 어렴풋이 강조했듯이!).

바울은 물론 메시아의 백성이 여전히 썩고 죽을 인간 육신이라는 의미의 '육'으로 이루어져 있지만 이제 이 '육'이 메시아의 백성을 좌지우지하지 않는다는 것을 아주 중요하게 여긴다. 그가 여기서 이 '육에게 좌지우지됨'을 가리킬 때 사용하는 암호가 '육 안에' 있다고 이야기하는 것인데, 7:5나 8:9이 그 예다. 그러나 이는 혼란을 일으킬 수도 있다. 바울이 갈라디아서 2:20에서는 몸을 가지고 계속 살아가는 보통의 삶을 "내가 육체 가운데 사는 것"이라 이야기하기 때문이다. 또 빌립보서 1:24에서도 그는 임박한 죽음을 내다보면서, 그가 "육신으로" 있는 것이 독자들을 위해 더 중요하다는 점을 확실하게 이야기한다. 바울이 이 본문들에서 말하고자 하는 것은 분명 자신이 좋지 않은 의미에서 '육에게 좌지우지되고' 있다는 뜻이 아니다. 그러나 바울은 여기 로마서 7장과 8장에서는, 로마서 6장에서 말한 것을 토대로 삼아 '육 안에'를 인간이 세례 받기 전의 상태를 가리키는 말로, 그리고 이어 특히 유대인의 그런 상태를 가리키는 말로 사용한다. 그러나 후자의 경우에 바울은 이스라엘 성경 전체에서 발견되는 심각한 아이러니를 알고 있다. 유대인은 독특하게도 (그리고 올바르게도) 하나님의 법을 기뻐하면서도, 생명을 주려 한 그 법의 목적이 죄 때문에 도저히 이룰 수 없는 것이 되어 버렸음을 발견한다. 시편 105편('하나님이 이집트에서 우리를 위해 얼마나 멋진 일을 행하셨는지 보라. 이는 모두 우리가 그의 백성이 되어 그의 법에 순종할 수 있게 하려 함이었다')과 시편 106편('그렇다. 하나님이 우리를 구해 내셨다. 그러나 우리는 반역하고 죄를 범했다. 하나님이 우리를 용서하셨을 때도…우리는 거듭 그리했다. 거듭거듭 그리했다') 사이에 그러한 긴장이 있다.

그렇다면 7장에서 8장으로 옮겨 가는 것은 우리가 갈라디아서 2장에서 발견하는 것에 부합한다. 곧 유대인으로 태어난 이들이 부활을 통해 이스라엘의 메시아로 확인된 이에게 속한다는 것은, 그들이 충성스러운 유대인으로서 가졌던 열망의 성취일 뿐 아니라 그들의 정체를 하나님의 백성으로서 완전히 새롭게 다시 그려낸 것임을 깨닫게 된다. 어떤 사람이 세례와 믿음을 통해 '메시아 안에' 있게 되면, 이제 중요한 정체는 새로운 정체, 메시아에 속한 사람이라는 정체일 뿐이다. 고린도후서 5:17은 이를 되새겨 준다. 누구든지 메시아 안에 있으면, 새로운 피조물이다. 옛것은 지나갔고 모든 것이 새롭게 되었다.

물론 로마서 8장이나 고린도후서 5장이나 다른 어느 곳에서도 부활이 아주 중요한 것이 그 때문이다. 아울러 바울이 육의 부활이 아니라 몸의 부활을 아주 꼼꼼하게 이야기하는 것도 그 때문이다(고린도전서 15:51과 대비해 보라). 바울은 '육'이, 부패하고 쇠해 가는 현재의 세계와 인간을 가리킨다고 본다. 새 피조물과 새 몸은 부패하지 않을 것이다. "혈과 육은 하나님 나라를 이어 받을 수 없고"라는 말에서 육은 다소 전문적인 의미를 담고 있지만, 누가는 누가복음 24장에서 부활한 예수의 말씀을 덜 전문적인 방식으로 보고하면서, 예수가 유령은 자신과 달리 살과 뼈가 없다고 선언하신 것을 이야기한다. 바울이 말하는 의미를 보면, 현재의 '육'은 쇠하고 죽겠지만, 하나님은 자기 백성을 죽은 자 가운데서 일으켜 부활한 예수의 몸과 같은 새 몸을 갖게 해 주실 것이다. 로마서 8장의 맥락을 보면, 8:5-8과 8:12-16에서 볼 수 있듯이, 이 모든 것의 주된 강조점은 도덕에 합당한 삶에 있다. 바울은 갈라디아서에서도 그랬지만, 로마서 9-11장에서도 특히 '육을 따르는 이스라엘', 곧 이스라엘 민족이라 부를 수 있는 이스라엘 백성을 같은 식으로 다룬다. 로마서 7장의 흥미로운 특징 가운데 하나는 이 7장이 앞으로 더 전개될 논증의 토대처럼 보인다는 것이다.

그러나 그 모든 것은 다른 때에 다룰 내용이다. 지금 우리 관심사는 로마서 7장에서 8장으로 넘어가는 부분이다. 이는 길었지만 필요했던 우회로를 거쳐 우리를 마침내 8:1 첫머리에 있는 '그렇다면' 내지 '그러므로'를 의미하는 *ara*로 다시 이끌고 간다.

로마서 8:1-4 메시아의 죽음과 영

그러므로 이제 메시아 예수 안에 있는 이에게는 결코 정죄함이 없다! 어떻게 이런 일이 일어나는가? 2절 때문이다. 3절 때문이다. 5절 때문이다. 6절과 7절 때문이다. 그래서 9절에서 11절에 이른다! 이 본문의 여러 상이한 번역이 온갖 독특한 용어를 사용하든 말든, 1-11절은 그렇게 흘러간다. 이제 우리가 할 일은 특히 첫 네 절을 상세히 살펴보는 것이다.

* * *

우선 가장 먼저 문제가 되는 1절의 '그러므로'부터 살펴보겠다. 논증은 이렇게 펼쳐진다.

로마서의
심장 속으로

1. 지금 상황이 이렇다(7장).

2. 그러므로 결코 정죄함이 없다(8:1).

3. 이는 하나님이 그 상황을 이렇게 처리하셨기 때문이다(8:2-11).

1절의 '그러므로'는 2절의 '…때문이다'를 미리 귀띔하는데, 이는 달리 보면 앞뒤가 맞지 않아 보일 수도 있는 말을 설명해 준다. 이건 마치 이렇게 말하는 것 같다. "내 차는 배터리가 다 나갔어. 타이어도 망가지고, 운전면허는 유효 기간이 지났지. 그러므로 내 목적지까지 가는 데는 아무 문제가 없어. 왜냐하면 배터리와 타이어를 고칠 수 있는 정비사도 있고, 새 면허증을 발급해 줄 정부 관리도 여기 있으니까." 또 다른 예를 든다면, 누군가가 이렇게 말하는 것과도 같다. "나는 빚이 엄청나게 많아. 여기저기 이 가게 저 가게에 빚을 아주 많이 졌지. 그러므로 나는 이제 모든 금융 채무에서 벗어났어. 왜냐하면 내가 이 지역 상인들에게 진 빚을 은행이 다 처리해 주기로 했기 때문이야." 따라서 다시 말해, 이 경우 2절에서 4절까지를 지나 11절까지 내쳐 줄곧 '(이는)…때문이다'가, 어찌 생각하면 당황스럽기만 한 1절의 '그러므로'를 설명해 준다. 7장은 '나'라는 이가 처한 유감스러운 상태를 제시하고, 8:1은 그러므로 이제 결코 정죄함이 없다고 선언한다. 그리고 나서 8:2-11은 이를 이는… 때문이다, 이는… 때문이다, 이는… 때문이다를 잇달아 사용하여 설명한다.

그럼 이제 2, 3, 4절의 세부 내용을 살펴보자. 여기서 우리는 바

2장
로마서 8:1-4

울의 글에서 보통 볼 수 있는 순서를 발견한다. 꽃이 어떻게 피는지 생각해 보자. 1절은 꽃봉오리다. 촘촘한 짧은 글로, 뭔가가 꽉 들어차 있어서 신비스럽기까지 하며, 조금이라도 펴 봐야 이해할 수 있다. 메시아의 백성에게는 결코 정죄함이 없다! 2절은 이를 조금 열어 보인다. '정죄함이 없는' 까닭은 메시아 예수 안에 있는 생명의 영의 토라가 너희를 죄와 죽음의 토라에서 해방했기 때문이라는 것이 2절의 설명이다. 바울은 양면을 지닌 토라라는 개념을 7:21-23에서 가져와 새로운 방향으로 바꿔 놓았다. '하나님의 법', 경건하고 독실한 유대인이 7:22에서 '즐거워하던' 것이, 이제 완전히 새로운 실재 안으로 받아들여져서, 그것이 늘 행하려 했던 일을 마침내 할 수 있게 되었다. 이는 만일 토라가 5장에서 아담-메시아와 '함께 들어와서' '범죄'를 더하게 했다면, 이제 여기에서는 영이 선하고 생명을 주는 토라와 '함께 들어와서' 그것이 실제로 원했던 일을 마침내 할 수 있게 되었다고까지 말할 수 있다. 이처럼 바울은 로마서 7장 전체를 관통하며 공명하는 이중 토라 개념을 취하여(이 개념은 신명기의 복과 저주를 떠올려 준다) 그것에 새로운 방향을 부여한다. 즉, 토라는 생명을 약속했는데 이제 메시아 안에서 그것이 주어진다.[5] 하지만 2절은 여전히 그 뜻이 아주 모호하다. 그래서 3절과 4절에 가서, 장미

---

5 여기에서는 *en Christo Iēsou*를, 그 뒤에는 나오는 '해방시켰다'를 뜻하는 *ēleutherōsen*과 함께 묶기보다는, '생명'을 뜻하는 단어로 그 앞에 나오는 *zōē*와 함께 묶는 것이 더 자연스러워 보인다.

로마서의
심장 속으로

꽃 봉오리 같은 논증이 훨씬 더 활짝 열리며 이중 진리를 이야기한다. 죄가 마침내 정죄를 받았으므로, 이제는 영이 메시아의 백성에게 약속했던 생명을 줄 수 있고 정말 그 생명을 준다.

그렇다면 2절은 1절에서 그렇게 말한 이유를 제시한다. 그러나 아주 밀도가 높은 말로 이야기하기 때문에 이것 자체도 더 많은 설명이 필요하다. 바울의 글은 보통 그렇다. 그는 먼저 무언가를 아주 조밀하게 압축하여 말한 뒤, 그것을 조금씩 조금씩 풀어 간다. 아주 촘촘하게 압축한 버전은 이렇다. "메시아 예수 안에 있는 생명의 영의 법이 너희를[6] 죄와 죽음의 법에서 해방시켜 주었[다]." 이어 3절과 4절은 이를 더 펼쳐 보이면서, 8:1-11 전체가 더 길게 펼쳐 보일 논증을 미리 일러 준다.

그러므로 이 본문은 여전히 주로 율법을 다룬다. 사실 지금 상태는 7장의 결론에 딱 적합하다. 2, 3, 4절은 함께 어울려, 메시아와 영을 통해 이루어진 구조 작전이 본디 토라가 의도했던 결과요, 하나님의 새로운 조치를 통해 이루어졌음을 서로 다른 세 각도에서 강조한다. 2절은 "법이 너를…해방시켜 주었[다]"고 말한다. 3절은 "하나님이 율법이 [원했지만] 할 수 없었던 일을 하셨[다]"고 말한다. 4절은 "율법의 바르고 적정한 평결이 우리 안에서 이루어[진다]"고 말한다. 개신교 안에 널리 퍼져 있는 오래된 생각, 곧 바울이

---

6 몇몇 필사본은 이 지점에서 '나를'이라 써 놓았는데, 이는 필시 바울이 그저 7장에서 제시한 1인칭 내러티브를 이어 가고 있다는 초기 필사자의 추측을 반영한 것 같다.

'율법'[아마 도덕에 부합하는 자력 구제self-help 체계를 말할 것이다]과 복음은 본디 대립한다고 보았다는 생각은, 분명 얕은 사고요 바울 시대와 들어맞지 않는다. 문제는, 사람들의 많은 오해와 달리, 토라는 나쁜 것이기에 하나님의 목적이 앞으로 나아가려면 걸림돌이 되지 않게 밀어내야 한다는 것이 아니었다. 문제는, 예수가 마가복음 10장에서 말하고 바울이 고린도후서 3장에서 말하듯이, 토라를 받은 사람들의 마음이 완고하다는 데 있었다. 이 때문에 바울은 하나님이 메시아와 영을 통해 행하신 일이 바로 율법이 애초에 의도했던 바로 그 일이라고 본다. 그래서 그는 여기 2절에서 율법 자체를 이런 해방 작업에서 적극 활동하는 매개체라 이야기할 수 있다. 이 말이 역설처럼 들린다면, 그가 갈라디아서 2:19에서 하는 말도 같은 역설이다. "내가 율법으로 말미암아 율법에 대하여 죽었나니 이는 하나님에 대하여 살려 함이라." 단순히 "내가…율법에 대하여 죽었[다]"고 말하는 것만으로는 부족하다. 그렇게 이야기하면 자칫 (말하자면) 옛 언약과 새 언약을 대립시켜 싸우게 만드는, 쉽고 낡은 옛적의 대립 구도로 다시 빠져 버릴 수도 있을 것이다. 결코 그렇지 않다. 그런 일 자체가 '율법으로 말미암아' 일어났다. 하나님이 메시아의 죽음으로 그리고 영이라는 선물로 하신 일은, 토라가 줄곧 약속했던 '생명'을 주는 것이다.

결국 독실한 유대인이 7:22에서 '즐거워하던' '하나님의 법'이 이제 완전히 새로운 방식으로 계시된다. 즉, 그 법은 이제 복음을 통해 '메시아 예수 안에 있는 생명의 영의 법'으로 바뀌었다. 아울러 죽음에서 벗어나는 '해방'이 있다. 죽음은 절대 율법의 기본 의도는 아니었지만, 죄로 가득하며 그 마음이 완고한 인류에게, 하나님을 기쁘게 해 드릴 수 없는 '육'(이 '육'은 유대인과 이방인을 모두 포함한다)에게 율법이 적용되면 나타날 수밖에 없는 결과였다.

이 때문에 바울은 5-8절에서도 같은 요지를 계속 이어 간다. 많은 강해자가 이 점 때문에 다시 놀란다. 5-8절은 다음 장에서 보겠지만, 현재 우리가 다루는 요점을 위해 미리 살짝 살펴보자. 7절에서 바울은 이렇게 말한다. "육에 초점을 맞춘 생각은…하나님의 법에 굴복하지 않으며, 사실 굴복할 수도 없다." 여기에서도 율법은 하나님의 구조 작전을 거든다. 8절("육에 좌우되는 이들은 하나님을 기쁘게 해 드리지 못한다")은 사실 바울이 7:22-23에서 한 말을 되풀이하면서, 은연중에 '율법'과 '은혜'(아니면 다른 무엇이든)의 대립이 아니라 '하나님의 법'과 '죄와 죽음의 법'이 대립함을 암시한다. 후자는 7:23과 7:25 하반절이 제시하는 토라의 그늘진 측면인데, 비극이긴 하지만 토라의 이런 측면은 죄의 세계에 유죄를 선고할 수밖에 없었다.

그럼 다시 2절로 돌아가 보자. 바울은 새롭게 계시된 의미의 '법'(율법)을 해방에 적극 기여하는 매개체라 부른다. 여기서 이 새롭게 계시된 의미는 무엇인가? 그것은 '메시아 예수 안에 있는 생명의 영의 법'이다. 1-11절의 나머지 부분이 그가 말하려는 의미를 설명한다.

1. 7:10과 8:10-11이 말하듯이, '생명'이 목표다.
2. 이 생명은 영이 준다.
3. 영은 메시아의 백성 안에서 적극적으로 활동한다.
4. 생명을 주는 것이 토라의 원래 목적이었다. 따라서
5. 바울은 '메시아 예수 안에 있는 생명의 영의 법'을 이야기함으로써 이 모든 것을 한 덩어리로 압축할 수 있었다.

물론 이제 그가 제시하는 내용을 더 자세히 펼쳐 봐야 한다. 그러나 그가 제시하는 설명 자체는 여전히 조밀하게 압축되어 있어서 세심하게 다루어야 한다.

* * *

3절 시작 부분을 문자 그대로 번역하면 이렇다. "율법이 육으로 말미암아 약하여 할 수 없었던 일을 하나님이 [하셨으니]…." 대다수 영역본은 내 번역처럼, 이를 뒤집어 '하나님'이라는 말로 이 문장을 시작한다. 그러나 우리는 바울의 자구를 보면서 토라가 할 수 없었던 것이 무엇인가라는 질문을 던질 수밖에 없다. 많은 사람은 그 답이 3절 끝에 나오는 죄를 '정죄하는 것'과 관련이 있다고 추측했다. 그러나 그것은 바울의 전체 논지를 무시하는 것이다. 아울러 토라가 정죄를 하는 데 아무 문제가 없다는 사실을 무시하는 것이기도 하다! 7:10부터 다시 한번 살펴보고 그 다음 8:2부터 살펴본 뒤,

로마서의
심장 속으로

8:10-11을 미리 들여다보면, 그 답은 바로 토라는 생명을 줄 수 없었다는 것이다. 이스라엘 역시 '아담' 안에 있었으므로(바울도 다른 곳에서 그렇게 말한다), 토라가 아무리 애를 썼어도, 그리고 다소의 사울 같은 사람들이 아무리 애를 썼어도, 토라는 약속한 생명을 줄 수 없었다.

3절과 4절은 하나의 복합문을 이루어, '생명'을 선고하는 율법의 평결이 (멀찌감치 떨어져서 그저 '선고되는' 데서 그치지 않고) 어떻게 바울이 묘사하는 사람들 안에서 이루어질 수 있게 되었는지 그 연유를 설명한다. 그 기본 골자만을 이야기하면 이렇다. 하나님이 '죄'를 정죄하심으로써 생명을 부여하는 율법의 평결이 우리 안에서 이루어질 수 있게 하셨다. 그것을 그렇게 표현하는 것은, 신약성경 전체에 메아리를 보내는 셈이다. 예를 들어, 요한은 영에 관한 예수의 약속을 이렇게 말한다. "예수께서 아직 영광을 받지 않으셨으므로 성령이 아직 그들에게 계시지 아니하시더라"(요 7:39). 영은 예수가 십자가에서 '영광을 받으신' 뒤에 비로소 제자들에게 불어넣어질 수 있었다(요 20:22). 로마서 8장의 나머지 부분에서 분명히 드러나겠지만, 영은 새로운 양식mode을 구축한다. 이 새로운 양식을 통해 하나님의 살아 있는 임재가 그의 백성 안에, 그의 백성과 더불어 거하며, 그 백성을 새 '성전'으로 만들어 낸다. 그러나 하나님이 그 성전 안에 거하시려면, 먼저 그 성전을 오염시키는 모든 것, 그 성전에서 죽음의 냄새를 풍기는 모든 것이 깨끗이 제거되어야 한다. 이런 일이 어떻게 이루어질 수 있는가?

2장
로마서 8:1-4

토라 자체로는 그 일이 불가능하다. 이는 토라에 뭔가 잘못이 있기 때문이 아니라 토라가 아담의 자손, 곧 '육에 속한' 이스라엘 백성에게 주어졌기 때문이다. 모세가 (신명기 32장과 다른 곳에서) 이미 경고했듯이 그리고 예언자들이 잇따라 강조했듯이, 이스라엘 백성은 거룩하고 정의로우며 선한 율법을 지킬 능력이 없어 보였다. 따라서 율법은 "인간의 육 때문에 약[해서]" 그것이 약속한 생명을 줄 수 없었다(7:10). '육'이 지닌 문제는 바울이 7:7-25에서 분석했듯이, '죄', 곧 *hamartia*다. 이미 말했지만, 여기서 말하는 죄는 단순히 인간이 저지른 잘못의 총계를 의미하는 말이 아니다. 그것은 어둠의 세력이요 귀신과 다름없는 세력이며, 사람을 미혹할 때 심지어 거룩한 율법조차도 그 활동 기반으로 사용한다(7:8-11). 따라서 *hamartia* 자체가 '정죄를' 받는 일이 일어나야만 했다. *hamartia* 자체가 정죄가 담긴 사법 평결을 받아야 할 뿐 아니라, 그 선고 자체가 제대로 집행되어야 했다. 바울은 하나님이, 그 아들의 죽음 안에서 바로 그 일을 행하셨다고 선언한다. "[하나님은] 바로 그 육 안에서 죄를 정죄하셨다."

우리는 바로 여기에서 예수의 십자가 죽음이 지닌 의미에 관하여 초기 그리스도인이 제시한 진술 가운데 가장 예리하고 생생한 진술 중 하나를 보게 된다. 바울은 십자가에 관하여 쓸 때마다 뭔가 다른 것을 말한다. 각 본문에서 어떤 추상적 체계를 세우기보다는 특정한 생각의 줄거리를 펼쳐 보이기 때문이다. 그러나 여기서 그가 하는 말은 그런 신학 체계를 세우고 싶어 하는 모든 이에게 어떤 신호를 보낸다. "메시아 예수 안에 있는 이에게는 결코 정죄함이 없다"(1절). 하나님이 메시아의 십자가에서 '죄를 정죄하셨기' 때문이다. 후대의 많은 논의에 비춰 보면, 그것은 분명 '형벌과 관련이 있다.' 죄가 마땅히 받아야 할 형벌이 '죄' 자체에 가해진다. 그리고 그 형벌은 분명 '대리자'에게 시행된다. 메시아의 죽음은 죄를 정죄하기 위한 수단이지만, 그 죽음은 결국 '메시아 안에 있는' 이들에게 '결코 정죄함이 없음'이라는 결과를 가져온다. 메시아는 죄의 무게 아래 죽음을 당했지만, 메시아의 백성은 그렇지 않다. 이곳, 바울이 8장의 나머지 부분에서 제시할 더 큰 분석의 시동을 거는 그의 아주 중요한 논증의 핵심 부분에서, 우리는 나중에 많은 신학자가 (사실 그들 가운데 많은 이가 인식하는 것보다 모호한 언어인) '속죄atonement'라 묘사할 분명하고 명확한 진술을 듣는다.

그러나 바울은 여기서 그런 추상적인 체계를 구축하지 않는다. 그가 여기서 하는 말은, 그의 실제 논증, 곧 율법의 의도가 이루어졌다는 논증에 이바지할 뿐이다. 그 율법의 의도는 율법을 수여받은 인간의 '육' 안에 거하는 '죄'로 말미암아 좌절되었던 것이다. 따라서 바울이 대중에게 인기 있는 숱한 설교의 흐름과 반대로, 하나님이 '예수를 정죄하셨다'거나 심지어 '메시아를 정죄하셨다'고도 말하지 않는다는 점을 간파하는 것이 대단히 중요하다. 하나님은 메시아의 육 안에서 죄를 정죄하셨다! 같은 사건, 곧 죄 없는 한 젊은 이를 유혈이 낭자하도록 끔찍하게 린치한 사건은 바로 이런 아주 특정한 의미를 전달해 주며, 바울이 7장에서 분석한 문제와 직접적인 관련이 있다. 옛 이스라엘의 이야기, 아담에서 시작하여 모세를 거쳐 바울이 7:23에서 이야기하는 포로 생활로까지 이어지는 바로 그 이야기가, 결국 이렇게 결말을 맺는다. (다시 한번 말하지만, 만일 바울이 여기서 하는 말을 성경의 맥락을 벗어나 간파하려 한다면, 우리는 틀림없이 그의 말을 오해할 것이다.) 바울이 시종일관 강조하는 것은 하나님의 전체 목적의 연속성이다. 그것은 7장이 이야기하는 온갖 실패에도 불구하고, 수치스럽고 세상의 입담거리인 복음 사건들이 만들어 낸 철저한 불연속성을 통해 이어졌다. 그 연속성이 없다면, 우리는 로마서 8장의 나머지 부분이 그려 내는 현재와 미래의 구속이 여전히 이스라엘 성경 속에 깊이 뿌리 내리고 있음을 절대 이해하지 못할 것이다. 또 뒤따르는 논증에서 분명히 나타나듯이, 그것이 뒤로 창조 자체까지 거슬러 올라가는 내러티브를 놀랍게 완성하는 것을 이해하지 못할 것이다.

* * *

방금 말한 내용과 긴밀하게 연결되어 있는 두 번째 핵심 요점은, 하나님이 토라를 주실 때 죄를 처리하려 하셨지만 우리가 보통 생각하는 방식으로 하시지는 않았다는 것이다. 그것이 바울이 제시하는 십자가 신학의 핵심이다. 그보다 못한 대안들을 받아들이지 않는 것이 중요하다. 5:20을 다시 떠올려 보라. 토라가 들어온 것은(즉 아담에서 메시아로 이어지는 역사의 흐름 속으로 들어온 것은) 범죄가 가득 채워

지게 하려 함이다. 그러나 죄가 더한 곳에 은혜는 더욱더 넘쳤다. 죄를 자그마한 투명 사진transparent photograph이라고 상상해 보라. 토라는 그 뒤에 밝은 빛을 두고 그 앞에는 큰 스크린을 둔다. 토라는 아담의 죄를 실물보다 큰 크기로, 역설 같지만 바로 이스라엘 안에 가져왔는데, 이는 그 죄를 거기서 처리하기 위함이었다. 여기서 핵심 연결 고리는, 앞서 언급했듯이 7:13이며, 핵심 단어는 5:20에 나오는 *hina*에서 가져온 *hina*, 곧 '…하기 위하여'다. 바울은 하나님이 토라를 주신 목적이 '계명을 통해 죄가 정말 죄스러워지게' 하는 것이었다고 선언한다. 반복된 *hina*로 그 목적을 일러 준다. 바울은 토라의 목적이 죄를 꾀어 이스라엘 속으로 들어가게 한 뒤 거기서 최악이 되도록 하여 아주 끔찍하다 싶을 정도로 가득 차게 만드는 것이었다고 말한다. 그리해야 그 죄가 이스라엘을 대표하는 사람인 메시아 안에서 단번에 처리될 수 있기 때문이다.

바울의 논지 밑바탕에 깔린 내러티브는 이렇게 펼쳐진다. 하나님 백성의 포로 생활, 그들이 이교 세계에 복속된 상황은, 이스라엘 왕이 그 수도 밖에서 처형당할 때 극한에 이르렀다. 메시아는 그 자체로 이스라엘을 대표한다. 그는 십자가에서 죽음으로써 이스라엘의 온 소명을 자신이 담당한다. 죄는 극악해져서 최고조에 이르렀고, 그 전략을 마련하신 하나님은 마침내 바로 거기서 죄를 정죄하실 수 있게 되었다. 하나님의 또 다른 자아이자 유일한 아들이, 온 세상에 가득 쌓인 증오와 원한과 죄와 죽음을 자신에게 지우셨다. 이는 추상적인 '속죄 교리'가 아니요, 허공 어디엔가 떠 있는 법적 허구가 아니다. 이는 아담의 문제를 처리하는 일에 하나님의 동역자로 부름 받은 아브라함 집안이라는 하나님 백성의 역사 이야기다. 그 목적은 토라의 저주가 이스라엘의 대표자로 기름 부음 받은 이에게 임할 때 드디어 완전히 이루어진다.[7] 이런 식으로 로마서 8:3, 4을 읽으면 바로 로마서 9-11장이 제시하는 물음들을 안게 된다는 사실이, 그것을 강력하게 지지하는 논증이다.

생명의 약속 그리고 죄를 한곳으로 꾀어 들임이라는 이 두 가지 점을 결합하여 우리가 얻은 것은 무엇일까? 하나님은 죄를 한 지점으로 끌어들이신 뒤, 바로 거기서 그 죄를 정죄하셨다. 하나님이 그리하심은 토라 자체가 줄 수 없었던 부활 생명을 영으로 주시기 위해서였다. 이는 우리가 이전에 있던 곳으로 우리를 다시 데려간다. 하나님은 죄가 여전히 막강한 힘을 가지고 더럽히는 곳에 가서 거하실 수 없었다. 하나님의 생명, 하나님의 영이 메시아의 백성 안에 거할 수 있으려면 죄를 단번에 처리하셔야 했다.

사람들은 때로 신약신학에서는 토라가 어떻게 되는지 묻는다. 현재 우리가 다루는 본문은, 갈라디아서 2장이나 고린도후서 3장처럼 아주 긴요한 다른 본문과 더불어, 토라가 메시아와 영 안에서 역할을 다하고 변화되었음을 일러 준다. 바울은 유대인의 오순절이 이집트에게 승리한 뒤에 토라가 주어진 것을 기념하는 절기임을 잘 알았을 것이다. 이제는 메시아가 죄에 승리를 거두심으로써 영이

---

7 갈 3:10-14과 내가 이 본문을 주석한 것을 보라.

로마서의
심장 속으로

신자 안에 들어와 거하며 생명을 주실 수 있게 되었다. 거듭 말하지만, 바울은 역사를 생각하고 있다. 이것은 저 다른 세계에 속한 어떤 진리를 드러내는 알레고리가 아니다. 하나님의 구원 계획은 아브라함의 백성을 통해 시행되고, 메시아 안에서 이루어졌으며, 이제 온 세상으로, 예수를 믿고 영으로 충만한 가족에게로 뻗어나간다.

따라서 어떤 경우든 십자가 이야기를 들려주려 하면서 정작 더 큰 이 이스라엘 이야기를 빠뜨리는 것은, 내가 앞의 시작하는 장에서 강조했듯이 그릇된 점을 강조하는 결과에 이를 수밖에 없다. 나는 다른 곳에서 신약성경이 '형벌 대속penal substitution'이라 부를 수 있는 것을 가장 분명하게 천명한 곳이 바로 이 본문임을 논증했다.[8] 그러나 '형벌 대속'이라는 말은 몇 가지 다른 의미를 아우르며, 대중에게 널리 알려져 있는 의미 가운데 몇 가지는 기껏해야 성경이 말하는 의미에 미치지 못할뿐더러 오해를 낳을 소지를 담고 있다. 바울은 다른 곳에서 메시아가 "성경대로 우리 죄를 위하여 죽으시고"라고 선언한다. 여기서 말하는 성경은 단순히 더 큰 맥락에서 끄집어낸 몇몇 증거 본문을 의미하지 않는다. 오히려 하나님이 이스라엘을 염두에 두고 품으신 목적을 다룬 내러티브 전체를 의미한다. 그 내러티브는 복과 저주라는 신명기의 언약 체계를 통해 계속 이어지다가, 결국 묵시의 성취, 곧 하나님이 언약에 신실하심을 이스라엘을 대표하는 메시아 안에서 드러내시는 데로 나아간다. 이런

---

8 *DRB*를 보라.

내러티브를 따라 성경을 읽지 않으면, 여러 비평가가 종종 지적하듯이 하나님을, 하고 싶은 대로 행동하고 분명 불의한 방식으로 행동하는 이로, 누군가를 죽이고 싶어 괜히 죄 없는 아들에게 화풀이하는 이로 만들어 버리게 된다. 그러나 바울의 방식대로 그 이야기를 다시 모아 보면, 그 이야기가 어떻게 흘러가는지 알 수 있다. 기독교 내러티브에서는 이스라엘이라는 차원이 필수불가결하며 결코 타협할 수 없는 것이다. 나는 인기 있는 많은 복음 해설서가 이 차원을 빠뜨리고 이야기하지 않는 현실이 슬프다.

그렇다면 우리는 지금 모든 기독교 신학의 핵심에 와 있다. 하나님은 인간을, 자신의 지혜로운 형상을 온 세상에 되비쳐 줄 청지기로 삼으셨다. 이는 하나님이 몸소 온 피조 세계를 섬기는 최고의 청지기로서 직접 만드신 세상 속으로 들어오시기 위함이었다. 죄가 나타난 뒤 하나님은 아브라함과 그의 가족을 불러, 인간을 구하고 그럼으로써 온 피조 세계를 구할 수단으로 삼으셨다. 이는 하나님이 기름 부음을 받고 아브라함 가족을 대표하는 이로 몸소 오셔서 이스라엘과 온 세상을 죄에서 구원하시기 위함이었다. 인간은 하나님이 그가 지으신 세상에서 자신을 표현하는 데 적합한 도구로 만들어졌다. 이스라엘은 하나님이 인간과 세상을 구하시는 그의 사랑을 표현하는 데 사용할 도구로 부름 받았다. 다윗 자손인 메시아는 그런 이스라엘의 과업과 운명을 한 인물, 곧 배척당했으나 부활하여 통치하는 왕인 한 인물에게 집중시키기 위해 생겨났다. 이 모든 내용이 바로 여기 로마서 8:1-4이 말하는 것이다. 이처럼 간결

하면서도 치밀하게 압축해 놓은 글은 바울만이 쓸 수 있을지도 모르겠다.

사실, 그 모든 것은 바울이 여기서 아무 설명 없이 제시하는 '자신[하나님]의 아들'이라는 말에 집약되어 있다. 그는 중심이 되는 이 칭호를 아주 중요한 순간마다(롬 1:3; 5:10; 갈 2:20) 예수에게 사용한다. 바울은 여기서 오래 전에 이 말이 지녔던 의미들, 곧 이스라엘(출 4:22)과 왕(시 2:7; 삼하 7:14)이라는 의미를 가져다가, 그 의미에 숨이 멎을 정도로 놀랄 만한 의미를 채워 넣는다. 그런 소명들은 본디 인간이 받았던 소명처럼, 언제나 하나님이 쓰실 수 있게 설계되었다는 것이 바로 그것이다. 바울은 바로 그런 소명들이, 구원을 가져오는 하나님의 궁극적 자기 계시에 적합한 도구였다고 암시하는 것 같다. 그 아들은 이스라엘이요, 메시아이며, 하나님 자신의 또 다른 자아다. 이 칭호는 하나님 자신이 직접 사용하시려고 고안한 것이다. 바울도 이를 뒤늦게 깨달아 안다!

따라서 하나님의 아들을 '보냄'은, 솔로몬의 지혜 9장에서 지혜를 '보냄'처럼, 피조 세계의 핵심에 자리한 그의 백성에게 와서 그들과 더불어 살고 싶어 하는 창조주의 바람이 철저히 이루어지는 순간이다. 하나님의 아들은 최고의 인간으로서 오신다. '죄 있는 육의 모양으로'라는 어구는 창세기 1장에 나오는 '형상과 모양'을 되울려 준다. 하나님은 그의 세계가 그의 형상을 지닌 피조물인 인간의 대리 활동을 통해 제대로 '작동'하도록 지으셨다. 예수가 그가 행한 일을 행한 까닭은, 그가 하나님 그분의 또 다른 자아이기 때문만이 아니라, 로마서 5장이 정확히 말하는 것처럼 진짜 인간이기 때문이다. 나중에 보겠지만, 예수는 성육하여 십자가에 못 박혀 죽었다가 부활하여 승천한 뒤 중보의 일을 하심으로써, 하나님이 본디 인간이 행하도록 만들어 놓으셨던 일을 행하시며, 이 세상을 향한 하나님의 사랑을 그대로 되비쳐 주시고 다시 아버지 하나님을 향한 이 세상의 예배와 기도를 그대로 되비쳐 주신다.

따라서 5장처럼 여기에서도 예수는 하나님의 (유일무이한) '아들'이라는 개념은, 사무엘하 7:14과 시편 2:7과 다른 곳에서 약속한 예수의 메시아 지위 및 소명, 그리고 아버지 하나님과 인간 예수 사이의 신비로운 친밀함을 하나로 묶어 준다. 그 친밀함은 '관계'뿐 아니라 '정체' 면에서 누리는 친밀함이기도 하다. 로마서 5:10은 그 정체를 분명하게 전제한다. 그 '아들'의 죽음이 하나님의 사랑을 입증해 준다는 말은, 하나님이 그 죽음과 먼 관계에 있지 않고 몸소 그 죽음에 관여하셔야만 비로소 그 의미가 살기 때문이다. 예수는 정녕 부활 때 온 세상 앞에서 '하나님의 아들'로 선포되었다(1:4). 하지만 우리가 현재 살피는 본문은 (로마서 5:10 및 갈라디아서 2:20과 함께) 예수가 인간으로서 살고 인간으로서 죽었을 때도 이미 '하나님의 아들'이었음을 분명히 밝힌다.

따라서 3절과 4절을 멀찌감치 떨어져 바라보면, 바울이 말하는 '형벌 대속적 속죄'가 실제로 어떻게 일어나는지 더 분명하게 볼 수 있다. "메시아…안에 있는 이에게는 결코 정죄함이 없다." 하나님이 육 안에서 죄를 정죄하셨기 때문이다(그럼으로써 토라 자체가 할 수 없었던 일, 곧 생명을 주는 일을 영이 행하도록 길을 여셨기 때문이다). 그것은 분명 형벌이요, 분명 대속의 성격을 가지고 있다. 그러나 그것은 신학자와 설교자가 종종 상상하는 것처럼 독단으로 이루어지지 않는다. 그런 일이 이루어짐은, 하나님의 언약 상대가 되어야 하는 이스라엘의 소명 때문이요, 하나님이 자신의 아들을 메시아로 보내 그 소명이 절정에 이르게 하셨기 때문이다. 우리는 여기서 바울이 결코 하나님이 예수를 정죄하셨다고 말하지 않는다는 점에 다시 한번 주목한다. 하나님은 예수의 육 안에서 죄를 정죄하셨다.

이 때문에 바울은 하나님이 십자가에서 죄 자체를 정죄하셨다고 말한다. 이곳과 로마서 7장에서 죄라는 말은, 최고의 원수, 우리가 때로 '사탄'이라 부르는, 인격체에 준하는 세력에 관하여 이야기하는 하나의 방법인 듯하다. 바울의 속죄 신학이 지닌 섬세함과 내면의 복잡함이 여기에 있다. 하나님은 십자가에서 형벌 대속을 통해 악을 누르고 승리하신다. 이 형벌 대속 자체는 그의 백성을 대표하고 그럼으로써 온 세상을 대표하는 메시아를 통해 이루어진다. 그리고 여기에서 속죄제로 대표되는 희생 제사 체계는(아래를 보라), 동물을 벌주는 것이 아니라, 하나님이 오셔서 거하실 장소를 깨끗하게 만드는 일을 한다. 현재의 경우에는 하나님의 영이 그 백성 안에 충만할 수 있게 해 준다. 뒤따르는 생각은 종종 이런 개념들을 서로 대립하게 만들었으며, 그 때문에 실망스러운 결과들이 나오기도 했다. 바울의 글에서는 이런 개념들이 단단히 결합되어 있다.

따라서 바울이 2, 3, 4장에서 이야기하기 시작한 칭의론은 로마

2장
로마서 8:1-4

서 8장의 이 순간에 이르러 절정에 다다른다. 바울은 2장에서 하나님이 세상을 정의롭게 심판하시고, 악을 올바로 정죄하실 최후 미래를 내다보았다. 그리고 3장과 4장에서는 메시아를 믿는 모든 사람에게 이미 '의롭다'는 평결이 선고되었다고 강조한다. 그러나 그것은 이런 질문을 남긴다. 현재의 평결이 미래에, 그러니까 마지막 날에 선고될 평결과 어떻게 일치하는가? 로마서 8장은 그 답을 이렇게 제시한다. "그러므로 이제 메시아 예수 안에 있는 이에게는 결코 정죄함이 없다.…이는…때문이다."

여기에서 '이제'를 뜻하는 그리스어 *nyn*이 중요하다.[9] 그러므로 이제 결코 정죄함이 없다. 이는 논리('그러므로 이제')와 시간('현재')을 모두 나타낸다. 미래에 있을 평결이 현재 선고될 수 있다. 메시아가 그 백성의 죄를 처리하셨고, 영이 그 백성 안에 거하면서 그들을 부활로 이끌기 때문이다. '정죄'를 뜻하는 단어 *katakrima*는 2장에서 말한 마지막 심판*krima*과, 특히 *katakrima*를 아담의 후예인 인류에 대한 정죄로 말했던 5장을 되돌아본다. 바울은 '메시아 안에 있는' 이들은 이 심판을 피하리라고 강조한다.

우리는 지금까지 이 강해에서 바울이 쓴 고전적인 문구 *en Christō*, 곧 '메시아 안에'를 당연하게 받아들였다. 그런데 이 말은 큰 논쟁을 불러일으켰다. 예수를 따르는 이들이 '그 안에 있다'는

---

9 어떤 이유에서인지 내 신약성경 역본인 *The New Testament for Everyone* 초판에서는 이 단어를 빠뜨렸다. 새 판(2023)에서는 이 말을 본디 있는 자리에 되돌려 놓았다.

것은 무슨 의미인가? 나는 오래 전부터 이 문구가 분명 메시아와 관련되어 있고 이스라엘에 초점을 맞춘 *Christos*의 의미에 의존하고 있다고 확신했다. 메시아는 자신 안에 그 백성을 다 모으심으로써, 결국 그에게 해당되는 것이 그들에게도 해당되게 하시고, 그들에게 해당되는 것이 그에게도 해당되게 하신다. 우리는 그것을 다양한 곳에서 보는데, 특히 로마서 6장과 갈라디아서 3장에서 본다. 지금은 그것을 세세히 다룰 때가 아니다.[10] 하지만 현재 우리가 다루는 본문을 놓고 볼 때, 로마서 7장이 마치 드라마처럼 다시 들려주는 이스라엘 이야기가 바로 여기서 (우리가 앞으로 보게 될) 메시아 안에서 이루어진 새 출애굽으로 절정에 이른다는 점은 주목할 만하다. 마찬가지로, 로마서 9:6-29이 다시 들려주는 이스라엘 이야기는 메시아가 *telos nomou*이심을 일러 주는 10:4을 직접 가리킨다. *telos nomou*, 곧 '율법의 마침the end of the law'에서 '끝'은 폐지를 뜻하는 게 아니라, 현재 우리 본문이 말하는 것과 같은 의미의 '목적'이나 '목표'를 의미한다. 하나님은 토라가 하고자 했으나 할 수 없었던 일을 이제 메시아 안에서 행하셨다. 예수가 메시아라는 주장을 신성모독이요 말도 안 되는 소리라 여겼던 1세기 유대인들조차도, 정말 메시아라는 이가 나타난다면 그리고 그가 어떤 식으로든 하나님에게서 메시아라고 인정받는다면, 그것은 바로 이스라엘의 오랜 이야기가 하나님이 오랜 세월 동안 줄기차게 약속하셨고 의도하셨

---

10 *PFG*, 10장을 보라.

던 곳에 이르렀음을 의미하는 것이라는 데 동의했을 것이다.

* * *

바울은 '하나님이 자신의 아들을 보내셨다'는 말을 비슷한 두 방식으로 바꾼다. 그리고 두 경우 다 짧은 문구를 사용한다. 그는 분명이 짧은 문구를 한 장 전체를 할애한 강해로 확장할 수 있었겠지만 그렇게 하지 않았다. 그저 그의 더 큰 논증 안에서 사람들이 잘 이해하기를 바라는 방법으로, 그 요점들을 지적하는 것으로 만족한다.

첫째, 하나님은 그 아들을 '죄 있는 육의 모양으로 보내셨다.' 이 '모양'이라는 말은 많은 논쟁을 낳았다. 예수의 인간 조직 자체에 정말 '죄가 있었는가', 아니면 그것은 단지 일종의 가장pretence이요, 실체 없이 그냥 사람으로 보였을 뿐인가? 첫 번째 경우는, 바울 자신이 다른 곳에서 예수는 죄가 없다고 말한 것(고후 5:21)을 부인하고 있는 것처럼 보일 것 같다. 두 번째 경우는, 십자가에서 이루어진 '정죄'가 진짜 범인을 잡은 것이 아닐 것이다.

이런 물음들은 훨씬 더 충실히 연구해야 하며 그렇게 해야 바람직하지만, 여기에는 그리할 공간이 없다. 여기서는 바울이 여전히 창세기 1장 및 3장의 관점에서 생각하고 있는 것 같다고 말하는 것으로 만족하자. 바울은 실제로 5:12-21과 7:9-12에서 그리했으며, 8:18-30에서도 다시 그럴 것이다. 그가 5장에서 제시하는 논증에 아주 긴요한 사실은, 진정한 인간인 메시아가 아담이 결국 다다른 곳에 왔다는 것이다. 메시아는 (말 그대로) 아담의 실패를 말끔히 쓸어버리고 백지 상태에서 새로 출발하지 않았다. 그는 문제의 심장부에 왔다. 바로 그곳에서 문제를 해결하기 위해서였다. 그것이 적어도 아주 치밀한 5:15-17이 말하려는 의미의 일부다. 우리는 여기에서 5:20의 요점도 본다. 그 절은 '나란히 들어온' 율법, 즉 전체를 아우르는 '아담과 메시아'와 나란히 들어온 율법과, 바로 그곳에서 죄를 늘어나게 한 율법의 효과에 관하여 이야기한다. 앞서 보았듯이, 그것은 바울이 이어 7:7-25에서 천명하는 것이기도 하다. 따라서 우리가 현재 다루는 구절은 바울이 5:20 하반절에서 강조하는 바, 곧 "죄가 더한 곳에 은혜가 더욱 넘쳤[다]"를 짧게 줄인 말이다. 그렇다면 그 '곳where'은 무엇을 의미하는가? 그것은 메시아가 정말로 오신 곳, 다시 말해, 토라 아래 있는 이스라엘을 의미한다. 7:13에서도 말하듯이, 바로 거기에서 죄는 극악한 일을 행했다. 바울은 고린도후서 5:21에서 이를 극명하게 이야기한다. "하나님이 죄를 알지도 못하신 이(메시아)를 우리를 대신하여 죄로 삼으[셨다]."

두 번째로 바꾼 문구는 '속죄 제물로'이다. 바울이 여기서 사용한 그리스어 *peri hamartias*는, 그리스어 구약성경(70인역)이 특히 레위기와 민수기의 희생 제사법 안에서 '속죄제'를 가리키는 말로 빈번히 사용한다.[11] 이와 관련해서는 말해야 할 두 가지 중요한 점이 있다.

---

11 자세한 것은 *CC*, 11장을 보라.

첫째, 우리는 (비록 많은 로마서 강해자가 이를 무시해 왔지만) 바울이 6-8장에서 이제 복음을 통해 이루어진 더 커다란 출애굽 이야기와 관련지어 그의 생각을 펼쳐 보이고 있음을 다시금 떠올린다. 9-11절에 가서 보겠지만, 그는 이 지점에서 영으로 충만한 교회라는 비전을 향해 나아간다. 이 영으로 충만한 교회는 하나님이 몸소 그 백성 가운데 오셔서 영광 가운데 거하셨던 성소인 광야의 성막에 새롭게 상응하는 것이다. 그러나 우리가 지금 살피는 오경을 보면, 출애굽기 40장은 성막을 세울 때 레위기가 제시하는 법을 꼼꼼히 지켜야 한다고 요구한다. 하나님이 그 백성 가운데 영광스럽게 임하여 거하시려면, 늘 존재하는 그 백성의 더러움과 죄가 어떤 식으로든 처리되어야 했다. 그리하지 않아 그 더러움과 죄가 성막을 오염시키기라도 하면, 결국 하나님이 거기 오셔서 거하는 일은 불가능해질 수도 있었다.

'속죄제'는 그 문제를 처리하는 가장 중요한 희생 제사 방법 가운데 하나다. 희생제물인 동물의 피가 어떤 오염이라도 말끔히 씻어 없애는 정화 대행자 기능을 한다. 따라서 바울은 여기서 영이 신자 안에 거하리라는 약속으로 나아갈 길을 준비하면서(8:10-11), 하나님의 아들의 죽음이 영의 그런 내주와 활동을 수월하게 만들어 주리라는 것을 분명히 밝힌다(그러나 그는 3:25에서 그랬던 것처럼 피를 언급하지는 않는다).

'속죄제'와 관련하여 두 번째로 할 말은, 이 희생 제사가 레위기와 민수기에서 특히 무지에서 비롯된 죄(어떤 사람이 금지된 것임을 모르

로마서의
심장 속으로

고 그 행위를 했을 때)나 의도하지 않은 죄(죄인 줄은 알았으나 죄를 저지를 의
도까지는 없었던 경우)와 관련되어 있다는 점이다. 바울이 7:13-20에서
이스라엘이 계속 저지르는 죄를 방금 말한 두 가지와 관련지어 분
석한 것은 아주 흥미롭다. 7:15은 "내가 행하는 것을 내가 알지 못
하노니 곧 내가 원하는 것은 행하지 아니하고"라고 말하고, 7:19은
"내가 원하는 바 선은 행하지 아니하고 도리어 원하지 아니하는 바
악을 행하는도다"라고 말한다. 이 '무지'라는 주제는 다른 곳에서도
나온다. 예를 들어, 10:3과 사도행전 3:17 같은 본문에서도 그 주제
를 거론한다. 다시 말하지만, 이 간략한 문구는 본문의 바탕에 깔
려 있는 연속성이라는 주제를 향해 손짓하는 것 같다. 바울은 로
마서 7장에서 이스라엘 이야기를 들려주는데, 그 이스라엘은 뒤에
버려지지 않는다. 결코 그렇지 않다! 하나님은 이스라엘이 토라 아
래 살면서 (시편 106편과 예언서의 아주 많은 본문에서 나타나듯이) 여러 모로
좌절하는 가운데 겪었던 바로 그 문제에 정확히 맞춰 해방의 길을
마련하셨다. 따라서 우리가 위에서 귀띔했듯이, 이 해방의 길은 유
대인에서 확장되어 이방인까지 아우른다. 아리스토텔레스 때부터
위대한 도덕주의자들이 줄기차게 지적했듯이, 이방인도 그들이 얼
핏 보았고 의도했던 선이 언제나 그들을 피한다는 것을 잘 알고 있
었다.

그러므로 우리는 이 주목할 만한 네 절이 풀어 놓은 실들을 함께
모을 수 있다. 토라가 약속했지만 줄 수 없었던 생명이 메시아와 영
덕분에 드디어 제공된다. 따라서 메시아의 영이 안에 들어와 거하

2장
로마서 8:1-4

는 사람에게는 결코 정죄함이 없다. 우리는 다음 장에서도 4절의 마지막 부분을 좀 더 이야기한다. 5절에서 8절까지 네 절은 이 4절 마지막 부분이 제시하는 요점의 확장이기 때문이다. 그러나 4절 상반절(영어 본문 기준)도 대단히 중요하다. 그 일이 이루어짐은, "율법의 바르고 적절한 평결이[to dikaiōma tou nomou] 우리 안에서 이루어질 수 있게 하려 함이었다." 내가 '바르고 적절한 평결'이라 번역한 그리스어 dikaiōma는, 이것 자체만 놓고 보면 모호하다. 맥락이 없으면, 이 말은 토라가 제시하는 법적 요구를 의미할 수도 있다. 그러나 더 큰 문맥을 살펴보면, 바울이 이 말을 1:32과 같은 의미로 쓰고 있음을 분명히 알 수 있다. 1:32에서는 이 말이 어떤 일을 행하는 이는 마땅히 죽어야 한다는 '정령decree'을 의미했다. 여기서 강조하는 핵심은 '이런 일을 행하는 이는 마땅히 살리라'는 것이며, 이는 11절을 내다보는 말이다. 즉, 토라가 내리는 생명의 평결이, 이제 십자가에 못 박혔다가 부활한 메시아에게 속한 이들 안에서, 이제 영이 거하고 영이 빚어내는 사람들 안에서 이루어진다. 영이 메시아를 신실히 따르는 사람들에게 부어져 그 영이 그 사람들 안에서 5절에서 8절까지 이어지는 내용이 묘사하는 변화를 만들어 내면, 토라의 바르고 적절한 평결은 바울이 7:10에서 이미 지적한 생명이다. 이 경우에 그것은 부활 생명을 의미한다. 더 큰 단락인 8:1-11은 대체로 그렇게 흘러간다. 이제 우리는 치밀하고 자그마한 틈 하나 없을 정도로 압축된 서언인 8:1-4이 어떻게 그런 논증과 8장의 나머지 부분까지 밑받침하는 기초 역할을 하고 있는지

로마서의
심장 속으로

살펴보았다.

결론

나는 독자들 대다수에게 이 모든 것이 친숙하기도 하고 그렇지 않기도 하지 않을까 생각한다. 여기에 등장한 단어와 개념 자체는 잘 알려져 있다. 그러나 마치 이전에 단지 지도나 멀리서 찍은 사진으로만 알았던 어떤 도시의 거리를 실제로 걸을 때 친숙함과 낯설음을 함께 느낄 수 있는 것처럼, 우리가 익히 아는 말과 개념이 어울려 있는 모습은 이상하게 느껴질 수 있다. 성경 속으로 진지하게 깊이 뛰어들면 종종 그런 결과가 나타난다. 바라기는, 바울이 쓴 서신에서 가장 위대한 장 가운데 하나에 초점을 맞춰 이렇게 집중 연구해 가는 동안, 그의 글 내부에 존재하는 논리, 즉 그 '도시' 전체가 어떻게 작동하는지가 우리에게 점점 더 익숙하게 다가오고 우리를 들뜨게 하며 우리에게 생명을 주었으면 좋겠다. 당장 우리는 그가 제시한 첫 줄을 경축해야 하며, 굳게 붙잡아야 한다. "그러므로 이제 메시아 예수 안에 있는 이에게는 결코 정죄함이 없다!" 예수를 따르는 이들은 '정죄함이 없는' 땅에서 살아간다. 우리는 어떤 상황에서나, 마음속에서 우리를 고소하는 컴컴한 속삼임을 느낄 때마다, 로마서 8:1로 되돌아가야 한다. 또 2, 3, 4절로 기도해야 한다. 그리고 세상을 바꾸고 생명을 주시는 아들과 영의 사역을 생각하며 하나님을 찬양해야 한다. 찰스 웨슬리는 이 본문을 이런 찬송으로 바꾸었다. "나 이제 어떤 정죄도 두렵지 않네. 예수와 그 안에 있는 모든 것, 내 것이로세*No condemnation now I dread; Jesus, and all in Him, is mine*."[12]

---

12 Wesley, "And Can It Be That I Should Gain"(1738).

로마서의
심장 속으로

3장

로마서 8:5-11 영이 생명을 준다

5 그것을 이렇게 보라. 그 삶이 인간의 육에 좌우되는 사람들은
그 생각의 초점을 육과 관련된 일에 두지만, 영이 그 삶을 좌우
하는 사람들은 그 생각의 초점을 영과 관련된 일에 둔다.

6 생각의 초점을 육에 맞추면 죽으리라. 그러나 생각의 초점을 영
에 맞추면, 생명을 얻고 평화를 얻으리라.

7 육에 초점을 맞춘 생각은, 너희도 알듯이, 하나님을 대적한다.
그런 생각은 하나님의 법에 굴복하지 않으며, 사실 굴복할 수도
없다.

8 육에 좌우되는 이들은 하나님을 기쁘게 해 드리지 못한다.

9 그러나 (정말 하나님의 영이 너희 안에 살면) 너희는 육의 사람이 아니
라 영의 사람이다(누구든지 메시아의 영을 가지지 않은 이는 그에게 속하
지 않았음을 유념하라).

10 그러나 메시아가 너희 안에 계시면, 몸은 정녕 죄 때문에 죽었
으나, 영은 언약의 정의 때문에 살아 있느니라.

11 그러므로 예수를 죽은 자 가운데 살리신 이의 영이 너희 안에 사시면, 메시아를 죽은 자 가운데 살리신 이가 너희 안에 사시는 그의 영을 통해 너희의 죽을 몸에도 생명을 주시리라.

5 *hoi gar kata sacra ontes ta tēs sarkos phronousin, hoi de kata pneuma ta tou pneumatos.*

6 *to gar phrōnema tēs sarkos thanatos, to de phronēma tou pneumatos zōē kai eirēnē.*

7 *dioti to phrōnema tēs sarkos echthra eis theon, tō gar nomō tou theou ouch hypotassetai, oude gar dynatai.*

8 *hoi de en sarki ontes theō aresai ou dynantai.*

9 *hymeis de ouk este en sarki alla en pneumati, eiper pneuma theou oikei en hymin. ei de tis pneuma Christou ouk echei, houtos ouk estin autou.*

10 *ei de Christos en hymin, to men sōma nekron dia hamartian to de pneuma zōē dia dikaiosynēn.*

11 *ei de to pneuma tou egeirantos ton Iēsoun ek nekrōn oikei en hymin, ho egeiras Christon ek nekrōn zōopotēsei kai ta thnēta sōmata hymōn dia tou enoikountos autou pneumatos en hymin.*

로마서 8장의 첫 네 절은 성령의 사역에 관한 바울의 강해의 출발점으로 참으로 훌륭했다. 그 네 절은 8장 나머지 부분의 발판이 자, 특히 8장 서두의 더 긴 문단 중 나머지 부분, 곧 5-11절의 발판 을 이룬다.

그러나 우리가 멈춘 곳을 살펴보면, 미처 마치지 못한 일이 하나 있다. 바로 로마서 8:4의 마지막 부분을(영어 본문 기준) 살펴보는 일 이다. 1-4절은 그 주요 주제로서 '메시아의 백성에게는 결코 정죄 함이 없다'는 주장을 제시한다. 그 까닭은 '생명을 주는 율법의 적 절한 평결이 이제 그들 안에서 이루어지기' 때문이다. 그러나 바울 은 그 선언에 이런 말을 덧붙인다. "우리가 육을 따라 살지 않고 영 을 따라 살 때." 그리고 이 말을 통해 5-8절을 앞서 가리키는데, 이 5-8절은 계속 이어지다 11절에 이르러 절정을 맞이하는 단일한 생 각의 흐름에 꼭 있어야 할 사전 전제다.

나는 앞서, 바울이 쓴 어떤 본문이든 읽을 때 따라야 할 일반 지 침을 제시하면서, 그의 문장들을 연결해 주는 소소한 그리스어 단 어들을 주의 깊게 살펴야 한다고 강조했다. 이런 단어들은 바울의 생각이 어떻게 흘러가는가를 우리에게 일러 준다. 여기서 살펴봐 야 할 단어, 곧 5절을 앞서 살펴본 부분과 이어 주는 단어는 겨우 세 자모로 이루어진 그리스어 *gar*다. 이 단어는 보통 '이는…때문이 다'for로 번역하며, 뒤따르는 말이 방금 전에 한 말을 설명하려고 함 을 일러준다. 앞 문장과 *gar*로 연결된 문장은, 앞 문장에서 한 말을 좀 더 깊이 파고 들어가면서 더 자세한 설명을 보강하려고 쓴 것이 다. 그러나 때로는 이 *gar*의 번역어인 영어 단어 '*for*'가 바울이 만

3장
로마서 8:5-11

들고 있는 것처럼 보이는 연결 관계를 표현하기에는 조금 약해 보인다. 나는 지금도 그런 경우 가운데 하나라고 본다. 내가 8:5에서 *gar*를 더 자세히 풀어 "그것을 이렇게 보라"라고 번역한 것도 그 때문이다. 앞에서 말했듯이, 이 앞 절들(1-4절)은 아주 치밀하고 촘촘하다. 마치 우리가 상상할 수 있는 것보다 훨씬 큰 꽃을 그 안에 담고 있는 장미 꽃봉오리 같다. 이제 그 꽃이 좀 더 열리면서, 1-4절 안에 줄곧 감춰져 있던 것을 드러내고 있다.

따라서 5-8절은 8장 첫머리에서 한 말을 더 깊이 파고 들어간다. 바로 9-11절에서 제시하는 결정적 진술의 기초를 완전히 다지려 하기 때문이다. 로마서 8장의 첫 열한 절은 두 가지 역할을 수행한다. 7장에서 시작했던 율법, 곧 토라에 관한 논증을 마무리함과 동시에, 이제 8장 대부분을 차지하는 영이라는 주제를 소개한다. 특히 우리가 보았듯이, 토라는 생명을 주기를 원했으나, '육의 약함' 때문에, 곧 토라를 받은 이스라엘 자체가 여전히 '아담 안에' 있고, 여전히 연약한 인간의 육으로 지어졌다는 사실 때문에, 생명을 줄 수 없었다. 그런데 이제 우리는 하나님이 토라가 할 수 없었던 일을 어떻게 행하셨는지 본다. 하나님은 아들을 보내어 죄와 죽음의 무게를 그에게 지우셨으며, 토라가 약속했으나 만들어 내지 못했던 생명을 주는 영을 보내셨다. 이처럼 1절에서 11절은, 우리가 보았듯이 '결코 정죄함이 없다'고 말하는 1절과 부활을 약속하는 11절 사이에서 하나의 덩어리로 짜여 있다. 1절과 11절 사이에 있는 절들은 바울이 어떻게 그런 확신을 가질 수 있게 되었는지 설명해 준다.

로마서의
심장 속으로

여기서 우리는 다시 한번, '결코 정죄함이 없다'는 말이 '이 세상과 지옥을 피해 천국으로 감'을 의미하는 말이 아님을 아주 분명히 새겨 두어야 한다. 우리는 '정죄'라는 말을 들으면 '지옥'을 생각한다. 중세와 그 뒤의 많은 신학이 그랬던 것처럼, 우리는 '천국과 지옥'을 동등하면서 반대되는 말로 생각하는 데 익숙하기 때문에, '정죄함이 없음'은 곧 '천국으로 감'을 의미한다고 단정한다. 그러나 그렇지 않다. 로마서 8장은 천국을 언급하지 않는다. (실제로 그 단어는 로마서 전체를 통틀어 단 두 번 등장하며, 그렇게 등장하는 경우에도 바울은 이 말을 하나님의 백성이 죽은 뒤에 맞이할 운명을 가리키는 말로 쓰지 않는다.) 우리가 12절 이후로 보기 시작하겠지만, 바울의 초점은 하나님의 백성이 받을 유업에 있다. 이 유업은 4:13에 나오는 아브라함의 경우처럼, 세계, 곧 하나님이 지으신 세계를 의미한다. 하나님은 자신이 만든 세계를 철두철미하게 다시 새롭게 하실 것이고, 썩음에 붙잡힌 노예의 처지에서 그 세계를 구해 내실 것이다. 또 그 새로운 세계 안에서 우리에게 새 몸을 지닌 생명, 곧 부활 생명을 주시고, 우리가 그 세계를 돌보도록 도와주실 것이다. 이것이 약속이요 소망이다.

아직도 어떤 '정죄'가 남아 있다면, 그 약속과 소망은 공수표요 무효일 것이다. 그러나 이제 정죄는 없다. 그것은 이미 처리되었다. 죄Sin는 치명타를 맞았다. 우리가 보았듯이, 이런 의미의 죄Sin는 우리 개인이 사사로이 범하는 죄를 모아 놓은 것일 뿐 아니라 어둠의 세력이기도 하다. 이 어둠의 세력은 우리를 꾀어 우상을 섬기게 하며, 우리의 진정한 인간다움을 왜곡하고, 그것을 통해 우리가 본디

3장
로마서 8:5-11

돌봐야 할 하나님의 선한 피조 세계를 해체하는 데 열중한다. 이 모든 것, 곧 어둠의 세력과 그 세력의 활동에 따른 결과가 메시아 예수의 죽음 안에서 정죄 받았다.

우리는 이를 요한복음 12:31-32에서 생생히 목격한다. 예수는 십자가를 향해 가시면서 이렇게 선언하신다. "이제 이 세상에 대한 심판이 이르렀으니 이 세상의 임금이 쫓겨나리라. 내가 땅에서 들리면 모든 사람을 내게로 이끌겠노라." 그리고 조금 뒤에 이렇게 말씀하신다. "세상에서는 너희가 환난을 당하나 담대하라. 내가 세상을 이기었노라!"(요 16:33) 그가 죄인들을 위해 죄인들을 대신하여 죽으심으로 얻은 승리가, 하나님 바로 그분의 생명이 그의 영을 통해 새롭게 부어질 길을 열어 놓았다. 그러나 요한복음의 또 다른 본문이 말하듯이, 영은 아직 부어지지 않았다. 예수가 아직 영광을 받지 않으셨기 때문이다(즉, 십자가에 달리지 않으셨기 때문이다)(요 7:39). 십자가의 승리는 길을 가로막고 있던 어둠을 말끔히 치운다. 그 결과 요한복음 20:22이 말하듯이, 영은 이제 예수를 따르는 이들에게 와서 그들 안에 거하시면서, 그들이 사명을 감당하고 거룩하게 살아가도록 동력을 제공해 주신다. 이 생명은 창조주 하나님의 능력과 에너지를 우리 인간의 현재 실존 속에서 적극적으로 드러낸 것이다. 하나님은 이제 재창조하시는 분으로서 이 세상 속으로 새로이 들어오셔서, 생명이 없던 곳에 생명을 주신다. 돌이켜 보면 로마서 4장에서 바울이 아브라함의 믿음을 이야기하며 강조한 것이 바로 그것이었다. 아브라함과 사라는, 자식을 낳기에는 죽은 몸과 같았지

로마서의
심장 속으로

만, 하나님이 그들에게 자식이라는 새 생명을 주시리라는 것을 믿어야 했다(4:19-22).

이렇게 우리는 바울의 글을 읽을 때 따라야 할 첫 번째 지침을 따라, 이 본문이 어떻게 시작하고 끝나는가에 주목했다. 두 번째 지침은 앞뒤를 연결해 주는 말에 주목하는 것이다. 우리는 5절 첫머리에서 *gar*를 보았다. 이어 6절에서 또 하나의 *gar*를 만난다. 이는 6절이 5절을 풀어 설명하는 구절임을 의미한다. 이어 7절은 *dioti*를 제시하는데, 이는 이유를 설명하는 '이는…때문이다for'의 좀 더 강한 형태일 때가 종종 있다. 나는 여기서 그 말을 '너희도 알듯이'로 번역했다. 7절 상반절은 5-6절을 더 자세히 설명하면서, 조금 새로운 생각을 제시한다. 이는 7절 중간 부분에서 또 다른 *gar*를 사용하여 설명한다. 이어 7절 끝부분에서 또 하나의 *gar*가 등장한다(*oude gar dynatai*, '사실…할 수도 없다'). 그렇다면 이런 연결어(여기에서는 굵은 글씨로 표시했다)들을 드러내기 위해, 5, 6, 7절을 아래와 같이 좀 딱딱하게(문자 그대로) 번역할 수 있다.

4하 육을 따라 행하지 않고 영을 따라 행하는 우리에게…. **5 이를 설명해 보자**[*gar*]. 육에 좌우되는 부류의 사람들은 그 생각을 육의 문제에 두지만, 영에 좌우되는 부류의 사람들은 그 생각을 영의 문제에 둔다. **6 너희도 알듯이**[*gar*], 육의 사고방식은 죽음이지만, 영의 사고방식은 생명이요 평화다. **7** 육의 사고방식은 하나님을 대적하기 **때문이니**[*dioti*], **이는**[*gar*] 그것이 하나님의 법에 굴

3장
로마서 8:5-11

복하지 않기 때문이요, 이는[gar] 사실 굴복할 수도 없기 때문이다. **8** 더욱이[de], 육에 좌우되는 사람들은 하나님을 기쁘게 해 드릴 수 없다.

이는 이 문단의 상세한 의미 속으로 들어가기에 앞서 이 문단의 형체 내지 형태를 아주 잘 보여 준다. 5절에서 8절에 이르는 부분은 자그마한 논증 사슬을 이루며, '육 안에' 있음과 '영 안에' 있음의 차이를 천명함으로써 "우리가 육을 따라 살지 않고 영을 따라 [산다]. [육을 따라 살지 않고 영을 따라 사는 우리]"라는 4절 마지막 부분의 의미를 채워 넣는다.

1-4절처럼 여기에서도 여전히 토라가 주제의 일부임이, 아울러 토라가 다른 무엇보다 문제의 일부였다는 주장에 맞서 토라를 철두철미하게 변호한다는 점이 눈에 띈다. 많은 그리스도인이 '율법'에 관하여 좋지 않은 인상을 가지고 있음을 고려할 때, 바울이 2, 3, 4절에서 이미 한 말과 하나도 달라짐이 없이 그리스도인의 도덕 생활을 "하나님의 법에 굴복[함]"(7절)으로써 "하나님을 기쁘게 해 드리[는 것]"(8절)으로 이해한다는 점은 주목할 만하다. 개신교의 많은 진영은 율법에 반대하는 전통을 따르는데, 이런 전통에서 자라난 이들은 바울의 이런 말을 이해하기가 힘들지도 모르겠다. 그러나 이 주제는 바울이 사랑을 율법의 완성이라 말하는 로마서 13:8-10과 같은 곳, 그리고 중요한 것은 하나님의 계명을 지키는 일이기에 할례나 비非할례는 문제 되지 않는다고 말하는 고린도전서 7:19 같은

본문에서 그가 더 광범위하게 천명하는 말과 쉬이 잘 들어맞는다. 그러나 8절을 넘어가면 우리는 율법에 관해 더 이상 듣지 못한다. 2, 3, 4절에서 짐작할 수 있듯이 이제는 영이 율법의 긍정적인 역할을 맡았으며, 바로 그 영이 지금부터 이루어지는 논의에서 두드러진다. 그렇지만 우리는 바울이 7절의 *dioti*를 통해 보여 주듯이, '육의 사고방식'이 하나님의 법에 굴복할 수 없다는 사실을, 그런 사고방식이 죽음을 향해 가는 이유의 또 다른 증거로 생각한다는 것을 유념해야 한다. 다시 말하지만, 토라의 최종 목표는 생명을 주는 것이었다. 그러나 이제는 이 일이 메시아와 영을 통해 이루어졌으며, 이를 통해 사람들은 "하나님의 법에 굴복"할 뿐 아니라 실제로(8절) "하나님을 기쁘게 해 드[린다]"―이는 근심에 찬 많은 개신교 신자에게 걱정을 안겨 준 또 다른 개념이기도 하다. 그렇게 되자, 이제 토라도 자신의 목적이 이루어졌음을 만족스럽게 지켜볼 수 있다.

바울은 이처럼 5-8절에서 기초를 파 들어간 덕분에 뒤이어 9-11절에서 다시 그가 의도하는 결론을 확립할 수 있다. 사람이 약속받은 부활에 이르려면, '정죄 없음'이라는 최종 평결에 이르려면, 부패하고 죄로 가득한 인간의 자아를 의미하는 *sarx*, 곧 육을 통해 갈 수는 없다. 그러나 일단 '육 안에' 있지 않고 '영 안에' 있으면, 모든 일이 가능해진다. 바울은 또 다른 길로 나아가는 논리적인 주장을 개시하는 유연한 그리스어 접속사 *de*를 사슬처럼 이어 거듭 사용하며, 이런 논증을 펼쳐 간다. 바울은 지금까지 'A는 B 때문이요 B는 C 때문이다'라고 말해 왔다. 이제는 '그러나 만일…하면'이라고 말한다. 다시 말해, 육을 통해서는 약속받은 목적지에 갈 길이 없지만, 그러나 만일 예수의 영이 역사하면, '정죄함이 없음'은 확실하다.

이를 더 자세히 말하면 이렇다.

> **9상 그러나**[*de*] 너희는 육에 좌우되는 사람이 아니라 영에 좌우되는 사람이다. **9중 만일**[*eiper*] 메시아의 영이 너희 안에 거한다면 말이다. **9하 그러나 만일**[*ei de*] 어떤 이가 메시아의 영을 가지지 않으면, 그들은 그의 사람 가운데 하나가 아니다. **10 그러나 만일**[*ei de*] 메시아가 정말 너희 안에 계시면, [비록] 그 몸은 죄 때문에 죽었지만, 영은 언약의 정의[*dikaiosynē*, 종종 '의'로 번역하기도 한다] 때문에 살아 있느니라. **11 따라서 만일**[*ei de*] 예수를 죽은 자 가운데 살리신 이의 영이 너희 안에 거하면, 메시아를 죽은 자 가운데서 살리신 이가 너희 안에 거하는 그의 영을 통해 너희 죽을 몸에도 생명을 주시리라.

위 세 구절은 점점 흥분이 고조되는 느낌이다. 이제 도달해야 할 목표가 메시아 예수 안에서 어렴풋이 보이기 때문이요(10절), 이어 그 목표가 영을 통해 메시아의 백성에게 보장되기 때문이다(11절). 이 덕분에 우리는 본문 전체가 어떻게 짜여 있는지 볼 수 있다. 5-11절은 *gar*를 사슬 잇듯 잇달아 사용하며, 육 안이나 영 안에 있는 사람에 관한 전반적인 특징과 두 길을 각각 따라간 사람들에게 닥칠 결과—죽음 아니면 생명—를 깊이 파헤치며 시작한다. 이어 *de*를 잇달아 사용하면서, 메시아의 영이 그 안에 거하는 사람들에게 일어날 일을 거기서부터 차근차근 이야기한다. 그 결과는 분명하다. 결코 정죄함이 없다(1절). 확고하고 든든한 부활의 약속이 있기 때문이다(11절). 이로써 모든 논증이 끝난다.

그렇다면, 시작과 끝 그리고 앞뒤를 연결해 주는 말을 살피라는 규칙 1번과 2번은, 본문이 1세기에 가졌을 의미를 염두에 두고 읽으라는 규칙 3번이 등장할 길을 열어 준다. 여기서 분명하게 천명해야 할 두 가지 요지가 있는데, 그 둘 사이에는 또 세 번째 요지, 어쩌면 사람들이 깜짝 놀랄 수도 있는 요지가 숨어 있다. 이런 요지들은 우리를 이 본문의 골자 속으로 곧장 데려갈 것이다.

첫 번째 요지는, 핵심 용어인 '육' 및 '영'과 관련이 있다. 현대 서구의 사고방식이 자연스럽게 내미는 유혹은, '육'이라는 말은 '물질/물성物性', 단단한 물질의 실체라는 의미로, '영'은 물질이 아닌 실재라는 의미로 들으라는 것이다. 그러나 1세기 유대인은 '육'과 '영'이라는 말을 그렇게 듣지 않았을 것이다. 그 시대에는 어쨌든 '영'을 가리키는 *pneuma*라는 말이 철학 용어로 널리 사용되었으며, 그 의미도 광범위하여 꼭 물질이 아닌 실재만을 암시하지는 않았다. 우리가 곧 설명하겠지만, '육'을 가리키는 *sarx* 역시 많은 것을 아우르는 말이었다. 따라서 현대 서구인은 '육과 영'이라는 말을 들으면 '물질'과 '비非물질'을 대조하는 것처럼 듣겠지만, 1세기에는 두 단어가 훨씬 미묘한 대조 관계에 있었다.

바울에게 상식은, 우리가 달리 더 좋은 번역어가 없어 '육'이라 번역하는 *sarx*가 결코 물질/물성 자체를 가리키는 말이 아니었다는 것이다. 훌륭한 유대인이었던 바울은 확고한 창조론자요 유일신을 믿는 사람이었다. 그는 분명 그의 글 가운데 많은 지점에서 현재 존재하는 물질세계가 선하게 지어졌음을 송축한다. 실제로 바로 그런 점 때문에 초기 그리스도인은 우상 숭배와 부패를 아주 강하게 거부했다. 그리고 피조 세계의 어떤 측면이든 예배하는 것은 핵심을 벗어난 것이요, 피조물의 의미와 목적을 왜곡하는 것이며, 그로 말미암아 하나님이 주신 우리 본래의 인간다움은 물론 십중팔구 우리를 에워싸고 있는 것도 부패하게 하고 왜곡하는 것이라는 인식이 그런 거부감을 부채질했다. 따라서 '육'은 부패할 수 있고 실제로 썩어 가는 세상을 가리킨다. 그리고 그 세상 속에서 부패할 수 있고 썩어 가는 인간을 가리킨다. 특히 유대인에게는 아주 구체적으로 '육을 따라'라는 말이 우리가 7장에서 보았던 문제를 부각시킨다. 그것은 곧, 유대인이 하나님에게 부름 받아 토라까지 수여받는 엄청난 특권을 누렸음에도 불구하고 여전히 '아담 안에' 있다는 것이었다.

그런데 우리는, 그리스도인이든 그리스도인이 아닌 사람이든, 여전히 모두 '육 안에' 있지 않은가? 어떤 의미에서 보면 그렇다. 바울은 갈라디아서 2장에서 그가 여전히 '육 안에' 살고 있음을 인정한다. 그러나 그는 그러면서도 그것이 그의 생명의 원천이나 그의 삶을 인도하는 힘이 아님을 강조한다. 그는 자신이 여전히 육의 삶을 살고 있지만, "나를 사랑하사 나를 위하여 자기 자신을 버리신 하나

로마서의
심장 속으로

님의 아들을 믿는 믿음 안에서 사는 것"(갈 2:20)이라고 말한다. 마찬가지로 고린도후서 10:3에서는 우리가 여전히 육 안에 있는*en sarki* 사람이지만 육의 방법으로*kata sarka* 우리 싸움을 하지는 않는다고 말한다. 그는 썩음과 죽음을 향해 나아가는 인간이기에 그런 의미에서 여전히 '육 안에' 있다고도 할 수 있지만, '육을 따라' 살지 않는다. 비록 그가 쓰는 말이 늘 일관되지는 않지만, 그래도 그것은 아주 중요한 구별이다. 바울은 여기 9절에서도 '육 안에'를 의미하는 *en sarki*를 사용하여 그리스도인이 어떤 존재가 아님을 말하지만, 다른 본문에서는 *en sarki*를 사용하여 지금도 부패할 수 있는 물성을 지닌 채 계속 살아가는 존재를 나타낸다.

바울은 이런 *sarx*의 기본 의미 때문에 부활의 몸을 *sarx*가 아니라 *soma*라 부른다. 우리가 보통 '몸'이라 번역하는 *soma*는 바울에게는 다리 같은 용어다. 바울이 인간을 표현할 때 쓰는 용어들은 동일한 사람의 다른 부분들을 가리킨다고 생각하기보다는, 그저 어느 한 특별한 각도에서 전인全人을 언급하거나 한 특별한 측면을 지닌 전인을 언급하는 방식이라 이해하는 것이 가장 좋다. 따라서 *soma*라는 그리스어는 사람들 앞에 드러나는 우리 자신의 실체 전체를 가리킨다. 즉 우리의 자아 전체, 몸, 우리가 '인간person'이라는 말로 표현하고자 하는 거의 모든 것을 가리킨다. 이 *soma*도 여전히 죄에 굴복할 수 있다. 어쩌면 놀라운 말일 수도 있지만, 바로 그 때문에 바울은 13절에서 '몸의 행위를 죽여야 한다'고 말한다. 그러나 *soma*는 로마서 12:1-2이 말하는 것처럼 우리가 '산 제사'를 드리는 곳도 될 수 있다. 우리는 우리의 자아 전체인 '몸'을 하나님과 이웃을 섬기는 일에 바쳐야 한다. 그리고 무엇보다 중요한 것은, 11절이 말하는 것처럼, '육'이 아니라 몸이 마지막에 죽은 자 가운데서 부활하리라는 것이다.

이와 달리, 바울은 '혈과 육'이라는 어구를 사용할 때, 이를 '현재 부패할 수 있는 상태에 있는 인간'을 가리킨다. 그가 고린도전서 15:50에서 부활의 몸에 관하여 말한 뒤에 "혈과 육은 하나님 나라를 이어 받을 수 없고"라고 선언하는 것도 다 그 때문이다. 이런 말은 약간 혼란을 일으켰다. 모든 신약성경 저자가 이런 구분을 따르지는 않기 때문이다. 가령, 누가복음 24장을 보면, 부활한 예수가 제자들에게 유령은 '살(육)과 뼈sarka kal ostea'가 없으나 자신은 분명 있다고 말한다. 여기서 바울은 sarx라는 단어를 더 엄격하고 전문적인 의미로 사용하고 있다. 초기 교부 가운데 몇몇 사람들은 물성을 지닌 몸의 부활에 관하여 분명히 이야기하고자, '육'이라는 말역시 그런 맥락에서 사용했다. 예를 들면, 테르툴리아누스는 육의부활, 곧 resurrectio carnis라고 썼다. 여기서 테르툴리아누스는 부패할 수 있는 육을 뜻하지 않았다. 그것이 부패할 수 있는 육이라면 부활한 사람들은 다시 죽어야 한다는 말이 될 것이며, 그리되면 죽었다가 부활하고 다시 죽는 존재의 순환이 끝없이 되풀이될지도 모른다. 그것은 분명 초기 교부들이 믿었던 것이 아니며, 바울이 믿었던 것도 더더욱 아니었다.[1]

로마서 8:5-8로 다시 돌아가 보자. 이 본문과 병행 관계에 있는

로마서의
심장 속으로

또 다른 중요한 본문은 갈라디아서 5:16-26이다. 바울은 이 갈라디아서 본문에서 '육체의 일'과 '영의 열매'를 대비한다. 다시 말하지만, 여기서 말하는 '육체'가 우리가 으레 육체의 죄나 비행이라 부르는 것과 관련이 있고 '영의 열매'는 기도, 사랑, 지혜 등처럼 우리가 '영적' 일이라 부르는 것과 관련이 있다고 생각하면 얼마나 쉽겠는가. 그러나 사실 많은 사람이 지적하듯이, 갈라디아서 5장이 말하는 '육체의 일'은 대부분 '육체와 분리된 영 *a disembodied spirit*'이 행하는 것일 수 있다. 시기, 악의, 주술, 야욕, 당 짓는 것 등이 그런 예다. 그리고 '영의 열매'는 몸의 행위로 표현되는 다양한 것을 포함하는데, 자비, 양선, 온유 등이 그런 예다. 따라서 바울이 제시하는 '육'과 '영'의 구분은 분명, 주로 플라톤의 방식에 익숙한 현대 서구 사회에 있는 우리가 이 말들을 사용해 온 방식과는 쉽게 연결되지 않는다.

그렇다면 일단 이렇게 골치 아픈 이슈들에서 벗어나 생각해 보자. 바울이 지금 여기서 이야기하는 것은 무엇인가? 바울은 지금 '육 안에 있는' 이들과 '영 안에 있는' 이들을 날카롭게 대비한다. 그는 누군가의 삶이 지향하는 기본 방향basic orientation을 이야기한다. 특히 기본 사고방식, 생각의 초점과 그것이 습관처럼 취하는 패턴을 이야기한다. 그는 분명 그리스도인이 이제 죄가 없다고 생각

---

1 테르툴리아누스와 다른 초기 교부들이 말한 부활의 의미를 알아보려면, *RSG*, 11장을 보라.

하지 않는다. 그리스도인이 중심을 잃고 헤매는 생각이나 갈팡질팡하는 행위를 결코 하지 않는다고 생각하지도 않는다. 그리스도인에게 죄가 없다면, 바울이 이처럼 자주 도덕과 관련된 권면을 제시해야 할 이유가 없었을 것이다.

바울은 분명 이 로마서와 다른 곳에서 겉으로 나타나는 몸의 행위에 아주 큰 관심을 기울인다. 그러나 그는 여기서 특히 생각에 관하여, 사고에 관하여 생각한다. 5절에서 육 안에 있는 이들은—내 번역에서는 '그 삶이 인간의 육에 좌우되는 사람들'로 바꾸었다—육과 관련된 문제를 생각하고, 그들 생각의 초점을 그것에 둔다. 다시 말해, 그들은 바울이 갈라디아서 5장에서 '육체의 일'이라 열거하는 것, 분열과 당 짓는 것, 시기와 투기, 술 취함과 방탕함 같은 것에 초점을 맞춘다. 오늘날의 세계를 보면 우리 뉴스 매체는, 우리가 정말 그런 것들에 초점을 맞추고 있다는 것을 확실히 보여 준다. 분열과 당 짓는 것, 특히 유명한 사람들을 시기하고 질투함을 보여 주며, 끝없는 (게다가 즐거운) 뒷이야기 소재가 되는 방탕함도 당연히 보여 준다. 우리 생각을 이런 것에서 떼어놓고 대신 '영의 것들'(자비, 양선 등)에 초점을 맞추며 그런 것들을 삶으로 표현할 길에 집중하려면 끝없는 노력이 필요하다. 여기서 바울이 말하는 요지는, 빌립보서에서도 계속 이야기하지만, 그리스도인다운 삶이 그냥 우연히 생겨나지 않는다는 것이다. 그런 삶을 살려면 우리가 정신을 집중한 노력이라 부르는 것이 있어야 한다. 하나님이 생각하시는 인간다움의 길에 우리 생각의 초점을 맞추는 집중된 훈련이 있어야 한다. 바

로마서의
심장 속으로

울은 그것을 5절에서 집약한 형태로 제시한다.

이어 바울은 6절에서, 설명이라는 방법을 거쳐, '사고방식'을 의미하는 추상 용어인 *phronēma*를 사용하여 어떻게 생각하고 무엇을 생각해야 하는가를 터득하는 그 방법을 다시 언급한다. 내 번역에서는 생각이 늘 지향하는 초점이라는 용어로 바꾸었다. 물론 그가 말하려는 의미는, 당신 생각의 초점이 올바른 곳에 있는 한, 당신 몸으로 당신이 좋아하는 일을 할 수 있다는 것이 아니다! 오히려 그 반대다. 12장 첫머리처럼, 당신이 당신의 자아 전체, 당신의 몸을 드리는 방법은, 바울이 말하듯이 '마음(생각)을 새롭게 함으로 변화를 받는 것'이다. 당신이 꾸준한 연단과 실천을 통해 생각하는 법을 배운 것이 겉으로 드러나는 행위에서 그대로 나타날 것이다.

이는 우리를 6절의 더 자세한 설명으로 데려간다. 여기에서는 신명기와 여호수아에 등장하는 위대한 이것 아니면 저것을 제시하면서, 죽음이 아니라 생명을 선택하라는 데 예리한 초점을 맞춘다.[2] 여기서 특히 그는 독자들에게 *phronēma tēs sarkos*, 곧 '육의 사고방식'보다 *phronēma tou pneumatos*, 곧 '영의 사고방식'을 택하라고 촉구한다.

물론 이 일은 쉽지 않다. 이렇게 하려면, 선택의 수고, 거듭거듭 선택의 수고가 필요하다. 당신의 *phronēma*, 당신의 사고방식은 깊이 뿌리박힌 습관이다. 그리스도인의 덕목에는 마음과 생각의 습관

---

2 신 30:15-20; 수 24:15.

을 재차 훈련하는 것이 포함된다. 그것은, 시기와 악의와 당 짓는 것이나 육체의 정욕보다 자비와 온유와 사랑과 평화에 초점을 맞추는 어려운 선택을 몇 천 번이고 꾸준히 할 것을 요구한다. 우리는 그것들이, 우리가 쓰는 표현대로 '제2의 천성'이 될 때까지, 훌륭하게 형성되어 영의 인도를 받는 *phronēma*가 될 때까지, 그런 선택을 하고 또 하며 계속 이어 가야 한다. 그래도 그것은 신선한 도전이 될 것이다. 하나의 도덕이라는 산꼭대기에 오를 때 주어지는 보상은 다음번에 더 가파른 산이 주어진다는 것이다. 그리스도인 지도자들은 특히 그 점을 명확하게 알아야 한다.

바울은 6절에서 이 모든 것을 더 자세하게 설명한다. 여기에서는 *phronēma tou pneumatos*가 단순히 생명이 아니다. 6절 하반절이 말하듯이, 그것은 생명이자 평화다. 이는 언약의 메아리, 사실은 제사장과 관련된 메아리를 담고 있다. 말라기 2:5을 보면, 하나님이 레위와 맺은 언약을 '생명과 평강'을 위한 언약이라 말하는데, 이 언약은 어쩌면 우리가 곧 발견할 새 성전 신학new-Temple theology과 함께 가는 것인지도 모른다.[3] 그러나 7, 8절은 우리가 그곳에 다다르기 전에, 이제는 영의 사역이 토라 자체가 할 수 없었던 일을 넘겨받아 이루어 가고 있음에도 불구하고 바울이 7장을 시작할 때부터 계속 염두에 두어 온 토라라는 문제를 육과 영의 대비와 다시 연결한다. 바울은 *phronēma tēs sarkos*, 곧 '육의 사고방식'이

---

3 민 25:12; 사 54:10; 겔 34:25; 37:26에 나오는 '평화의 언약'도 함께 보라.

로마서의
심장 속으로

'하나님을 대적한다'고 말한다. 하나님은 생명의 하나님이다. 죽음은 선한 창조주 하나님에 대한 모욕이며 면박이다. 그런 점에서 죽음을 향해 가는 육은 그런 모욕의 축소판이다. 레위기 등에서 희생제사 제도 전체를 설계할 때, 성소가 죽음의 어떤 잔재에도 영향을 받지 않는 깨끗한 곳으로 남게 설계한 것도 그 때문이다. 그리해야 비로소 하나님이 그곳에 거하실 수 있기 때문이다. 하지만 토라는, 7:10과 8:4에서 보았듯이 생명을 약속했다. 율법의 바르고 적절한 평결이 영의 사람들 안에서 이루어진다. 따라서 육의 생각은 토라에 굴복하지 못한다! 그것이 7:7-25이 강조하는 요점이다. 이곳이 현재 우리가 살펴보는 긴 논증에서 토라를 마지막으로 언급하는 곳이다. 토라의 일은 끝났다. 이제는 메시아와 그의 영이 배턴을 넘겨받았으며, 그들은 토라가 줄 수 없었던 생명을 준다.

이것의 좋지 않은 결과는(8절), 이런 의미에서 *en sarki*(육 안에 있는) 이들은 하나님을 기쁘게 해 드릴 수 없다는 것이다. 이는 주목할 만한 선언이며, 이와 반대의 경우를 암시한다. 바울이 다른 여러 곳에서 이야기하듯이, 영 안에 있는 이들은 하나님을 기쁘게 해 드릴 수 있고 진정 하나님을 기쁘게 해 드린다[4] 종교개혁 뒤에 나타난 영성의 한 흐름이 있다. 이 흐름은 '행위로 의로움을 얻음'처럼 보이는 것은 어떤 것이든 피하려고 무진 애를 쓰다 보니, 우리가 행할 수 있는 어떤 일이 실제로 하나님을 기쁘게 해 드릴 수 있다는 어떤

---

4 가령, 롬 12:1-2; 고전 7:32; 골 1:10; 살전 4:1.

주장도 멀리한다. 그것과 관련하여 우리가 바랄 수 있는 최선은 골치 아픈 일에 휘말려드는 것을 피하는 것이다. 그러나 만일 하나님의 영이 우리 안에서 역사한다면, 우리는 당연히 하나님을 기쁘게 해 드려야 한다! 물론 우리는 이 장 뒷부분에서 볼 것처럼, 그의 사랑과 목적에 사로잡힐 것이다. 이 모든 내용은 그때 다시 살펴보겠다.

그렇다면 앞서 언급한 것처럼, 우리가 가장 먼저 인식해야 할 주제는 '육'이라 번역한 *sarx*가 그저 '물질인 육체'를 의미하는 데 그치는 말이 아니며, '영'이라 번역한 *pneuma*가 단순히 '물질이 아닌 실재'를 의미하는 데 그치는 말이 아니라는 것이다. 이 때문에 근대 후기 서구의 사고방식이 아니라 1세기 유대인의 생각 속에서 살아가려면 우리 생각을 어느 정도 다시 훈련시켜야 한다. 플라톤식 이분법은 종종 그런 오해를 불러일으켰다. 오늘날에도 같은 실수를 줄곧 하며, 때로는 세속성 한가운데서 '영성'을 되찾는다는 그럴듯한 구실 아래 그런 실수를 저지르기도 한다. 그러나 플라톤식 생각은 하나의 망상이다. 그와 후대 플라톤주의자들은 몸의 부활을 바라지 않았다. 비록 알렉산드리아의 필론과 같은 그 시대 몇몇 유대인이 플라톤에게 도움을 구하긴 했지만, 그래도 우리는 유대인과 같이 생각하기를 배워야 한다. 바울은 플라톤과 같이 생각하지 않는다. 그에게 부활은 생사가 걸린 문제다. 5절에서 8절에 이르는 본문이 암시하는 도덕적 선택들 자체가 부활에 관한 약속 자체의 일부분이다. 그 선택들은 새로운 삶의 방식과 관련이 있는데, 이 새로운 삶의 방식은 하나님이 최종적인 미래로부터 미리 주시는 선물이

로마서의
심장 속으로

다. 윤리는 물론 어떻게 행동해야 할지 배우는 것이지만, 단순히 그것에 그치지 않는다. 그것은 무엇보다 시작된 종말론과 관련된 것이다. 영은 하나님의 미래에서 우리에게 오며, 우리가 죄와 죽음이 존재하는 세상 속에서도 이미 새로워진 인간으로서 살아갈 수 있게 해 준다.

십자가에 달려 죽으시고 부활하신 메시아를 중심으로 다시 빚어진 제2성전기 유대인으로서 우리가 두 번째로 생각해야 할 주제는, 9절에서 11절까지에 담긴, 밑바탕이 되는 성전 신학이다. 우리는 이를 쉬이 놓친다. 그 신학의 메아리도 포착하지 못하고 그 밑바탕에 자리한 내러티브의 흐름도 따라가지 못하기 때문이다. 우리는 그 둘 다에 초점을 맞춰야 한다.

첫째, 메아리다. 나는 그냥 '살다'로 번역했지만, '거하다'라는 단어를 찾아보기 바란다. 먼저 9절을 보라. 만일 하나님의 영이 너희 안에 거하면, 너희 안에 살면*oikei en hymin*, 너희는 육 안이 아니라 영 안에, *en sarki*에 있는 것이 아니라 *en pneumati*에 있다. 이 짧지만 아주 중요한 말은 11절에서도 되풀이된다. 11절은 예수를 죽은 자 가운데서 일으키신 이의 영이 너희 안에 거함을, *oikei en hymin*을 이야기한다. 그런 다음, 11절 말미에서는 몸의 부활이 너희 안에 거하는(말 그대로 번역하면, '안에 들어와 거하는') 영에게서 비롯된다는 것을 더 충실히 이야기한다*dia tou enoikountos autou pneumatos en hymin*. 물론 '거하다*dwell*'와 '안에 들어와 거하다'(내주하다, indwell)는 상당한 공통점을 가지고 있다. 그러나 성경이 보통 이 말을 사용하는 예 가운데 하나는, 야훼YHWH가 광야의 성막 안에 '거하시고' 뒤이어 예루살렘 성전 안에 거하심과 관련이 있다.[5] 그렇다면 바울은 왜 그의 독자들이 여기서 그런 메아리를 듣기 원했을까?

둘째, 그 대답은 바울이 더 길게 암시하는 출애굽 내러티브 안에 들어 있다. 첫 출애굽이 어떻게 이루어졌는지 생각해 보라. 하나님은 자기 백성을 이집트에서 구해 내셨다. 이는 이 백성이 우상으로 가득한 이집트 땅을 떠나 광야에서 하나님을 예배할 수 있게 하기 위함이었다. 그 내러티브가 제시하는 생각은, 하나님의 백성이 홍해를 건너고 시내산에서 토라를 수여받은 뒤에, 비로소 하나님이 그 백성 가운데 성막을 세우시고 거기에 친히 들어가 거하시면서 자기 백성과 함께 살고 그들이 물려받을 땅까지 그들을 인도하실 수 있었다는 것이다. 출애굽-토라-성막-유업이라는 과정이 나타난다. 앞에서 한 말을 되풀이하자면, 로마서 6장은 출애굽에 관하여 이야기한다. 노예들이 물을 건너 자유로 나아간다. 로마서 7장은 그들을 시내산으로 데려간다. 여기에는 온갖 수수께끼와 문제가 뒤따르지

---

5 70인역은 보통 *katoikein*이라는 어근을 사용한다[가령, 시 132:14(70인역은 131편)은 *bōde katoikēso*, '내가 여기 거주할 것'이라고 말하며, 135:21(70인역은 134편)은 YHWH *katoikōn Ierousalem*, '예루살렘에 계시는' 야훼라고 말한다]. 바울은 이런 어근을 엡 2:22[*katoikētērion*, 참고. 가령, 시 76:2(70인역은 75편)]; 참고. 마 23:21] 같은 구절에서 되울려 준다. 바울 시대에 이르면, *katoikein, enoikein,* 그리고 그냥 *oikein*이라 썼을 때의 의미 차이가 거의 없어진 것 같다. 그러나 접두어 *kata-*의 더 정확한 의미, 누군가가 어쩌면 처음으로 어떤 곳에 들어와 거한다는 말은 그가 말하려는 의미에 덜 적합했다.

만, 동시에 실제로 토라를 지키는 이들에게는 생명이 주어지리라는 약속도 계속 뒤따른다. 그러나 어떻게 그런 일이 가능할까?(특히 7:17이 말하는 것처럼, '죄'가 그들 안에 거하고 있음을 생각한다면 말이다). 바울의 대답은 영이다. 이제는 영이 진영 문밖의 한 장막에 거하는 데 그치지 않고, 실제로 사람 자체 안에 들어와 거하게 되었다. 이것이 새 성막이다. 이어 우리가 이어지는 본문에서 발견하듯이, 영이 구속받은 하나님의 백성을 그들이 받을 유업으로 인도한다. 그리고 이 유업은 '천국'이 아니라 새로워진 피조 세계 전체를 가리킨다.

바울은 그와 같은 시대를 살았던 몇몇 사람처럼, 출애굽 이야기를 출애굽 때부터 바울 자신의 때에 이르기까지 이스라엘 백성에게 일어난 모든 잘못된 일에 비추어 다시 읽어 낸다. 예수는 그 모든 잘못된 일을 해결할 날로 유월절, 곧 출애굽 순간을 고르셨다. 예수는 자신을 따르는 이들에게 새로운 버전의 출애굽 식사, 곧 유월절the Passover을 주셨다. 따라서 초기 그리스도인들이 자신들을 새 출애굽 백성으로 본 것은 아주 자연스러운 결과였다. 유대인이 품었던 두 번째 출애굽 대망의 일부는, 바로 이스라엘의 하나님 야훼가 늘 하셨던 약속대로 친히 돌아오시는 것이었다. 바벨론에 포로로 잡혀갔던 사람들 일부가 돌아온 뒤, 유대 사람들은 성전을 다시 지었다. 그들은 다시 희생 제사를 드리기 시작했다. 그러나 하나님의 영광이 그 백성 안에 들어와 거하는 일은 다시 일어나지 않았다. 이사야 52장은 하나님이 돌아오셨음을 모든 이가 볼 수 있게 하겠다고 약속했었다. 그러나 그런 일은 일어나지 않았다. 스가랴나 말라기도 비슷한 약속을 했지만, 그 약속도 이루어지지 않았다. 하지만 바울은, 초기의 다른 모든 그리스도인처럼, 예수와 영으로 말미암아 그 약속이 마침내 이루어졌다고 믿었다. 예수 자신이 이스라엘의 하나님을 온 몸으로 보여 준 생생한 체현자였다. 그가 와서 마침내 친히 성전이 되었고 옛 성전이 행하던 일을 행하셨다. 이제 사도행전 2장의 오순절 장면에서 정확히 나타나듯이, 영이 와서 예수를 따르는 이들을 새 성전 백성으로, 그 안에 진정으로 하나님의 영광스러운 임재가 거하는 이들로 빚어낸다. 성전은 하늘과 땅이 만나는 곳이었다. 사도행전 1장을 보면, 예수의 승천은 이제 '땅'의 일부가 '하늘'에 확고히 터를 잡음을 의미한다. 사도행전 2장에서는, 하늘의 입김이 새 언약과 새 창조의 일을 '땅'에서 시작한다. 바울은 이 모든 것을 다른 곳에서, 특히 고린도 서신에서, 그리고 뒤이어 에베소서에서 마치 드라마처럼 자세히 설명한다. 그러나 그의 생각 밑바닥에는 언제나 그런 생각이 자리하고 있다. 바울의 글에서 종종 볼 수 있듯이, 그는 더 큰 논증의 한 대목에서 내린 결론을 그 다음 대목에서 되풀이하며 더 자세히 설명한다. 11절은 로마서 8:30에 상응한다. "그가 의롭다 하신 이들을 그가 또 영화롭게 하셨다." 하나님의 영광스러운 임재는 이미 예수의 모든 백성 안에 거한다.

성전이 바벨론 사람들에게 파괴되었듯이, 우리 몸이라는 성전도 파괴된다. 하나님은 성전이 다시 지어지리라고 약속하셨다. 만일 하나님이 현재 우리 몸 안에 이미 거하신다면, 그는 분명 그 성전을 다시 세우실 것이다. 11절은 이렇게 말한다. "[그가] 너희 안에 사

로마서의
심장 속으로

시는 그의 영을 통해 너희의 죽을 몸에도 생명을 주시리라." 우리가 마지막에 결국 이루어질 새 피조 세계 안에서 부활하리라는 약속은 옛 유월절 이야기에 뿌리를 두고 있으며, 성전이 빚어낸 제2성전기 유대인의 소망 속에 뿌리를 내리고 있다. 그 약속은 에스겔서의 마지막 몇 장에도 들어 있다. 그 장들은 에스겔 37장이 제시하는 드라마 같은 '부활' 약속에 뒤이어 등장한다. 당연한 일이다. 거기에는 생각해 볼 문제가 많다.

우리는 이 모든 것 덕택에 세 가지 차원의 의미를 지니고 있는 치밀한 9, 10, 11절을 읽어 낼 수 있다. 9절 상반절이 출발점이다. 하나님의 영이 너희 안에 거하면, 너희의 기본 정체성은 '육 안에' 있는 존재가 아니라 '영 안에' 있는 존재다. 여기에 우선 혼란의 위험성이 있다. 바울이 우리가 '영 안에' 있다고 말함과 거의 동시에 영이 '우리 안에' 있다고 말하기 때문이다. 그가 하려는 말은 어느 쪽인가? 그 대답은 '둘 다!'인 것 같다. 그 이유는 아마도 바울이 *en pneumati*라는 말을 *en sarki*에서 유추하여 만들었을 가능성이 있기 때문이기도 하지만, 하나님의 영이 당연히 신자 내면의 삶에 국한되지 않고, 우리를 온통 에워싼 채 살아 활동하기 때문이기도 하다. 그 결과 그 영이 우리 안에 거하면, 우리는 하나님의 새 창조 목적들, 우리가 보통 알지 못하는 갖가지 방식으로 앞서 나아가는 그런 목적들과 조화를 이루게 된다. 그것 역시 현재 우리가 기울일 수 있는 것보다 더 큰 주의를 기울일 만한 가치가 있는 주제다.

바울은 9절 상반절의 이 기본 선언에 경고를 하나 덧붙인다. 누구든지 메시아의 영을 가지지 않은 이는 그에게(메시아에게) 속하지 않았다. 이는 다른 경고, 특히 고린도전서에서 제시하는 경고, 곧 다른 예수 사람들Jesus-people과 함께 있으면 틀림없이 만사형통이라고 지레 짐작하지 말라는 경고와 궤를 같이한다. 바울은 여기서 멈추지 않고 목회 현장에서 발생하는 여러 질문이나 사람들이 그들의 상태나 처지에 관하여 가질 법한 걱정을 계속 다룬다. 그러나 그가 영이 하는 일을 다양하고 상이한 방식으로 언급하면서 사람들을 매료시키는 점에 주목하기 바란다. 9절 상반절은 하나님의 영에 관하여 이야기하고, 9절 하반절은 메시아의 영에 관하여 이야기한다. 이어 바울은 10절에 가서 메시아, 곧 *Christos*가 너희 안에 거하신다고 간명하게 말한다. 이는 여러 본문과 일치하는데, 가령 바울은 갈라디아서 2:19-20에서 자신이 메시아와 함께 십자가에 못 박혔다고 말한 다음, 그럼에도 자신이 살아 있다고 말한다. 그러나 살아 있는 이는 그가 아니라, 그 안에 사시는 메시아시다. 또는 빌립보서 1:21을 생각해 보라. "내게 사는 것이 그리스도(메시아)니." 아니면 골로새서 1:27을 생각해 보라. "너희 안에 계신 그리스도(메시아)시니 곧 영광의 소망이니라."

바울은 이 본문 하나하나에서 그리스도인이 하는 체험의 중심에 자리한 주목할 만한 현상을 이야기한다. 새 생명, 새 에너지가 우리 안에서 끓어오르고, 우리를 이끌어 찬송하게 하며, 기도하라고 강권하고, 안일함이나 죄에 빠지지 말라고 경고하며, 우리를 자극하여 사랑과 온화함을 보이게 하고, 전에는 상상조차 못했던 지혜와 깨달음을 새로이 맛보게 하며, 얼핏 보면 어리석어 보이지만 실은 우리의 진정한 소명일 수 있는 곳과 일로 우리를 인도한다. 이렇게 우리 안에 들어와 거하는 생명, 이 새로운 성전의 존재가 중요하다. 잠시 내 사사로운 이야기를 해 본다. 나는 열다섯 살 생일에 견진성사를 받고 성찬에 꾸준히 참석하기 시작하면서, 오래된 합창으로 기도하곤 했다.

> 주여, 내게서 내 죄를 씻어 주소서.
> 주여, 당신의 능력을 내 안에 부으소서.
> 주여, 나를 이대로 받아주시고,
> 나를 온전히 당신 것으로 만드소서.
> 주여, 나를 날마다 지켜 주시고,
> 주여, 당신의 길로 행하게 하소서.
> 내 마음을 당신의 궁정과
> 당신의 보좌로 만들어 주소서.[6]

[그런데 이 합창에는 잘못된 점이 딱 하나 있다. 그것은 '주여'라는 단어를 쌍반점semi-colon으로 사용한 점이다(번역문에서는 나타나지 않는다—편집자). 이는 가능하면 피해야 할 습관이며, 특히 사전 준비 없이 즉석에서 하는 기도에서는 더더욱 그래야 한다.] 예나 지금이

---

6 R. Hudson Pope(1879-1967)가 지었다.

나 중요한 점은 예수 그분이 그의 영으로 우리 안에 오셔서 거하시기를 겸손히 초대하는 것이다. 그것이 성전 기도Temple-prayer다.

이제 우리는 마침내 더 큰 단락이 어떻게 흘러가는지 본다. 예루살렘 성전의 의미 가운데 하나는, 종국에 이루어질 새 창조(새 피조 세계)를 미리 일러 주는 이정표라는 것이었다. 그것은 하늘과 땅을 담은 구조heaven-and-earth structure였으며, 새 하늘과 새 땅에 관한 약속을 앞서 일러 주었다. 마찬가지로, '성전'인 우리 인간도 각자 그리고 모두 함께, 마지막에 이루어질 새 창조, 바울이 18절부터 내내 이야기하는 새 창조를 가리키는 이정표가 되어야 한다. 따라서 로마서 8:1-11은 작전 기지를 세운다. 그것은 곧 몸의 부활이라는 약속이다. 이를 통해 바울은 12절에서 앞으로 나아가면서, 하나님이 자기 백성 안에서 그리고 자기 백성을 위해 행하시겠다고 약속하신 일을 마지막에 온 피조 세계 안에서 그리고 온 피조 세계를 위해 행하실 것이라고 설명한다.

그러나 우리는 그저 다가오는 그 성취를, 침묵하며 일러 주는 이정표가 아니다. 도리어 우리는 그 성취를 위해 적극적으로 일하도록 어떤 역할을 부여받았다. 사실 바울도 곧 설명하겠지만, 우리는 적극적으로 행동하고 기도하며 고난당하는 행위자로서 그 과정 한복판에 휘말려 있으며, 거기서 종종 고통을 겪기도 한다. 그러나 사실은 그것이 바로 바울이 앞으로 말하려는 '영화glorification'의 의미 가운데 일부임이 드러난다. 하나님은 자신의 신성한 영광이 다시 성전 안으로 들어가 거하리라고 약속하셨다. 그런데 그것은 예

로마서의
심장 속으로

수 자신이 '영광을 받으셨을 때'와 같은 모습을 띤다.

바울이 그것을 10절에서 어떻게 말하는지 주목해 보라. 메시아가 너희 안에 계시면, 몸은 정녕 죄 때문에 죽었으나, 영은 *dikaiosynē* 때문에 살아 있느니라*the spirit is life because of dikaiosynē*. 나는 이 *dikaiosynē*를 여기서 '언약의 정의'라는 고밀도 용어로 번역했다. 이렇게 번역한 데는 여러 이유가 있지만, (솔직히 말해) 보통 이 말을 번역할 때 사용하는 '의'가 이 시대에는 죽도 밥도 아닌 의미를 갖고 있다는 것도 그렇게 번역한 한 이유다. 그러나 *dikaiosynē* 때문에 이 살아 있음이라는 주제는 5:1-11로 되돌아가며, 다시 1:17까지 거슬러 올라간다. *ho dikaios ek pisteōs zēsetai*, "오직 의인은 믿음으로 말미암아 살리라." 생명과 의는 함께 나온다. 현재 본문에서 멀찌감치 물러나 로마서 전체를 빨리 통독해 보면(그렇게 해 보는 것도 어쨌든 좋은 일이다), '믿음으로 의롭다 함을 얻음'(이신칭의, justification by faith)이 그 내면의 논리상 영이 복음을 통해 하는 일에 의존한다는 것이 분명하게 드러날 것이다. 그 점은 갈라디아서에서도 분명하게 드러나는 것 같다. 바울은 갈라디아서에서 영이 하는 일을 그의 온 칭의론에 짜 넣는다. 그러나 로마서에서는 그가 제시하는 더 커다란 논증의 수사학적 요구 때문에 영을 무대에 올리는 일을 늦추다가 5:1-5, 7:4-6 그리고 8장 자체에 가서야 비로소 다루며, 이 본문들 앞의 본문들은 이 본문들을 내다본다.[7]

---

7 이 논증을 내다보는 다른 구절은 2:25-29에서 찾을 수 있다.

그렇다면 이것은 바로 바울이 빌립보서 1장에서 의미하는 바다. 바울은 하나님이 시작하신 '선한 일'을 이야기할 때, 회심한 이들이 우선 믿음을 갖게 되고, 뒤이어 하나님이 시작하신 이 '선한 일'을 메시아의 날에 완성하시리라고 말한다. 중요한 것은 현재의 몸이 죽음을 향해 나아간다는 것이다. 이 몸은 우상 숭배와 불의를 행하며 진정한 인간다움의 표지를 잃어버린 곳이었기 때문이다. 이를 나타내는 단어가 *hamartia*, 곧 죄다. 우리는 모두 이 죄에 가담했으며, 하나님의 창조에 맞선 죽음의 세력과 한 통속이 되었다. 그러나 영―어쩌면 더 큰 혼란을 야기할 수도 있지만, 바울은 이 지점에서 사람의 영을 언급하는 것 같으며, 16절에서도 다시 그리한다―은 이미 '살아 있다.' '의인 가운데 있다in the right'는 하나님의 평결, 언약의 정의에 따른 평결 때문이다. 하나님은 이런 사람을 의롭다 하시고, 그들이 '의인 가운데 있다'고 선언하셨다. 따라서 믿음으로 말미암아 의로운 이들은 생명을 가질 것이다. (16절에 가면 사람의 영과 하나님의 영 사이에 이루어지는 상호작용에 관하여 더 이야기해 보겠다.) 그런 점에서 어떤 의미에서 보면, 로마서 8:9-11은 로마서를 여는 말인 로마서 1:16-17에 일종의 논증 종료 선언을 한다.

어쩌면 이 본문이 지나치게 직설적이지 않나 하는 생각이 들지도 모르지만(바울이 때로 아이러니를 사용할 수 있다면, 우리 역시 그럴 수 있지 않을까?), 바로 그런 생각이 들 경우 여기서 하나 더 만나는 것이 우리가 종종 '죽음 뒤의 삶life after death'이라 부르는 것에 관하여 바울의 견해를 들여다볼 수 있는 자그맣고 주목할 만한 창이다. 우리

로마서의
심장 속으로

가 일단 플라톤주의를, 그리고 플라톤주의가 제시하는 불멸의 영혼론—신약성경은 이를 결코 언급하지 않는다—을 포기한다면, 이제 우리에게는 이런 질문이 남는다. 우리는 어디에 있는가? 우리는 누구인가? 우리 몸이 죽고 난 뒤 부활할 때까지 우리는 어떤 상태에 있는가? 어떻게 하면 이 중간 상태에 관하여, 다시 말하건대 이 명백하지만 성경은 결코 언급하지 않는 이 실체에 관하여 지혜롭고 겸손하게 이야기할 수 있을까? 그 답 가운데 일부는, 하나님의 영이 우리 안에 들어와 거하면서 우리의 영을 살렸듯이, 하나님 바로 그분의 영이 이후에도 부활 때까지 우리를 붙들어 주시리라는 데 있는 것 같다. 나는, 예수 자신의 경우와 다른 여러 중요한 곳에서, 사람이 죽을 때 바로 그 사람의 영이 하나님께 맡겨짐에 주목한다.[8] 따라서 하나님의 영이 말 그대로 우리가 되어 우리의 정체성을 가지고 우리 안에서 우리를 통해 살고 일하는 한, 우리는 죽은 뒤에도 부활할 때까지 다양한 경로로 생명을 공급하는 하나님 자신의 영을 여전히 기억한다. 나는 우리가 '중간 상태'라 불러온 것을 기초부터 논할 때 성령의 자리와 사역을 더 많이 곱씹어 봐야 한다고 생각한다. 이 주제는 다른 자리에서 다시 다루겠지만, 10절도 그것을 지적하는 것 같다.

그럼 11절로 가 보자. 이곳은 로마서 8장이 지금까지 말한 내용

---

8 눅 23:46(시 31:5을 인용); 행 7:59; 요 19:30; 그리고 민 16:22; 전 3:21; 12:7; 욥 34:14과 대비해 보라(아울러 다양한 뉘앙스를 음미해 보라).

의 절정이자, 로마서 7장에서 제기한 질문들에 대한 최종 대답이기도 하다. 바울이 이 절 초입의 '예수'와 중반 이후의 '메시아', 곧 *Christos* 사이를 의도적으로 왔다 갔다 하며 움직이는 모습에 주목하라. '예수'라는 이름은 특히 인간 예수, 나사렛 출신인 그 사람을 가리키며, *Christos*라는 말은 같은 사람을 가리키지만, 사람들이 하나님의 백성을 대표하는 이요 그 자신 안에 그의 백성을 모두 아우른, 기름 부음 받은 이로 본 이를 가리킨다. 바울은 늘 그렇듯이, 아주 정확하게 글을 쓴다. 그가 로마서 4장 말미에서 그리스도인의 믿음을 '예수를 죽은 자 가운데서 살리신 이를 믿는 믿음'이라 이야기한 것을 생각해 보라. 그는 이제 "만일 예수를 죽은 자 가운데서 살리신 하나님의 영이 너희 안에 사시면"이라고 말한다. 여기서 쓴 표현은 4:24의 표현과 아주 비슷하다. 메시아라는 대표자, *Christos*인 그를 죽은 자 가운데서 살리신 분이 메시아 백성의 죽을 몸에도 그 영을 통해, 곧 너희 안에 들어와 거하는 그 자신의 영을 통해 생명을 주실 것이다.

우리는 아마도 바울이 이 모든 실을 함께 엮어 짜 이 드라마 같은 결론에 이르는 방식을 보며 경탄할 것이다. 바로 이곳에서 하나님이 토라에 부여하셨던 목적이 마침표를 찍었다. 하나님은 메시아와 영을 통해 토라가 약속했던 생명, 부활 생명을 주셨다. 이 생명은 이미 영을 통해 시작되었으며, (5-8절이 말하는 것처럼) 도덕에 부합하는 하나님의 백성의 사고방식과 행위를 통해 미리 맛볼 수 있다.

아울러 우리는 솔직히 말해, 로마서 8장의 이 첫 열한 구절이 비록 복잡하고 촘촘하기는 해도, 단지 바울이 8장 전체에서 제시하는 더 큰 논증의 첫 번째 부분이라는 사실에 놀랄지도 모른다. 그러나 무엇보다 우리는 바울이 이야기하는 사실에, 곧 살아 계신 하나님이 우리 가운데는 물론이요 우리 안에 들어와 거하신다는 사실에 놀랄 수밖에 없다. 야훼가 시온으로 돌아와 성전을 다시 세우시리라는 오랜 약속은, 옛적의 오랜 알레고리 주해가 으레 말하곤 했던 것처럼 '하늘에서' 이루어지지 않고 새 피조 세계 안에서 이루어지고 있다. 우리가 곧 볼 온 피조 세계의 새로워짐 그리고 우리가 약속받은 몸의 부활을 포함할 새 피조 세계는, 현재 살아가는 도덕적 삶, 곧 영의 사고방식 속에서 그 부활을 미리 맛보는 것을 포함한다. 이는 8:12-16이 등장할 길을 닦는다. 8:12-16은 출애굽 언어를 다시 사용하여, 육 안에서 생각하고 살기보다 영 안에서 생각하고 살아가기를 배우라는 도전을 받아들이는 일에 초점을 맞춘다.

이제 결론에서 이 본문의 아주 중요한 요소지만 사람들이 종종 무시하는 요소 중 하나로 되돌아가, 8절을 재차 생각해 보자. 여기서 바울은 육 안에 있는 이들은 '하나님을 기쁘게 해 드리지 못한다'라고 선언한다. 앞서 언급했듯이, 일부 집단은 '하나님을 기쁘게 해 드린다'라는 생각을 거의 금기시했다. 우리는 오랫동안 행위로 의롭다 함을 받는다는 인식, 우리가 지금 이 상태에서도 도덕상 하나님이 원하시는 일을 행할 수 있다고 생각하는 자만심, 어쩌면 심지어 하나님이 우리에게 빚을 졌다고 생각하는 자만심이 우리에게 있음을 인식하고, 이런 것들을 일체 거부해야 한다고 배웠다. 로마서 8장 앞에 있는 장들은 이런 생각이 얼마나 어리석고 어처구니없는가를 분명하게 보여 주었다. 그러나 우리가 이룬 공적에 대한 어떤 자만심도 온당하게 거부한 그 전통들은, 때로 그런 내러티브, 곧 바울이 제시하는 더 큰 이야기를 완전히 이해하지 못했으며 완전히 제시하지도 못했다. 그 더 큰 이야기를 보면, 하나님의 영이 토라가 할 수 없었던 일을 함으로써, 메시아의 백성이 심지어 지금도 이미 그가 종국에 이루실 새 피조 세계의 일부가 될 수 있게 하시고 이를 통해 하나님께 진짜 기쁨을 안겨 드릴 수 있게 하신다고 말했는데 말이다. 바울은 여기와 앞서 언급했던 다른 본문들에서 영으로 말미암아 살아가는 이들은 실제로 하나님을 기쁘게 해 드리려 한다는 것을 명확하게 지적한다. 이를 인식하지 못하면 누가복음 15장에 나오는 예수 비판자들이 빠진 함정에 빠지고 말 것이다. 예수가 그들에게 제시한 답은, 죄인들이 구원받으면 하늘에서 천사들이 축하하기 때문에 땅에서도 그와 같이 축하하는 것이 철두철미하게 합당하다는 것이었다.

우리는 이를 부끄러워해서는 안 된다. 나는 때로 우리가 겪는 어려움 가운데 일부는 우리가 자라난 과정에서 비롯되지는 않았는지 의심한다. 그때는 부모님이나 선생님을 기쁘게 해 드리기가 어려웠다. 이제 우리는 그렇게 기쁘게 해 드리기 어려운 대상을 하나님 바로 그분으로 바꿔 놓았다. 이는 비극이다. 기독교의 몇몇 하위문화가 그런 생각 때문에 심히 걱정하는 것도 어쩌면 그런 비극 때문인지 모른다. 그러나 〈불의 전차〉*Chariots of Fire*에 등장하는 에릭 리델

로마서의
심장 속으로

Eric Liddell을 생각해 보라. 그는 이렇게 말했다. "하나님은 내가 빨리 달릴 수 있게 만들어 주셨다. 나는 달릴 때 그분이 기뻐하심을 느낀다." 여기서 잠시 멈춰 이런 질문을 던져 볼 만하다. 하나님은 당신을 무엇으로 만드셨는가? 당신이 영의 능력과 기쁨 안에서 행할 때, 하나님의 기뻐하심을 느낄 수 있게 해 주는 것은 무엇인가? 그것은 어쩌면 하나님이 종국에 이루시겠지만 이미 현재 속으로 뚫고 들어온 새 피조 세계의 일부가 아닐까?

4장

로마서 8:12-17 영의 인도를 받음

12 그렇다면 내 사랑하는 가족이여, 우리가 빚이 있지만 사람의 육에게 빚을 진 채 우리 삶을 그런 식으로 살 것은 아니로다.

13 만일 너희가 육을 따라 살면 죽으리라. 그러나 만일 영으로 몸의 행위를 죽이면 살리라.

14 너희도 알듯이, 하나님의 영으로 인도 받는 사람은 모두 하나님의 자녀다.

15 너희는 다시 두려워하는 상태로 돌아갈 노예의 영을 받지 않았다. 그렇지 않느냐? 도리어 너희는 아들의 영을 받았으니, 우리는 그 안에서 '아빠, 아버지'라 외친다.

16 그런 일이 일어날 때, 영 자체가 우리 자신의 영이 말하는 것, 곧 우리가 하나님의 자녀임을 증언한다.

17 만일 우리가 자녀이면 또한 상속자다. 우리가 메시아와 함께 영광을 받고자 그와 함께 고난을 받는 한, 하나님의 상속자요 메시아와 공동 상속자다.

4장
로마서 8:12-17

¹² *ara oun, adelphoi, opheiletai esmen ou tē sarki tou kata sakra zēn.*

¹³ *ei gar kata sakra zēte, mellete apothnēskein. ei de pneumati tas praxeis tou sōmatos thanatoute, zēsesthe.*

¹⁴ *hosoi gar pneumati theou agontai, houtoi hyioi theou eisin.*

¹⁵ *ou gar elabete pneuma douleias palin eis phobon alla elabete pneuma hyiothesias, en hō krazomen Abba ho patēr,*

¹⁶ *auto to pneuma symmarturei tō pneumati hēmōn hoti esmen tekna theou.*

¹⁷ *ei de tekna, kai klēronomoi: klēronomoi men theou, synklēronomoi de Christou, eiper sympaschomen hina kai syndoxasthōmen.*

바울은 로마서의 첫 열한 구절에서 그가 7장에서 토라를 주제로 시작했던 긴 논증을 마침과 동시에 영의 사역을 강해하기 시작했으며, 이 강해를 8장에서 거의 내내 이어 간다. 우리도 이를 통해 로마서 8장의 위대한 중심부, 곧 12절에서 30절에 이르는 부분에 이르렀다.

우리는 여기서 8장이 어떻게 짜여 있는지 되새겨 본다. 1-11절과 31-39절은 그 자체로 명백한 부분이며, 12-30절은 내용상 중심 부

로마서의
심장 속으로

분을 이룬다. 이는 바울의 글에서 볼 수 있는 독특한 윤곽 같다. 이런 구조를 볼 수 있는 또 다른 사례가 고린도전서 15장일 것이다. 고린도전서 15장도 첫머리에 열한 구절이 있고 마무리 부분에 아홉 구절이 있으며, 그 중간에 긴 단락이 있다. 나는 바울이 많은 강연이나 비공식 석상의 토론을 통해, 그리고 한 서신이 실제로 가지고 있는 여러 한계 안에서 그가 해야 할 말을 어떻게 해야 할지 수없이 기도하고 깊이 생각한 끝에, 이 모든 것을 오랫동안 계획하고 그 틀을 짰다고 생각한다(나는 바울이 이 서신을 받아쓰는 이에게 불러주면서 '그냥 생각나는 대로 불러주어 완성했다'고 보는 어떤 생각에도 동의하지 않는다).

바울은 여기 12절에서 숨을 깊이 들이마시는 것 같다. "그렇다면 내 사랑하는 가족이여…." 우리는 이제 그가 하고 싶어 하는 말의 핵심에 이르렀다. 이제 바울은 이 지점부터 8:29-30의 위대한 결론에 이르기까지, 기독론에 뿌리를 내린 채 칭의에서 영화로 곧장 이어지는 그 결론에 이르기까지, 그가 하고자 하는 말을 줄기차게 이어 간다.

이 모든 것은 잘 알려진 내용이다. 그러나 이제 우리는 우리에게 친숙해지고 있는 한 문제에 부닥친다. 바울 자신이 이 주제들, 그러니까 칭의, 영화 그리고 영의 사역과 거룩함에 이르라는 요구에 부여하는 의미는, 지금까지 서구 교회가 이런 주제들을 다루며 읽어 냈던 의미와 미묘한 차이를 보인다. 우리는 바울이 다루는 문제를 우리도 안다고 생각했으며, 바울이 전개하는 주제와 범주 들에 관하여 그가 말하려는 의미도 안다고 생각했다. 그러나 우리의 여러 전통은 지금까지 바울의 입을 빌려 자신들이 말하고자 하는 것을 말하려 할 때가 아주 잦았다. 이제 우리는 그런 전통들과 반대로, 바울 자신이 실제로 말하는 것이 무엇인지 알아보기 위해 조심스럽게 나아가야 한다. 결국 이번 장은 그리스도인의 최종 소망, 그리스도인이 받을 유업을 다룬다. 그러나 우리가 서구의 대다수 그리스도인에게 '소망'과 '유업'을 이야기하면, 그들은 천국을 생각하거나, '본향으로 불려갈 것을 기다리는 일'을 생각하거나, '저 하늘에 가서 예수와 함께 있을 것'을 생각할 것이다. 그러나 로마서 8장은 결코 천국을 언급하지도 않고, 이 땅에서 살아가는 일과 반대되는 말로서 하늘로 올라감을 말하지도 않으며, 본향으로 불려갈 것을 기다림을 말하지도 않고, 그와 비슷한 어떤 것도 언급하지 않는다. 아울러 '영혼'이 구원받아야 한다는 말도 일절 하지 않는다. 이 장은 현재 우리가 살아가는 피조 세계를 탈출하여 어디 다른 곳으로 가는 것을 말하지 않고, 새 피조 세계를 이야기한다. 나는 이미 그 점을 이야기했지만, 여기서 다시 이야기해 둘 필요가 있다. 우리 생각이 걸핏하면 '세상의 보통 사람들이 생각하는' 모드로 되돌아갈 수 있기 때문이요, 특히 오늘날 예배 때 사용하는 많은 노래가 플라톤이 이야기할 법한 종류의 믿음을 표현하기 때문이다. 우리 세대는 온 피조 세계의 탄식을 아주 뚜렷하게 마주하고 있다. 기후 변화도 그렇고, 전쟁으로 세계의 불안이 가중되는 것도 그러하며, 전쟁의 소문이 커져 감도 그렇다. 이는 우리 자신의 삶에서든 우리가 목회자로서 돌보는 사람들의 삶에서든 마찬가지다. 상황이 이러니만큼,

로마서의
심장 속으로

이제 우리는 성경의 진정한 메시지를 시급히 회복해야 한다.

12절에서 30절에 이르는 긴 부분에서 처음 등장하는 하위 문단이 바로 12절에서 17절에 이르는 부분이요, 우리가 지금 이 4장에서 살펴볼 부분이다. 사실 17절 자체는 일종의 다리다. 12절부터 16절까지 이어지는 부분에서 18절부터 마지막 구절에 이르는 부분으로 넘어가는 건널목인 셈이다. 이 때문에 우리는 17절을 (12절에서 시작하는) 현재의 문단에도 포함시키고, 18절부터 이어지는 문단에도 포함시키도록 하겠다.

그렇다면 우리는 12절에서 17절에 이르는 부분을 다루면서 우리의 기본 질문, 우리가 사실상 바울서신의 어느 본문에나 던져 볼 수 있는 질문을 던져 봐야 한다. 먼저 시작과 끝을 살펴보고, 이어 바울 자신이 무엇에 관하여 이야기하고 있다고 생각하는지 보라. 적어도 17절은 12절에서 시작된 생각의 흐름 중 첫 부분을 어떤 식으로 마무리하는가?

이 경우에는 그런 질문을 던지는 것이 복잡하고 미묘하다. 바울이 12절 끝에서 말했을 수도 있는 것을 건너뛰는 것처럼 보이기 때문이다. (그는 이런 일을 상당히 자주 하는데, 특히 로마서에서 자주 한다. 이럴 때면 그의 생각은 곧장 그 다음 주제로 달려 나아가며 첫 번째 부분에 존재하는 틈새들을 메우지 않고 넘어간다.) 그는 이렇게 말한다. "우리가 빚이 있지만 사람의 육에게 빚을 진 채 우리 삶을 그런 식으로 살 것은 아니로다." 그러나 만일 이것이 부정문으로서 우리가 어떤 것에게 빚을 지고 있지 않음을 말하는 것이라면, 우리는 그가 이제 긍정문으로 나

153

4장

로마서 8:12-17

아가, 우리가 누구에게 혹은 무엇에게 빚을 지고 있는지 일러 주리라 기대한다. 그러나 그는 그 생각을 확실하게 마무리하지 않은 채 그대로 놔두는 것 같다.

어떤 이들은 우리가 영에게 빚을 지고 있다는 것이 지금 바울이 말하려는 의미라고 생각했다. 바울은 으레 영과 육을 짝지어 제시하며, 실제로 13절에서도 그리한다. 그런 점에서 그런 생각도 분명 일리가 있다. 그러나 이 문단이 전개되다가 그 종착점에 이르면, 바울이 지금 우리가 하나님 바로 그분에게, 하나님 아버지에게 빚을 지고 있다고 생각한다는 것이 분명하게 드러난다. 바울은 14절부터 이런 주제를 차근차근 쌓아간다. 그 내용은 이렇다. 우리는 하나님의 아들이다. 우리는 아들의 영을 받았다. 우리는 하나님을 큰 소리로 아빠, 아버지라 부른다. 영이 실제로 우리가 하나님의 자녀임을 증언하고, 우리가 그의 상속자요, '메시아와 공동 상속자'이기 때문에 엄밀한 의미에서 하나님에게 빚을 지고 있다. 여기 17절은 이 특별한 논증의 결론으로서, 이곳과 12절을 다시 연계한다. 하나님은 경탄할 만한 피조 세계를 만드시고, 그 세계를 그의 자녀들에게 물려주고 계신다. 9절에서 11절에 이르는 본문이 제시하듯이, 부활이 하나님의 새로운 피조 세계 안에서 이루어지리라는 약속이 바울을 이 지점으로 데려온다. 이제 우리에게는 영광스러운 유산이 주어졌다. 즉 우리는 하나님의 상속자요, 그가 새로 지으신 세계 안에서 만물을 치유하는 그의 지혜로운 통치를 함께 수행하는 동역자가 되었다.

보통 유업은 증여한 이가 세상을 떠나야 비로소 그것을 받는다. 그런 의미에서 보면, 유업을 받은 이는 그 증여 재산을 남긴 사람에게 빚을 졌다고도 할 수 있지만, 그런 이들은 당연히 이제 더 이상 남은 이들의 감사를 받을 자리에 있지 않다. 하지만 하나님 바로 그분이 물려주신 유업, 곧 하나님이 새로 지으신 피조 세계의 청지기 직이라는 유업의 경우, 우리는 하나님에게 영원히 빚진 행복한 상태에 있다(바울은 이를 힘주어 암시한다). 이 장이 이어지면서 이런 점이 분명하게 드러난다. 내 선생님이었던 조지 케어드George B. Caird가 늘 말했듯이, 그런 사랑의 빚은 사랑으로만 갚을 수 있다.

　우리는 이 지점에서 로마 가톨릭과 개신교를 비롯한 서구의 모든 기독교 전통을 그대로 따라가지 말고 바울을 따라 바울과 함께 생각하라는 도전에 직면한다. 알다시피, 여러 세기 동안 서구 신학의 모습을 지배해 온 것은, '천국으로 감' 그리고/또는 '영혼'이 종국에 하나님을 직접 뵙는 '지복직관beatific vision'을 체험하리라는 전망이었다. 이런 모습 때문에, 우리는 결국 우리 신학의 주제를 한쪽의 '구원'과 다른 한쪽의 '윤리'로 갈라놓았다. 나는 이것이 구원을 '천국으로 가는 것'으로 생각하면 생길 수밖에 없는 결과라고 생각한다. 구원을 그렇게 생각하면, 우리가 현재 이 땅의 삶 속에서 어떻게 행동해야 하는가라는 물음 그리고 우리가 지금 행하는 행위와 우리가 결국 맞이할 운명은 어떤 관계에 있는가라는 물음이 남는다.

　이처럼 우리는 내가 《혁명이 시작된 날The Day the Revolution Began》(비아토르)에서 주장했듯이, 우리 종말론을 플라톤의 물감으로 색칠한 채 육을 떠난 '하늘'의 관점에서 생각하게 되었고, 결국 우리의 인간론을 도덕 담론으로 바꾸어 중요한 것은 오로지 우리가 어떤 도덕법을 지켰는지 여부라고 생각하게 되었으며, 우리에게 도덕상 잘못이 있음에도 하나님이 우리를 구원하셨음을 깨달으면 그저 우리가 죽을 때까지 어떻게 살아야 올바른지 배워야 한다고 생각하게 되었다. 그러나 일단 바울의 관점에서 새 피조 세계를 생각하고, 영이 우리를 이미 새 피조 세계의 백성으로 삼았음을, 현 시대에서 다가오는 시대로 넘어가는 문턱에 서 있는 이로 삼았음을 생각하면, 완전히 다른 범주를 발견한다. **소명**vocation이라는 범주가 그것이다. 그것이 바로 이 본문 전체가 다루는 것이다. 어쩌면 두 시대가 겹치는 지점에서 불안하게 서 있는 존재일 수도 있는 우리는 과연 누구로 부름 받았는가? 이 본문은 바울이 제시하는 대답의 첫 부분이다. 우리는 이미 새 피조 세계의 일부다. 예수의 부활로 탄생한 새 피조 세계는, 부패에 노예로 잡혀 있는 현재의 피조 세계를 마침내 구해 내는 길로 나아가고 있다. 우리는 영으로 말미암아 우리 자신도 최종적인 새 피조 세계에 적극 참여하는 시범 사업 pilot project의 일부가 되었음을 발견한다. 우리는 새 피조 세계의 백성이기도 하지만, 동시에 지금 새 창조의 대리인으로 부름 받았다. 따라서 우리는 이미 하나님의 자녀요 자유인이며 하나님의 새 출애굽 백성으로 즐거이 감사하며 살아가라는 부름을 받았으며, 하나님의 영이 현재 행하는 일에 사로잡혀 그 일에 몰두하라는 부름을 받았다. 우리는 이 하나님의 영 덕분에 우리를 에워싼 세상이 어두울 때도, 특히 그럴 때도, '아빠, 아버지'를 부르며 기도할 수 있다. 이는 이 로마서 8장에서 열두 절 뒤에 나타날 위대한 절정을 가리킨다.

이런 내용은 12-17절의 골격을 제시해 준다. 우리는 하나님에게 빚을 지고 있다. 우리는 하나님의 상속자가 되었기에 이제는 그의 아들딸로서 살아야 하기 때문이요, 온 세상이 아버지가 어떤 분이실 것이라는 인상을 얻을 수 있는 하나님의 백성으로 살아야 하기 때문이다.

따라서 하나님의 아들이요 상속자라는 것은(출애굽기 4:22을 빌려 말하자면, "이스라엘은 내 아들 내 장자"라는 것은) 그저 어떤 윤리적 의무의 문제만은 아니다('따라서 당신은 이제 이렇게 행해야 한다'의 차원에 그치는 일이 아니다. 이것도 맞지만 그 정도의 문제가 아니다). 그것은 부르심의 문제요 소명과 관련된 문제다. 출애굽기 19:6을 보면, 이스라엘은 하나님과 온 세상 사이에서 하나님의 왕 같은 제사장 역할을 할 존재로 부름을 받는다. 이는 시내산 언약 서문의 일부분이다. 따라서 바울은 이제 18-30절에서, 현재 우리가 고난 받고 탄식하는 피조 세계와 관련하여 그런 더 큰 소명을 신실히 따른다는 것이 하나님의 유업을 물려받을 자녀인 우리에게 의미하는 것이 무엇인가를 자세히 설명하려 한다.

그것이 우리가 본문을 주해하며 제시한 첫 질문, 곧 12-17절의 골격에 대한 질문의 대답이다. 그렇다면 두 번째 질문은 소소한 연결어들은 어떤 것이 있는가이다. 여기에서도 8:1-11과 마찬가지로, 12절부터 15절까지 잇달아 *gar* 절이 등장하면서, 16절에 있는 기본 요점까지 집요하게 파고 들어간다. 그런 다음 17절에 가면, 그 기본 요점으로부터 쌓아올린 *de* 절이 나타난다. 이 부분도 이는… 때문이다, 이는… 때문이다, 이는… 때문이다 사례다. 그런 다음, '그러나 만일'이 등장하는데, 이는 '자, 그렇다면, 이런 일이 뒤따를 것이다'라고 바꿔 표현해도 될 것이다.

12-17절을 문자 그대로 번역하면 이렇게 할 수 있을 것 같다. 이 번역은 연결어를 강조한 것이지만 조금 딱딱하다.

> **12** 그렇다면 내 가족이여, 우리가 빚진 자지만, 육에게 빚져 육을 따라 살아가는 것은 아니다. **13** 이는[*gar*] 만일 너희가 육을 따라 살면 죽음을 향해 나아가지만, 영으로 말미암아 몸의 행위를 죽이면 살겠기 때문이다. **14** 이는[*gar*] 하나님의 영으로 인도 받는 이들은 하나님의 아들이기 때문이다. **15** 이는[*gar*] 너희가 다시 두려움으로 인도하는 노예의 영을 받지 않고, 아들의 영을 받았기 때문이니, 우리는 그 안에서 '아빠, 아버지'라 외친다. **16** [그런 일이 일어날 때], 영은 우리 영과 함께 우리가 하나님의 자녀임을 증언한다. **17** 그러나 만일[*ei de*] [우리가] 자녀[이면], [우리는] 상속자[이니], 우리가 그(메시아)와 함께 영광을 받고자 그와 함께 고난 받으면, (한편으로는) 하나님의 상속자이나, (다른 한편으로는) 메시아와 공동 상속자다.

늘 그렇듯이, 번역은 복잡하고 미묘하다. 여러 이유가 있으나, '이

로마서의
심장 속으로

는…때문이다'를 가리키는 단어 'for'가, 바울이 쓰던 그리스어에서는 그렇지 않았지만 오늘날의 영어에서는 아주 부자연스럽고 어색하게 들린다는 점도 한 이유다. 그래서 더 유창한 영어로는, 내가 13절에서 제시한 번역처럼, 단지 나란히 놓아둠juxtaposition만으로 앞뒤가 연결되었음을 전달한다. 나는 그 부분에서 더 엄밀하게 '이는 만일 너희가 육을 따라 살면 죽을 것이기 때문이다'라고 쓰려면 쓸 수 있었다. 그러나 영어에서는 보통 두 가지를 그냥 나란히 놓아두고 독자가 그 둘 사이의 연관 관계를 추론하게 한다. 반면 1세기 그리스어에서는 둘의 연관 관계를 명백하게 해 주는 소소한 단어를 덧붙이기를 상당히 즐겼다. 또는 14절에서 볼 수 있듯이, 그리스어 *gar*가 한 번 더 등장할 경우에는, 비록 이 말을 '이는…때문이다'로 번역해야 한다고 배우긴 하지만 현대 영어에서는 'you see'로 번역해도 될 것 같다. 그러나 그 의미는 동일하다.

[말이 나온 김에 곁들여 이야기하자면, 이 번역은 모든 번역이 안고 있는 딜레마를 부각시켜 준다. 단어 하나까지 엄밀하고 정확하게 들어맞는 번역도 훌륭하긴 하지만, 때로 그런 번역은 새로운 텍스트 안에서 아주 부자연스럽고 어색한 느낌을 만들어 내며, 이는 곧 도리어 그런 번역이 정확하지 않음을 의미한다. 바울의 글은 부자연스럽거나 어색한 경우가 거의 없기 때문이다. 번역하는 이는 언제나 단어와 글의 분위기 사이에서 타협하면서 둘을 다 만족시켜 보려 하지만, 그런 목표를 달성하기가 종종 불가능하다는 것을 깨닫는다.]

따라서 이 짧은 문단은 여기서 이렇게 흘러간다. 12절, 우리는 빚진 자지만, 육에 빚지지 않았다. 이는 *gar*, 13절, 육은 죽음으로 이끌지만 영은 생명으로 이끌기 때문이다. 이는(*gar*, 14절, 여기에서는 '너희도 알듯이'로 번역했다) 영의 인도를 받는 이들은 하나님의 자녀이기 때문이다. 이는(여기에서도 다시 *gar*를 썼다. 15절, 여기에서는 관용 표현인 '그렇지 않느냐'를 사용했다) 너희가 노예의 영을 받지 않고(그렇지 않느냐?) 아들의 영을 받았기 때문이다. 이를 더 자세히 설명해 주는 곳이 복잡 미묘하면서도 아주 긴요한 15절 하반절이요 16절 전체다. 그곳이 이 작은 문단의 핵심이다. 우리가 현재 하나님의 자녀요 상속자로서 가진 소명은, 우리 안에서 우리 자신의 영과 더불어 증언하는 하나님의 영이 기도하시는 그 백성이 되는 것이다. 그것은 예수가 겟세마네에서도 하셨던 기도다. 이어 이 깊은 지점에 이른 바울은, 9절에서 11절에 이르는 부분에서도 그리했던 것처럼, 이곳 17절에서 *de*를 사용하여 새로운 결론을 쌓아간다. 그는 그러나('정녕 그렇다면'이라고 말할 수도 있다) 그것이 맞는 말이라면 이것도 맞는 말이라고 언급한다. 이 문단 전체는 이렇게 흘러간다. 우리가 자녀라면, 또한 상속자다. 바로 그것 때문에 우리는 '빚진 자'다. 이는 하나님에게 마지못해 또는 억지로 불편한 순종을 해야 한다는 뜻이 아니라, 탄식하는 옛 피조 세계 안에서 우리가 현재 하는 일 가운데, 새 피조 세계가 약속되었음을 증언하는 하나님의 대리인이요, 기도하며 그가 맡기신 일을 행하는 청지기가 되어야 할 우리 소명을 발견한다는 뜻이다.

로마서의
심장 속으로

따라서 이 본문을 통틀어 살펴보면, 우리가 왜 빚진 자인지, 누구에게 빚지고 있는지를 알게 된다. 바울은 분명 넌지시 암시하는 투로 글을 써 간다. 때로 그는 그가 당연하다고 여기는 소소한 것들은 논증하지 않고 건너뛴다. 그러나 그가 잇달아 사용한 연결어는 우리가 길을 잃지 않고 계속 제 길을 갈 수 있게 해 준다.

그럼 아주 중요한 세 번째 질문으로 옮겨가 보자. 우리가 이 본문을 1세기의 눈으로 읽으려 하면 어떤 일이 일어나는가?

우리가 로마의 한 가정 교회에서 뵈뵈가 바울이 쓴 서신을 낭독하는 것을 듣고 있다고 상상해 보자. 뵈뵈는 이 서신을 그리스에서 로마로 전해 달라는 바울의 부탁을 받은 사람이었다. 바울의 서신을 듣는 이들은 무슨 생각을 했을까? 그들이 아들, 즉 하나님의 아들이라는 위대한 주제는 분명 일부 청중의 심장을 울렸을 것이다. 대제국을 물려받음은 유명한 주제였다. 100년 전 율리우스 카이사르는 나중에 아우구스투스로 알려지게 된 옥타비아누스를 양자로 삼았고, 율리우스 카이사르가 죽은 뒤 신으로 받들어지자 아우구스투스는 '신이 된 율리우스의 아들'로 행세했다. 그는 양자였다. 제국을 물려받았고 충성을 다해 율리우스 카이사르를 기억했다. 이런 모습은 티베리우스와 다른 황제에게서도 이어졌다. 사실, 로마 제정기帝政期의 첫 다섯 황제(아우구스투스, 티베리우스, 칼리굴라, 클라우디우스, 네로)는 아버지와 아들 사이가 아니었다. 그들은 황제가 될 이로 뽑혀 입양된 뒤, 제위를 맡을 수 있게 길러졌다. 그러다가 황제가 죽어 신으로 추존되면, 새 황제는 '신이 된 황제의 아들'이 되어 제국을 물려

4장
로마서 8:12-17

받았다.

　이제 바울은 여기서, 그가 이 서신을 시작할 때 말했던 것처럼, 예수가 진짜 하나님의 진짜 아들이라고, 그리고 예수의 모든 백성이 예수와 그 아들이라는 지위를 공유한다고 주장한다. 예수의 백성은 하나님이 입양한 이들이며 왕의 가족이다. 이 아들들은 말 그대로 아들들이다. 따라서 자신들과 아버지의 관계를 생각하면서 행복함을 느낄 뿐 아니라, 그 아버지의 프로젝트를 수행해야 한다. 그 프로젝트는 하나님의 제국, 곧 온 세계를 슬기롭게 통치하는 것이다. 이 세계는 우리가 앞서 로마서 4:13의 배경을 살펴보면서 보았듯이, 하나님이 아브라함에게 약속하신 유업이다. 따라서 로마서 5:17이 말하듯이, 하나님의 선물을 받은 이들은 생명 안에서 통치할 것이다. 이것은 사실, 정말 제국이라는 것이 있다면 제국에 맞서는 주장이다―물론 그 제국은 하나님의 제국과 사뭇 다른 종류이며, 아주 다른 운영 방식을 가진 제국이다. 나중에 보겠지만, 그것이 바울이 말하려는 '영화롭게 되다'의 의미 가운데 한 부분이기도 하다. 즉, 하나님의 세계를 다스리는 권위를 부여 받는다는 것이다.

　'하나님의 아들being sons of God'이라는 말이 분명하게 메아리치는 또 다른 곳은 출애굽 내러티브다. 이는 특히 남성만을 가리키는 말이라 (우리에게) 불편하게 들릴 수 있는데도 내가 일부러 어떤 곳에서는 '자녀'라는 말을 쓰지 않고 바울을 따라 '아들'이라 말한 이유를 설명하는 데 도움을 줄 수 있을 것 같다. 즉 어떤 면에서, 바울은 지금 "이스라엘은…내 장자라"라는 출애굽기 4:22을 되울려 주고 있다. 그러나 다른 한편에서 보면, 그는 자신이 곧 '신의 아들'이라는 황제의 주장에 맞서고 있다. 바울은 이 말을 확장하여 '자녀'라고 표현한다. 이는 물론 그가 남성과 동등하게 여성도 염두에 두고 있기 때문이지만, 역시 그들의 조화도 중요하기 때문이다.

따라서 나는 바울이 여기서 *hyiothesia*, 곧 '아들의 지위sonship'라는 핵심 주제를 언급한 것을, 특정한 다음 두 가지를 역시 독특한 방식으로 한데 묶어 보려고 일부러 고안해 낸 것이 아닌가 하는 생각을 해 본다. 먼저, 유대인이 생각하는 이 '아들'이라는 개념의 뿌리는, 이집트에서 노예로 살았던 이스라엘 백성에게 놀라운 왕의 위엄을 부여한 출애굽 이야기에 있다. 또 이 개념은 이교도라는 과녁을 갖고 있는데, 이 경우에는 자신이 온 세상을 아우르는 제국을 다스리고 있다는 카이사르의 오만한 주장이 그 과녁이다. 신약 신학은 보통 이런 이중 초점을(유대의 뿌리와 이교 세계라는 과녁을) 갖고 있으며, 이는 시편, 이사야 그리고 나머지 책들과도 정확히 궤를 같이한다. 우리는 신약성경을 볼 때 종종 이스라엘의 성경에서 뻗어 나온 어떤 주제를 간파하게 되는데, 신약성경은 그 주제를 예수와 영을 중심으로 다시 다듬어 빚어낸다. 이어 이 주제는 이스라엘의 성경 자체가 담고 있는 의도와 보조를 맞춰, 이교 세계, 특히 이교 제국의 주장과 가식에 상당히 날카롭게 맞선다. 사실 '복음'이라는 강력한 말 자체가 그런 모습을 보인다. *euangelion*은 카이사르의 단어에 맞서 이사야가 제시한 말이다.[1] 여기 나오는 '아들의 지위'라는 말도 그렇다. 이 표현은 어떤 사람이 아들이라는 지위에 이르고

자 밟아야 할 절차, 곧 '입양'이나 그에 상응하는 것을 가리키는 말이라기보다 아들이라는 지위를 가리키는 말 같다. 15절에 나오는 '노예의 영'도 노예라는 지위를 일컫는 말이자 그 지위에 따르는 '영'spirit을 가리키는 말이지(여기의 spirit은 '영'보다 '정신'이나 '사고방식'으로 번역하는 것이 나을지 모르겠다. 하지만 바울 자신이 이 말을 아들과 노예를 대비할 때 비교 기준으로 사용한다는 점을 고려하여 '영'으로 번역한다―옮긴이), 누군가가 노예가 되는 과정을 가리키지 않는다.

이는 적어도 더 큰 역사의 틀로 나아가는 출발점을 우리에게 제공한다. 우리는 그 틀 안에서 바울의 세계가 생각했던 '입양' 그리고/또는 '아들의 지위'의 의미를 어렴풋하게나마 알아볼 수 있다. 학자들은 계속하여 세부 사항을 놓고 논의하고 있지만, 내가 보기에는 내가 간략히 묘사한 성경과 로마 세계의 맥락이 결정적인 것 같다.

그렇다면 그 성경의 맥락은 어떻게 작동하는가? 바울은 이 본문에서 무엇을 강조하는가?

우리는 이미 바울이 로마서 5-8장에서 시종일관 일종의 대규모 출애굽 이야기를 가지고 논의를 펼쳐 가고 있음을 언급했다. 로마서 6장을 보면, 노예들이 물을 건너 자유로 나아간다. 로마서 7장에서는 그들이 시내산에 도착한다. 이스라엘은 거기서 아담이 저지른 죄를 그대로 집약하여 저지르며, 결국 유배와 죽음에 이르고 만다.

---

1 자세한 내용은 *PFG*, 12장에 있는 논의를 보라.

로마서의
심장 속으로

그러나 복음 사건들gospel events은 필요한 구원을 제공한다. 기이하게도 영의 사역을 통해 토라가 이루어진다. 그리고 이제 영을 자기 백성 가운데 오셔서 거하시는 하나님 바로 그분의 영광스러운 임재로 볼 수 있게 되었다. 마치 광야의 성막에서 일어난 임재와 같은 일이 일어난 셈이다. 이것이 9절에서 11절까지 이야기하는 것이다. 그러나 이제 그 이야기가 계속 이어진다. 바울은 12절과 13절에서 이스라엘 백성이 요단강을 건널 즈음에 그 백성에게 던졌던 매서운 도전을 되울려 준다. 여기에 죽음이 있고, 여기에 생명이 있다. 그러니 생명을 택하라.[2]

이 모든 것이 발휘하는 수사修辭의 힘은 바울이 지금 자신의 글을 듣는 이들에게 이렇게 말하고 있다는 점이다. 약속받은 유업이 눈앞에 보이는 곳에 이르렀는데, 그곳에 들어가기를 포기하기로 결정하거나 심지어 다시 노예살이로 돌아가겠다고 하는 경우를 상상해 보라! 젖과 꿀이 흐르는 땅보다 이집트에서 노예로 사는 것을 더 좋아한다고 상상해 보라! 그렇다. 분명 그들 앞에는 여러 도전이 있을 것이다. 그렇지만 그런 도전들이 그들을 그 유업으로 이끌어 줄 것이다. 결국 (바울이 본문 밑바탕에서 이어 가는 생각의 흐름을 따라가 보면) 우리는 먼저 여기에 이른다. 모세가 출애굽기 4:22-23에서 파라오에게 "이스라엘은…내 장자라.…내 아들을 보내주어 나를 섬기게 하라"라고 말했듯이, 이스라엘은 하나님을 예배해야 하기 때문이다.

---

2 신 30:15.

다시 말해, 하나님의 제사장이 되어야 한다. 그리고 하나님의 아들로서, 하나님이 세운 왕 같은 제사장으로서 이 세상을 권위 있게 다스려야 한다. 그것이 이스라엘에게 주어진 소명이었다. 이제 이 소명은 이스라엘을 대표하는 메시아 예수 안에서 그 무엇과 비길 데 없는 모습으로 이루어진다. 그리고 이제는 유대인과 이방인을 불문하고 그의 모든 백성이 영으로 말미암아 그 소명을 공유한다. 이것이 바로 바울이 지금 말하는 모든 내용의 중심이다.

이제는 왕 같은 제사장이 되어야 한다는 이 소명 자체가, 사실은 하나님의 형상을 지닌 이가 되어야 한다는 소명에 살을 붙인 것임을 분명히 해 두어야 한다. 인간은 본디 온 피조 세계가 하나님께 돌려드리는 찬송을 그대로 되비쳐 주고 하나님이 세상에 베푸시는 지혜로운 통치를 그대로 되비쳐 줄 이로 설계되었으며, 그렇게 지어졌고, 그런 소명을 받았다. 바로 이 때문에 바울은 29절에서, 예수의 백성은 그 아들의 형상을 본받아야 한다는 말로 논증을 마무리한다. 아들이라는 지위는 그저 보통 사람들이 생각하듯 가까운 가족 관계라는 의미만은 아니다. 이 경우 그 관계는 온 세상을 지은 창조주의 자식이라는 관계다―그럼에도 그것은 분명 아버지와 아들의 관계다. 그것은 진짜 하나님을 예배하고 이 세상 속에서 그의 대리인이 되라고 이집트에서 이끌어 낸 아브라함의 백성에게 주어진 지위다. 이어 복음은 이 소명의 초점을 메시아 바로 그분에게 맞추며, 그분을 통해 그분의 더 큰 가족에게 맞춘다. 그들 자체가 진짜 왕의 가족이기 때문이다. 물론 카이사르는 당연히 그들을 성가신

로마서의
심장 속으로

골칫덩어리로 여길 것이다.

아울러 우리는 15절에서 출애굽 내러티브를 분명하게 볼 수 있다. 여기서 바울은 아들의 지위와 노예의 처지를 대비한다. 너희는 노예였었지만, 이제는 아들로 부름 받았다. 그러니 이집트로 돌아가겠다는 생각은 아예 하지도 말아야 한다! 떠올려 보라. 이스라엘 백성은 일찍이 출애굽기 16:3에서 이집트에서 먹었던 온갖 좋은 음식을 못 먹게 되었다고 슬퍼했다. 민수기 20:3-5에서는, 목이 마르자 역시 이집트를 그리워했다. 이 두 본문 사이에 있는 민수기 14장에서는, 정탐꾼들이 그들이 약속 받은 땅을 차지하려 할 때 무엇을 마주해야 할지 보았다. 그때 그들 대다수가 한 일은, 지도자를 하나 뽑아 자원하여 이집트로 돌아가려 한 것이었다. 이 반복되는 주제가 바로 바울이 여기서 거론하는 것이다. 아니, 그는 이렇게 말한다. 그것은 너희가 아들의 영이 아니라 노예의 영에 사로잡혔음을 암시하는 것이리라(어쩌면 그는 여기서 로마서 7:13-25도 여전히 염두에 두고 있었는지 모른다). 다시 말해, 바울은 여전히 출애굽이 빚어낸 이스라엘을 가리키는 말이었던 '하나님의 아들들'이라는 관점에서 생각하고 있다. 우리는 새 출애굽 백성이라는 것이다. 오늘날 성경을 읽는 이들은 바울이 인용하는 풍성한 성경의 유산을 잊어버린다. 그러면 현재 우리가 다루는 본문이나 비슷한 다른 본문을 그저 '우리와 하나님의 관계'라는 관점에서 해석하기가 아주 쉽다. 물론 '우리와 하나님의 관계'도 중요하다. 그렇지만 바울이 지금 하는 말의 힘은, 그가 제시하는 종말론적 도전, 다시 말해 하나님의 위대한 구속 이야기에서 우리가 어느 지점에 서 있는지 깨닫고 그에 따른 소명을 받아들이라는 도전에서 직접 나온 것이다.

하나님이 민수기 14장에서 겁에 질린 정탐꾼들에게, 그러니까 약속받은 유업으로 계속 나아가기보다는 되돌아가고 싶어 하는 이들에게 보이신 반응은, 그야말로 로마서 8장 전체를 내다보게 한다. "여호와께서 이르시되⋯내가 살아 있는 것과 여호와의 영광이 온 세계에 충만한 것을 두고 맹세하노니⋯그 사람들은[겁쟁이들은] 내가 그들의 조상들에게 맹세한 땅[유업]을 결단코 보지 못할 것이요."[3] 하나님은 그저 그들을 약속받은 땅으로 이끌어 들이실 수 있는 분만이 아니다. 그것은 그가 의도하신 일의 첫 단계일 뿐이다. 그 땅 자체는 훨씬 더 큰 실체, 결국 하나님을 아는 지식과 하나님의 영광으로 가득 차게 될 온 피조 세계를 가리키는 이정표다.[4] 하나님 바로 그분의 임재로 이끌어 가실 자기 백성과 함께할 이어지는 여정은, 그저 자그마한 성막만이 아니라 온 피조 세계를 자신의 영광스러운 임재로 가득 채우시려는 하나님의 의도를 가리킨다.

이 모든 것 덕분에 바울은 17절에서 신속하게 기어를 바꿔, 하나님의 '아들' 이스라엘을 하나님의 '아들' 메시아와 연계할 수 있었다. 바울이 8:29에서 말하겠지만, 그 메시아는 하나님의 맏아들이다. '하나님의 아들'이라는 어구는 시편 89:27에서 골로새서 1:13에

---

3 민 14:20-22.
4 사 11:9; 합 2:14; 시 72:19.

이르기까지 줄곧 메시아를 가리키는 말로 등장한다. 바울 사상의 심오한 구조는 하나님의 백성 이스라엘과 이 이스라엘을 온몸으로 구현한 메시아를 하나로 묶어 준다. 곧, 집단인 '아들'과 메시아인 '아들'이다.

따라서 만일 8:9-11이 말하듯이, 하나님의 영광이 친히 임하여 거했던 광야의 성막을 모델 삼아 하나님의 영이 우리 안에 들어와 거하면, 바울이 14절에서 말하는 것처럼 영의 인도를 받는 것은 전혀 놀랄 일이 아니다. 이는 하나님의 백성이 광야를 지나 약속된 땅으로 인도를 받았다는 출애굽 언어의 또 다른 측면을 등장시킨다. 그것은 신명기가 그들의 여행과 관련하여 하는 말이며, 나중에 이사야와 예레미야도 가져다 쓰는 말이다. 예언자들은 포로 생활에서 돌아올 새 출애굽을 가리킬 목적으로 첫 출애굽을 되돌아보았다. 바울은 바로 그곳에 자신과 그의 글을 듣는 이들을 세워 놓는다.

이스라엘의 성경은 하나님이 광야에서 자기 백성과 함께 계셨음을 이야기할 때, 때로는 이를 하나님의 영이라는 용어를 사용하여 묘사한다. 학개 2:5은 하나님이 "내가 너희와 함께 있다"라고 말씀하실 때 이는 곧 그가 출애굽 때 그 백성 안에 들어와 거하셨음을 말하는 것이라고 설명한다. "나의 영이 계속하여 너희 가운데 머물러 있나니 너희는 두려워하지 말지어다." 마찬가지로 이사야 63:7-14도 출애굽을 되돌아본다. 그때 이스라엘은 하나님의 자녀라 일컬어졌고, 그때 하나님은 그의 거룩한 영을 그들 안에 두셨다(63:11, 14). 하지만 이스라엘은 그때 그 영을 근심하게 했다(10절). 느헤미야도 느헤미야 9장의 위대한 기도에서 하나님이 광야에서 그 백성을 인도하셨음을 되짚어 언급하면서, 그가 그의 선한 영을 주어 그들을 가르치셨다고 말한다(9:20). 제2성전기의 다양한 기록은 이런 말을 가져다 썼는데, 사해사본도 그런 예다. 이것은 새 출애굽 언어의 전형이다. 이는 유업을 향한 소망과 유업을 얻는 데 필요한 거룩함의 기초를 이제 메시아와 영 안에서 이루어진 하나님의 오랜 약속에서 찾는다. 아울러 이미 말했듯이, 이는 카이사르의 제국이라는 가짜에 새 백성이라는 진짜로 맞선다. 이 새 백성은 카이사르에게 환호하지 않고 kyrios, 주요 '하나님의 아들'이신 예수에게 환호한다.

따라서 16절에서는 메시아 백성 안에 들어와 거하는 하나님의 영이, 메시아 백성인 '우리'가 진실로 '하나님의 자녀'임을 보증한다. 여기서 '우리'는 분명 메시아 백성 전체를 가리킨다. 이제 이 백성은 유대인뿐 아니라, 애초에 아브라함이 받았던 약속대로, 믿는 이방인까지 아우른다. 사실 여기서 말하는 '우리'는 en Christō, 그리스도 안에 있는 모든 이, 세례 받고 예수를 따르는 모든 신자를 의미한다. 로마에서는 예수를 믿는 유대인과 예수를 믿는 이방인 사이에 복잡하고도 미묘한 관계가 있었으며, 바울도 이 문제를 14장과 15장에서 다룬다. 여기서 바울은 당연히 모든 메시아 백성에게 말하고 있다. 만일 예수를 따르는 이방인의 지위에 관하여 어떤 의심이 있다면, 갈라디아에서 벌어진 일처럼 어떤 것이든 예수를 따르는 이방인을 유대인 신자보다 아래인 두 번째 계층 지위로 떨어뜨

로마서의
심장 속으로

릴 수도 있는 도전이 존재한다면, 영의 임재와 역사가 그들이 모두 '하나님의 자녀'임을 확실히 일깨워 주는 데 필요한 보증을 제공한다. 그들은 모두 다 함께 어울려 하나의 새 출애굽 가족을 이룬다.

여기에 나타나지는 않지만 이 본문에서 나중에 등장하는 또 하나의 출애굽 모티프가, 사람들이 구속받기를 기다리며 탄식한다는 것이다. 이는 22절에서 25절까지를 다룰 때 다시 살펴보도록 하겠다. 그러나 이것은 출애굽이라는 참조점exodus-references 모음을 완성시켜 주며, 우리로 하여금 이 본문 전체를 이런 관점에서 보도록 독려한다.

따라서 '유업'으로 들어간다는 것은, 다시 한번 말하지만 '천국'으로 간다는 말이 아니다. 그것은 온 피조 세계를 가리킨다. 여기서 이 본문의 열쇠가 되는 본문이, 17절의 표층 아래 그리 깊지 않은 곳에 자리한 시편 2편이다. 시편 2편은 초기 기독교 문서 가운데 가장 인기가 있었던 시편 가운데 하나다. 이 시편이 어떻게 흘러가는지 기억해 보라. 세상 민족들이 창조주 하나님에게 맞서 소리를 치고 분노하지만, 하나님은 그가 인정하시는 왕을 시온에 세우시고 그 왕을 자기 아들이라 말씀하신다. 하나님은 그 왕에게 이렇게 말씀하신다. "내게 구하라. 내가 이방 나라를 네 유업으로 주리니 네 소유가 땅 끝까지 이르리로다"(시 2:8을 보라). 이는 다른 위대한 메시아 시편인 시편 72편 및 89편과 궤를 같이한다.

시편 2편은 성경의 종말론이 펼쳐 보이는 대단히 중요한 움직임을 집약하여 제시한다. 창세기 1장에서 아담에게 주어진 약속은 창세기 12장 이후로 아브라함에게 주어진 명령이 된다. 마찬가지로, 아브라함에게 주어진 소규모 약속, 즉 한 가족, 특정한 한 땅에 관련된 약속은 온 세상을 아울러 메시아에게 주어진 약속이 된다. 시편 2편에서 출발하여 로마서 8장에 이르기까지 '유업'은, 이제 더 이상 중동의 조그마한 한 영역에 그치지 않는다. 이제는 온 세상이 하나님의 거룩한 땅이다. 하나님이 이스라엘 안에서 이스라엘을 위해 행하시는 일은, 이제 하나님이 이스라엘을 통해, 특히 기름 부음 받은 이스라엘 왕과 그 왕의 영으로 충만하여 그를 따르는 이들을 통해 온 세상을 위하여 행하시는 일이다. 바울은 이 지점에서 '나라'(왕국, *basileia*)라는 말을 사용하지 않지만, 그럼에도 하나님 나라 언어를 가져다 사용한다. 그는 이 언어를 로마서 5:12-21에서 제시하면서, 이와 관련된 주제들을 이사야서와 다니엘서 그리고 당연히 시편에서도 다시 가져왔다. 이제는 이 '나라', 이 메시아의 유업을, 메시아의 모든 백성이 함께 소유하게 된다. 우리가 하나님의 상속자라면, 따라서 하나님께 빚진 자라면(앞서 보았던 12절의 언어를 빌려다 쓴 것이다), 우리는 메시아와 공동 상속자다.

일단 이를 알고 나면, 우리는 17절이 예기치 않은 방향으로 전환한다는 것을 발견한다. 시편 2편은 그 자체만 놓고 보면, 메시아가 무력을 동원한 정복으로 온 세상을 물려받으리라고 암시한다. 그러나 예수 자신이 순종했던 성경의 다른 부분들은 그 '영광', 곧 온 세상을 통치하는 영광에 이르는 길이 고난이라는 고된 순례길임을 분명히 밝힌다. 그것이 바로 예수가 누가복음 24장에서 어리둥절해하

로마서의
심장 속으로

며 엠마오로 가고 있던 두 제자에게 설명해 주신 핵심이다. 이 핵심은 마가복음 8장 같은 본문으로 곧장 거슬러 올라가는데, 이 본문은 십자가를 짊어짐으로써 진정한 왕권의 길을 따라 예수를 따라가라는 도전을 던진다. 물론 마태복음과 마가복음에서는 특히 겟세마네 동산 장면에서 이 주제를 부각시키는데, 그 본문은 예수 자신이 이곳에서 아버지를 '아빠'라 불렀다고 기록해 놓았다. 예수는 그 고통스러운 밤에 그의 소명을 붙잡고 씨름했다. 비록 그의 온 자아는 그소명에서 뒷걸음질 쳤지만, 그는 십자가가 아버지의 나라에 이르는 길임을 성경을 통해 알고 있었다.[5]

이 모든 것을 이해하면, 12절과 13절을 더 온전히 이해할 수 있다. 바울은 거기서 생명에 이르는 길이 굴욕스러운 고통의 길임을, 몸이 하고 싶어 하는 것들을 적극 죽이는 길임을 분명히 한다. 이는 그저 실용적인 말이 아니다. 마치 바울이 선교하며 겪었던 일을, 자신이 십자가에 못 박힌 예수에 관한 메시지를 삶으로 살아내고 그 메시지를 선포할 때 치렀던 대가를 슬픈 심정으로 곱씹어 보며 털어놓는 말이 아니다. 이것은 깊은 신학을 담고 있다. 바울은 십자가 밑에서, 그것이 바로 이스라엘의 하나님이 온 세상을 주관하시는 그의 왕권을 되찾으신 길임을 깨달았다. 그리고 비록 교회는 늘 깨닫지는 못했지만, 그것이 바로 예수를 따르는 이들이 현재와 미래에 그 왕권을 실제로 얻을 수 있는 길이라는 것도 깨달았다.

---

5   마 26:36-46; 막 14:32-42.

결국 12절에서 17절에 이르는 이 치밀한 구절이 서로 단단히 얽혀 강조하는 세 가지 안에, 이 모든 것이 함께 어우러져 있다. 한 번 더 이 본문을 따라 걸으면서 살펴보자. 첫째, 12절과 13절이 일러 주듯이, 우리는 거룩함과 소망의 영성을 가지고 있다. 둘째, 15절과 16절은 첫 번째 강조점을 지지하면서, 우리가 하나님의 자녀로 존재해야 할 소명을 가지고 있다고 말한다. 셋째, 그 결과 우리는 십자가 모습인 메시아의 길을 그와 함께 걸어가 왕으로서 온 세상을 다스리는 일에 동참할 이로 부르심을 받았다. 각 강조점에 관하여 한두 마디만 더 이야기해 보자.

먼저, 거룩함과 소망의 영성이다. 우리는 여기서 성경이 줄곧 이야기하는 순례길이라는 주제를 꺼내 본다. 이스라엘 백성은 광야를 통과하는 순례를 했지만, 동시에 정기적으로 예루살렘을 찾아가는 순례를 했다. 이런 순례는 시편 84편(사람들이 고통의 골짜기를 지나 거룩한 도시로 가다가 그 골짜기에 샘물이 있음을 발견한다) 같은 시편들과 성전에 올라가는 노래를 담은 시편들(시 120-134편)을 떠올려 준다. 다시 한번 말하지만, 우리는 시온으로 올라가는 여정을 즐거워하며 찬송하는 이 순례 시편들을, 중세 사람들이 으레 그랬던 것처럼 플라톤식 사고를 따라 '하늘'로 올라간다는 의미로 생각하는 오류에 빠지지 않도록 조심해야 한다. 시온은 그런 '하늘'을 가리키려고 쓴 말이 아니었다. 그곳은 하늘과 땅이 만나는 곳이었다. 그것은 바울이 18-30절에서 소망하는 성취에 대한 약속이다. 바로 이 때문에 거룩함이 중요하다. 이는 하나님이 흥을 깨는 분이시기 때문이 아니라, 우리는 대대수가 여태까지 상상조차 해 본 적 없는 방식으로 철저히 인간이 되라는 소명을 받았기 때문이다. 우리 자신이 하늘과 땅이 만나는 곳이 되어야 한다. 이는 곧 하나님의 통치가 '하늘에서 이루어진 것처럼 땅에서도' 이루어지게 해 달라고 기도할 때, 완고하게 거역하는 우리 자신의 몸으로 그 실체를 살아내려고 날마다 노력해야 한다는 뜻이다. 플라톤식 도피주의 그리고 이런 도피주의와 함께 가는 금욕주의는 몸을 나쁘다고 말함으로써, 우리에게 다가오는 도덕적 도전을 피하려는 철학적 시도에 불과하다. 성경은 오히려 몸이 좋은 것이라고 말하며 장차 부활할 것이라고 말한다. 그러나 몸이 부활하려면 그 몸이 죽어야 한다. 그것이 성경의 시각이다. "너희가…영으로 몸의 행위를 죽이면 살리라"(13절).

바울은 여기서 그가 다양한 방식으로 빈번히 하는 말을 강조한다. 그는 갈라디아서 5장에서 메시아의 백성이 육을 그 정욕 및 욕구와 함께 십자가에 못 박았다고 강조한다. 골로새서 3장에서는 "땅에 있는 지체를 죽이라"라고 역설한다. 그리고 고린도전서 9장에서는 자신을 권투 선수에 비유한다. 권투 선수는 허공에 헛주먹질을 하지 말고 자기 몸에 강타를 날려 그것을 복종시켜야 한다.[6] 바울은 자신이 그렇게 하고 있다고 말한다. 만일 바울이 지금 이 말을 자신에게 하고 있다면, 우리도 이런 말을 당장 우리 자신에게 해야 한다는 것을 확신할 수 있다. 만일 우리가 다른 이들에게는 그리

---

6 갈 5:24; 골 3:5; 고전 9:26-27.

하라고 설교해 놓고 정작 우리 자신은 쳐서 복종시키지 않으면, 결국 자격을 잃어버릴 수도 있다. 우리 세대는 그런 경우를 온갖 종류의 교회에서 아주 많이 목격했다.

오늘날 우리에게 닥친 위험은, 우리가 이 세상의 느긋한 도덕주의를 따라가는 갖가지 유사would-be '기독교' 버전에 아주 쉽게 빠져 버린다는 것이다. 우리는 '진정성', '자발성', '마음에 맞는 일 하기', '직감대로 행동하기' 등등을 주요한 의무로 생각하면서, 마음이 사람을 속이기도 한다는 점, 또 예수가 경고하신 것처럼, 마음에는 우리를 깨끗하지 못하게 만드는 온갖 것이 가득하다는 점을 깨닫지 못할 때가 자주 있다.[7] 그리스도인의 윤리는 새로워진 마음으로 행하면서, 이 땅에서 새로운 삶의 방식으로 하늘의 삶을 가져오는 것을 의미한다. 우리가 이 새로운 삶의 방식을 받아들이고 살아내게 된다면, 이런 삶의 방식이야말로 자발성을 갖게 될 것이며 그런 의미에서 진정성도 갖게 될 것이다. 그러나 그런 일은, 아주 힘들게 얻으며 영의 인도를 받는 그리스도인의 덕목을 통해서만 일어난다.

다시 말하지만, 우리는 이런 거룩함이 소망의 일부임을 유념해야 한다. 내 말뜻은, 하나님의 방식으로 살아가는 법을 배운 사람만이 최종 소망을 확신할 수 있다는 것이 아니다. 물론 그런 배움과 살아감도 영이 우리 안에서 하시는 일의 결과임을 인정한다면, 방금 한 말도 아주 그른 말은 아니다. 그러나 내가 하려는 말은 그런 것이

7　막 7:17-23.

로마서의
심장 속으로

아니다. 나는 지금 거룩함이란, 하나님이 약속하신 미래에서 우리가 현재 살아가야 할 삶을 끌어오는 것을 의미한다는 말을 하고 있다. 로마서 6장이 말하듯이, 우리는 이미 현재 부활의 사람이 되어야 한다. 되풀이하는 말이지만, 그 일은 영으로 말미암아 일어난다(13절). 영은 우리의 최종 미래를 보증해 주시기만 하는 것이 아니다. 바로 그 최종 미래를 현실 속으로 가져다주신다.

그렇다면, 첫째, 거룩함과 소망이라는 비전이 있고, 이어 둘째, 하나님의 자녀로 살아가라는 소명이 있다. 15절은 이렇게 말한다. "너희는 아들의 영을 받았으니, 우리는 그 안에서 '아빠, 아버지'라 외친다." 그리고 우리가 그렇게 할 때 "영 자체가 우리 자신의 영이 말하는 것, 곧 우리가 하나님의 자녀임을 증언한다."

여기에는 두 가지 문제가 있다. 하나는 문장 구조의 문제이며, 다른 하나는 의미의 문제다. 이 문장의 구두점이 첫 번째 문제다(표 1을 보라).

표 1 로마서 8:15-16의 문장 구조

1안	우리는 우리가 아빠, 아버지라 부르는 분 안에서 아들의 영을 받았다. 그 영이 우리 영과 함께 증언한다.
2안	우리는 아들의 영을 받았다. 우리가 아빠, 아버지라 부를 때 그 영이 우리 영과 함께 증언한다.

15절의 *en hō krazomen Abba ho patēr*는 그 앞에 있는 말과

함께 가는가, 아니면 그 뒤를 따르는 말과 함께 가는가? 다시 말해, 우리는 '아들의 영을 받았으니' 뒤에서 쉬어야 하는가, 아니면 '아빠 아버지라 외친다' 뒤에서 쉬어야 하는가? 이 본문을 읽는 첫 번째 방법은 "우리가 아빠 아버지라 부르는 분 안에서in whom we call Abba, father 아들의 영을 받았다"라고 말한 뒤, 바울이 독특하게 구사하는 어떤 연결어도 사용하지 않고 "그 영이 우리 영과 함께 증언한다"라는 말로 새 문장을 시작하는 것이다. 두 번째 방법은 "우리는 아들의 영을 받았다"라고 말한 뒤 완전히 멈춘 다음, "우리가 아빠 아버지라 부를 때, 그 영이 우리 영과 함께 증언한다"로 새 문장을 시작하는 것이다. 독자들은 내 번역을 보면서 내가 다음과 같이 번역함으로써 그 두 견해의 가장 좋은 점만을 취하려 했음을 간파할 것이다. "너희는 아들의 영을 받았으니, 우리는 그 안에서 '아빠, 아버지'라 외친다. 그런 일이 일어날 때, 영 자체가 우리 자신의 영이 말하는 것, 곧 우리가 하나님의 자녀임을 증언한다." 나는 이 번역이 십중팔구는 바울이 말하려는 복잡한 의미를 포착한다고 생각한다. 바울은 '아빠 아버지'라는 외침이 우리가 아들의 영을 받았음을 확실하게 보여 주는 표지임을 말하고 싶어 한다. 그렇지 않다면 우리가 어떻게 하나님 아버지를 이렇게 친숙한 말로 부를 수 있겠는가? 이와 동시에, 더 자세히 말하자면 바울은 그것이, 성령이 우리의 영과 함께 하는 표지, 성령이 우리의 가장 깊디깊은 내면과 한 몸이 되었음을 보여 주는 표지, 말 그대로 우리가 정말 하나님의 자녀임을 보여 주는 표지라고 말하고 싶어 한다.

로마서의
심장 속으로

문장 구조 이야기는 이만 해도 되겠다. 그렇다면 이 본문의 의미는 어떤가? 여기서 바울은 신자가 가진 인간의 영을 언급한다. 그는 이를 이미 10절에서 이야기했으며, 고린도전서 2:11-12에서도 지금 우리가 다루는 본문과 아주 비슷한 내용으로 이야기했다. 되풀이하는 말이지만, 바울이 여기서 말하는 것은 혼(soul, 영혼)이 아님을 부디 유념하기 바란다. 바울이 인간의 가장 깊디깊은 내면을 언급할 때(우리가 이 지점에서 쓸 수 있는 언어가 부족하다 보니, 어쩔 수 없이 깊디깊은 내면 같은 복잡하고 모호한 말을 쓸 수밖에 없다), 그가 이야기하는 것은 인간의 영이다. 바울은 여기서 성령 자체가 우리 자신의 영과 더불어 같은 것을 우리에게 일러 준다고, 곧 우리가 정말 하나님의 자녀임을 일러 준다고 선언한다.

그러나 여기는 목회 차원에서는 조심해야 할 곳이다. 사람들의 '경험'은 성격에 따라 십인십색, 백인백색이다. 아닌 것을 맞는 것이라 생각하기 쉽고, 맞는 것을 아닌 것이라 생각하기 쉽다. 어느 쪽이든, 사람이 속임에 넘어가 바보가 되기는 식은 죽 먹기다. 마음 내키는 대로 또는 '기분 나면 가끔씩' 교회에 출석하는 이가 많다. 이들은 하나님을 주위 어디쯤엔가 있는 분으로 막연하게 인식하기 때문에 자신들은 '(무엇을 해도) 만사 오케이'라고 생각한다. 그런가 하면, 예민한 양심을 가지고 기도에 힘쓰는 독실한 사람도 많다. 이들은 자신이 과연 진정한 그리스도인인지 고뇌한다. 이런 이들뿐 아니라, 또 다른 이들도 얼마든지 있을 수 있다. 목회 현장의 경험에 비추어 볼 때, '우리가 정녕 하나님과 함께 있는 곳이 어디인가'를 분별할 수 있게 서로 돕고자 한다면, 함께 기도하면서 온유한 심정으로 상대의 말에 적극 귀를 기울이는 것만이 유일한 길이다.

그런데 여기 이 본문의 중심에는 '아빠'라는 이상한 아람어가 자리해 있다. 이 말은 갈라디아서 4:5-6과 마가복음 14:36에도 등장한다.[8] 바울의 글을 듣는 이들은 대부분 아람어 사용자가 아니었을 텐데, 왜 바울은 그들이 모두 이 말을 기도에서 사용하고 있다고 단정할까? 나는 그들이 모두 방언으로 말한다는 것이 바울의 말뜻이라고 생각하지 않는다. 아울러 그들이 말을 할 때 그렇게 한다는 뜻도 아니라고 생각한다. 또 당시 교회가 아람어 주기도로 기도했을 수도 있지만, 그래도 바울의 이 말은 교회가 주기도의 아람어 버전으로 기도한다는 뜻도 아니라고 생각한다. 나는 바울의 이 말뜻을 알려면, 초기 교회의 회심자 교육, 그러니까 초기 교회의 교리 교육으로 거슬러 올라가야 한다고 생각한다. 사람들은 이 교육을 받을 때, 믿음을 갖게 되고, 온 세상을 지으신 하나님이 인격체가 아닌 어떤 힘이나 저 멀리 떨어진 곳에 있는 얼굴 없는 관료도 아니요, 변덕이 죽 끓듯 하며 악의를 품고 있을 수도 있는 인격체가 아니라, 더 없이 깊은 인격성과 더 없이 깊은 사랑 그리고 더 형용할 수 없는 아버지다움을 지닌 분이라는 것을 발견한다. 초기 교회 교사들은 회심자가 이런 새로운 깨달음에 이르렀음을 목격하면, 이 새 신자들에게 예수가 저 인상 깊은 장면에서 몸소 행하셨던 그대로 하

---

8 마 26:39에 있는 병행 어구는 이를 그리스어 *ho patēr mou*로 번역했다.

나님을 부르라고 가르치며 독려했을 것이다.

그렇다면 이는 우리가 다음 장에서 다룰 17절을 미리 보여 주는 셈이다. 그곳은 바로 아빠 기도로 기도하는 이들이 부름 받은 길이, 예수 자신이 부름 받았던 길과 같다는 것을 발견하는 지점이다. 그 길은 바로 고난의 길이다. 바울은 어쩌면 모든 그리스도인이 고난에 동참해야 한다고 생각하여, 모든 그리스도인이 하나님을 '아빠'라 불러야 한다고 생각했는지도 모른다. 예수는 지극히 고통스러운 순간에 부닥쳤을 때 하나님을 아빠라 부르셨다.

그러나 이런 고난은 (우리가 나중에 보겠지만) '우리가 통과해야 하는 어떤 불쾌한 것'에 관한 문제가 아니다. 바울은 예수 그분이 겪었던 고난처럼, 이 고난도 능동성을 지니고 있다고 생각하는 것 같다. 이상하게 보일지 모르지만, 바울은 예수를 따르는 이들이 왕 같은 제사장으로서, 하나님의 형상을 지닌 자로서, 진정한 인간으로서, 진정한 하나님의 자녀로서, 그 소명을 행하는 것을 이런 식으로 이해하기도 한다. 이것은 사실 29절이 말하는 것처럼, 우리가 '맏아들의 형상을 본받는' 길이기도 하다. 이것은 단순히, 우리가 예수처럼 살면서 종국에 그의 영광스러운 몸을 닮게 될(빌 3:21) 부활을 기다려야 한다는 말이 아니다. 이것은 우리 삶을 통해, 특히 우리가 기이하고 심오한 26-27절의 기도를 올림을 통해, 하나님의 목적이 우리 안에서 그리고 우리를 위해서만이 아니라 (카이사르 집안을 시시한 사이비 모사품으로 만들어 버리는 진짜 왕의 가족에 어울리게) 실제로 우리를 통해 이루어질 수 있다는 의미다. 5:17도 말하지만, 이것이 의라는 선물을 받은 이들이 메시아 예수라는 진정한 인간을 통해 삶 속에서 온 피조 세계를 다스리는 그들의 영광스러운 소명을 시작하는 길이다. 아울러 그것이, 비록 바울이 말하려는 의미의 한 부분이긴 하지만, 바울이 말하려는 우리가 '영화롭게 됨'의 의미이기도 하다.

그러나 이런 의미를 더 깊이 알려면 17절에서 21절에 이르는 본문을 살펴봐야 한다.

5장

로마서 8:17-21 피조 세계의 해방

17 만일 우리가 자녀이면 또한 상속자다. 우리가 메시아와 함께 영광을 받고자 그와 함께 고난을 받는 한, 하나님의 상속자요 메시아와 공동 상속자다.

18 나는 그것을 이렇게 꼼꼼히 계산해 본다. 우리가 현재 통과하는 고난은 장차 우리를 위해 나타날 영광과 견줄 만한 규모를 갖고 있지 않다.

19 그렇다. 피조 세계 자체가 발꿈치를 들고 이제나저제나 하며 하나님의 자녀들이 나타날 순간을 간절히 기다린다.

20 너희도 알다시피, 피조 세계가 무의미한 허무에 굴복하는 것은 그 자신의 의지 때문이 아니라, 그렇게 굴복하게 하는 이 때문이니, 그가 바라는 것은

21 피조 세계 자체가 썩음의 노예 노릇에서 해방되어, 하나님의 자녀들이 영광을 받을 때에 다가올 자유를 누리는 것이다.

17 *ei de tekna, kai klēronomoi: klēronomoi men theou, synklēronomoi de Christou, eiper sympaschomen hina kai syndoxasthōmen.*

18 *logizomai gar hoti ouk axia ta pathēmata tou nyn kairou pros tēn mellousan doxan apokalyphthēnai eis hēmas.*

19 *hē gar apokaradokia tēs ktiseōs tēn apokalypsin tōn hyiōn tou theou apekdechetai.*

20 *tē gar mataiotēti hē ktisis hypetagē, ouch hekousa alla dia ton hypotaxanti, eph' helpidi*

21 *hoti kai hautē hē ktisis eleutherōthēsetai apo tēs douleias tēs phthoras eis tēn eleutherian tēs doxēs tōteknōn tou theou.*

우리는 앞 장을 로마서 8:17로 마쳤다. 우리가 보았듯이, 17절은 일종의 다리 기능을 한다. 즉 12절에서 시작하여 16절까지 이어지는 생각의 흐름을 한데 모아 다가올 내용의 기초를 형성하는 기능을 한다. 바울은 우리가 메시아와 함께 고난을 받음은 그 안에서 우리도 영광을 받으려 하기 때문이라고 선언했다. 그렇다면 이 '영광'은 실제로 무엇을 의미하는가? 오늘의 본문이 그것을 일러 주지만, 놀랍게도 교회는 그것에 주목하는 데 더딘 모습을 보여 왔다.

우리는 이 8장을 천천히 살펴보며 일부러 느린 속도로 나아가고

로마서의
심장 속으로

있다. 그 덕분에 이 17-21절이라는 짧은 본문을 건너뛰어 주목할 만한 내용이 있는 그 뒤의 본문으로 곧장 돌진하지 않고 17-21절도 간단하게나마 살펴볼 기회를 갖게 되었다. 실제로 22-30절이 매력이 있기는 하지만, 22-30절이 말하려는 내용이 그런 매력이 있는 이유는 우리가 여기 17-21절에서 발견하는 내용 때문이다. 바울은 17절에서 고난과 영광이라는 주제를 천명했다. 고난에 관하여는 곧 다룰 것이다. 21절까지 이어지는 구절들은 말 그대로 영광에 관하여 이야기하는데, 영광이 무엇을 의미하며 그 영광은 어떻게 얻을 수 있는가를 이야기한다.

물론 영광은, 18-30절이 그 절정이라 할 30절의 마지막 어절까지 줄기차게 나아가는 목표이기도 하다. 30절은 이렇게 말한다. "그가 의롭다 하신 이들을 그가 또 영화롭게 하셨다." 그렇다면 이것은 무슨 뜻인가? 교회는 보통 바울이 지금 강조하는 것을, 예수를 믿음으로 '의롭다 함을 받은' 이들은 천국으로 간다는 보장을 받았다는 것이라고 이해했다. 그러나 만일 지금 살펴보는 본문인 17-21절이 바울이 말하려 하는 '영광'과 '영화롭게 됨'의 의미를 보여 준다면, 우리는 그런 견해를 뿌리부터 완전히 뜯어고쳐야 한다. 30절은 이 본문의 결론이요, 다른 무엇이 아닌 이 요지의 결론이다. 되풀이하는 말이지만, 로마서 8장은 단순히 '천국에 가는 것'을 이야기하지 않는다. 로마서 8장은 천국을 단 한 번도 언급하지 않는다. 실제로 '그리스도인이 죽은 뒤에 갈 곳'이라는 의미를 지닌 '천국'은, 로마서 전체는 물론이요 바울이 쓴 서신 어디에도 등장하지 않는다. 오늘날 그리스도인은 보통 '영광'이라는 말을 '천국'을 의미하는 말로 사용하며 그렇게 인식하는 것이 보통이다(그래서 누군가가 세상을 떠나면 그가 '영광으로 갔다'고 말하곤 한다). 그러나 그런 말은 바울이 말하는 핵심을 놓친 것이다. 그렇다면 바울은 지금 무슨 말을 하고 있는가?

이 본문이 말하는 '영광'은 무엇보다, **하나님이 몸소 영으로 우리 안에 들어와 거하시는 그분의 영광스러운 임재요, 하나님의 백성이 온 피조 세계를 지혜롭게 다스리면서 이 온 피조 세계를 치유하고 화해시킴**을 의미한다. 이 두 가지, 곧 하나님의 임재와 인간의 통치는 서로 상대를 필요로 한다. 이 둘은 함께 어울려 조화를 이룬다.

우리는 이미 9-11절에서 그리고 뒤이어 12-17절에서, 바울이 하나님이 몸소 오셔서 성막 안에 거하신 출애굽 이야기를 다시 가져다 사용함을 보았다. 그것은 신자들 안에 거하면서 신자들을 '유업'으로 인도하는 하나님의 영에 관하여 바울이 말하는 모든 내용을 암시한다. '메시아 안에' 있는 이들은 '새 성전' 백성이다. 바울은 고린도후서 3장과 4장에서 하나님의 영광이 실제로 예수의 백성 안에, 비록 깨진 질그릇 같은 존재라 자신이 심히 합당치 않은 이들임을 알지만, 그들 안에 거한다고 강조한다. 이것이 바울이 말하는 '영광'의 첫 번째 의미이며, 그것이 이 본문 전체를 가득 채우고 있다. 그러나 우리가 이제 말하려는 '영광'의 두 번째 의미, 곧 세상을 권위 있게 주관해야 할 인간의 소명과 운명을, 방금 말한 성전 개념, 곧 하나님의 영광이 예수의 백성 안에 들어와 거함이라는 개념과 대립하는 것으로 보아서는 안 된다. 로마서 8장 전체는 장엄하고 멋

로마서의
심장 속으로

진 특징을 여럿 가지고 있는데, 그 중 하나가 방금 말한 두 의미가 한 점으로 수렴한다는 것이다. 즉 이 두 의미는, 과거나 지금이나 예수 바로 그분에게로 수렴한다. 전문 신학 용어를 사용하면, 우리는 이 지점에서 기독론과 성령론의 핵심 가까이에 와 있다. 바울이 지금 하려는 말을 고려할 때, 우리는 지금 온 피조 세계를 향한 하나님의 최종 목적과, 그의 영으로 충만한 백성에게 부여하신 막중한 소명 사이에 자리한 수렴 지점에 다다르고 있다.

다면성 多面性을 지닌 단어 '영광'(그리스어로 *doxa*이며, 히브리어에서는 보통 *kabod*로 표현한다)의 주된 의미는 '위엄', '가치', 혹은 '지위'다. 이 말의 히브리어는 '무게'라는 개념을 담고 있다. 이는 힘이 세거나 영향력 있는 인물을 '무게 있는 존재'로 표현할 때나 중요한 말이나 설교를 '무게 있는 말'이라고 할 때 떠오를 법한 개념이다. 이 위엄과 가치와 지위라는 개념은 바울이 말하려는 의미의 두 측면과 함께 간다.

주해에 더 깊이 들어가기에 앞서, 먼저 언급하고 넘어갈 것이 두 가지 있다. 하나는 우리가 현재 살아가는 이 세계의 정황이고, 다른 하나는 유명한 성경 역본인 킹 제임스 역본King James Version이 이 지점에서 제시하는 본문을 이해할 수 없다는 점이다.

첫째, 오늘날의 정황이다. 우리는 생태계의 위기와 기후 변화에 관하여 과거 어느 때보다 잘 알고 있다. 물론 이 문제를 두고 논쟁이 있기는 하다. 이 문제에 관하여 논쟁하는 쌍방이 구사하는 몇몇 수사는 분명, 우리 가운데 일부 사람들이 제지하고 싶어 하는 정치

강령과 이데올로기 강령을 그 동력원으로 삼고 있다. 그러나 흡연이 미치는 악영향을 두고 한 세기 전에 벌어졌던 논쟁처럼, 증거는 매일 산더미처럼 쌓여 가고 있다. 계몽주의 시대 이후 세계는, 핵 사고와 '방사성 물질 함유 재래식 폭탄dirty bomb'은 말할 것도 없고 온실 가스에서 나쁜 농업 관행에 이르기까지, 창조주의 형상을 지닌 청지기가 되어 온 피조 세계를 보살피라는 소명을 왜곡하고 기회만 있으면 피조 세계를 착취하여 우리의 자만심이나 탐욕 아니면 둘 모두를 채우는 쪽으로 바꿔 버렸다. 정말 슬픈 일이지만, 이는 새삼스러운 현상이 아니다. 고대 제국들, 특히 로마제국은 말 그대로든 은유로든 상황이 맞으면 밥 먹듯이 '초토화' 정책을 썼다. 그것은 반란을 일으킨 나라나 도시를 전투에서 격파하는 것으로 그치지 않았다. 그런 나라나 도시는 우물에 독을 풀거나 밭에 소금을 뿌려 아예 사람이 살지 못할 곳으로 만들어 버릴 때도 있었다. 물론 그것이 온 지구를 위태롭게 하지는 않았으리라는 것을 인정한다. 그러나 그것은 우리가 지금 마주하고 있는 현실의 축소판이었다. 21세기에 이 피조 세계를 지혜롭게 보살필 청지기로 부름 받은 우리가 진실로 그 소명에 충실하려 한다면, 지금 살펴보는 이 본문이야말로 우리 신학이 현재의 위기에 대답을 내놓을 때 쓸 주된 자료 중 하나가 될 것이다.

물론 서구 교회는 이 주제를 줄곧 무시해 왔다. 여러 이유가 있지만, 피조 세계에 보이는 관심을 하늘의 것보다 땅의 것에 마음을 쓰는 것이기에 '영적이지 않다'고 여긴 것도 하나의 이유였다. 로마서

로마서의
심장 속으로

를 '어떻게 하면 천국으로 갈지' 일러 주는 책으로 읽는다면, 굳이 현재의 시공간 세계를 돌보느라 노심초사할 이유가 있겠는가? 그래, 고맙소이다, 플라톤 선생. 댁은 철학자로서 초연한 삶이나 누리시구려! 가난한 이들 가운데서도 지독히 가난한 이들이 해수면 상승과 산성비로 고통 받는 동안, 그대는 그렇게 초연이나 즐기시구려! 때로, 특히 미국에서는, 우리가 소위 '휴거' 교리에서 발견하는 우스꽝스러운 성경 종말론이 그런 플라톤주의를 부채질했다. 이런 종말론은 실제로 이 지구라는 행성에 임박한 파멸이나 다가오는 아마겟돈 등을 일러 주는 징조들을 환영한다. 그러나 로마서 8장은 이렇게 말도 안 되는 어떤 주장에도 굳건히 맞선다.

그러나 사람들은 종종 로마서 8장을 잘 이해하지 못했다. 여러 이유가 있지만, 바울이 지금 하는 말이 중세 때부터 우리가 사는 시대에 이르기까지 신학자들이 강조하고 싶어 한 것과 들어맞지 않는 것도 한 이유였다. 지난 400년 동안 사람들에게 가장 많은 사랑을 받아 온 영역英譯 성경인 킹 제임스 역본 혹은 흠정역Authorized Version이 이 본문을 아주 엉망으로 만들어 놓은 것도 그 때문이다. 그것은 17세기 초의 유식한 성경 번역자들이 중요하다고 생각했던 주제가 결코 아니었다. 결국 결론은 이렇다. 만일 로마서의 이 본문이 던지는 도전을 피하고 싶다면, 킹 제임스 역본으로 이 본문을 읽으라. 물론 당신은 그 역본의 번역이 도무지 이해할 수 없음을 발견할 것이다. 그 역본은 당신더러 얼른얼른 다른 쪽으로 넘어가서 이 8장의 절정이라 할 28-30절을 보고, 교회 전통이 원하는 읽기 방식대로 읽을 수 있는 곳을 보라고 떠밀 것이다.

사실은 나도 목회 사역을 할 때 뻔뻔하게도 이 본문을 그런 목적을 위해 가끔씩 사용했다. 내게는 늘 고집스레 킹 제임스 역본을 사용하고자 하는 독서자들readers, 곧 감사성찬례 때 성경을 읽겠다고 자원한 사람들이 있었다(독서자는 성공회 예배를 가리키는 감사성찬례의 한 순서인 말씀 전례 때 예배하는 회중 앞에서 성경을 낭독하는 이를 말한다—옮긴이). 그래서 나는 그들에게 이 본문과 같은 본문을 읽을 본문으로 주곤 했다. 킹 제임스 역본의 로마서 8:19-21을 여기 제시해 본다.

> For the earnest expectation of the creature waiteth for the manifestation of the sons of God. For the creature was made subject to vanity, not willingly, but by reason of him who hath subjected the same in hope, because the creature itself also shall be delivered from the bondage of corruption into the glorious liberty of the children of God.

> 이는 피조물이 간절히 바라는 것이 하나님의 아들들의 나타남이기 때문이다. 이는 피조물이 허무에 굴복하게 된 것은 스스로 원했기 때문이 아니라 소망 중에 같은 것에 굴복하신 이 때문이니, (그가 그리함은) 피조물 자체도 부패에 매인 처지에서 구함 받아 하나님의 자녀가 누리는 영광스러운 자유에 이르게 하려 하기 때문이다.

로마서의
심장 속으로

나는 독서자에게 누구보다 잘 읽으실 수 있을 거라며 격려하고, 독서자는 주일 오전 10시 30분이나 다른 때에 올리는 감사성찬례 때 나가서 큰 소리로 이 본문을 낭독한다. 알다시피, *ktisis*를 '피조물creature'로 번역해 버리면 이 본문이 말하려는 의미가 이미 흐릿해지고 만다. 우리가 볼 때 '피조물'이라는 말은 '피조 세계' 전체를 의미하지 않는다. 피조물은 그저 작은 동물을 의미할 뿐이다. 따라서 이 본문이 말하는 것처럼 '피조물'이 '허무'(혹은 허영)에 굴복한다고 말하게 되면, 우리는 바로 그런 자그마한 동물이 거울 속에 비친 자신을 드높이는 모습을 상상할 것이다. 이 피조물을 '허무'에 '굴복시킨' 이는 누구인지, 또는 이런 일이 어떻게 또는 왜 일어났는지, 그런 곤경에서 구출 받을 길은 무엇인지 이야기하게 되면, 중세의 신학 전통과 종교개혁 신학 전통은 모두 아무런 도움도 주지 못하거나 준다 해도 극히 미미한 도움밖에 주지 못한다. 이 때문에 평범한 독자는 몇 구절 뒤로 부랴부랴 넘어간다. 그곳이 우리가 보통 듣고 싶어 하는 것을 가르치는 것처럼 보이기 때문이다.

그렇다면 우리가 지금까지 해 온 일을 해 보자. 조금 뒤로 물러서서 우리가 보통 던지는 질문들을 이 본문에 적용해 보고 무슨 일이 일어나는지 살펴보자.

첫째, 이 본문의 처음과 끝을 살펴보자. 확실히, 우리가 여기서 관심을 갖고 있는 본문(17-21절)은 30절에서 '막을 내리는' 더 긴 생각의 흐름 가운데 일부다. 바울은 거기서 누가 봐도 확실하게 자신이 출발한 곳에 착륙하며, 고난에서 영광이 나타날 것을 약속한다. 그러나 우리가 현재 살펴보는 이 짧은 문단도 더 긴 생각의 흐름의 하위 부분으로서 같은 주제를 반영한다. 우리는 영광에서 출발하여 영광으로 끝난다. 17절은 이렇게 말한다. "우리가 메시아와 함께 영광을 받고자 그와 함께 고난을 받는[다]." 또 21절은 이렇게 말한다. "하나님의 자녀들이 영광을 받을 때에 다가올 자유." 이것이 이 문단을 주관하는 주제. 이 문단은 17절의 마지막 행(영어 기준)을 확장하고 설명하며, 22-30절의 맥락을 제시한다. 우리는 바로 이 틀 안에서 19-20절을 이해해야 한다. 그러나 분명히 말해 두지만, 이 '영화'는 결코 신실한 그리스도인이 천국에 감을 말하는 게 아니다. 이것은 온 피조 세계가 썩음에서 구함을 받음을 말한다! 그것은 '우리에게 나타날 영광'과 무슨 상관이 있는가? 그 답은 성경의 배경 속에 들어 있다. 이제 곧 그 배경으로 가 보겠다.

둘째, 바울의 글을 읽을 때 다시금 유념해야 할 것은 그가 써 놓은 어절들과 문장들을 묶어 주는 소소한 단어들을 살펴야 한다는 것이다. 우리는 여기서 다시 한번 '이는…때문이다for'로 번역하는 그리스어 *gar*를 앞세운 세 문장을 만난다. 나는 이 본문을 번역할 때, 우리가 보통 쓰는 영어에서는 'for'를 되풀이하는 것이 아주 딱딱하게 들리는 점을 고려하여 다른 연결어를 사용했다. 그래도 *gar*를 '이는…때문이다for'로 번역하면, 앞뒤의 논리 연결이 분명하게 드러난다. 이 본문을 그렇게 번역해 보면 이렇다.

17 …우리가 그(메시아)와 함께 영광을 받고자 그와 함께 고난 받

으면… 18 이는[gar] 현재의 고난이 우리에게 드러날 영광과 견줄 만한 가치를 갖고 있지 않기 때문이다. 19 이는[gar] 피조 세계가 하나님의 자녀들이 나타나기를 아주 간절히 기다리기 때문이다. 20 이는[gar] 피조 세계가 헛됨에 굴복함은…때문이니, 바라는 것은 21 곧[that, hoti] 피조 세계 자체가 노예 노릇에서 해방되어, 하나님의 자녀들이 영광을 받을 때 다가올 자유를 누리는 것이다.

만일 이 본문을 '사람들이 으레 읽듯' 읽는다면, 19절은 결코 18절을 설명해 주는 구절처럼 보이지 않는다. 19절은 엉터리 논리로 보인다. 다가오는 영광[사람들은 보통 이 영광을 '천국'이라 읽곤 한다]에서 현재의 시공간 속에 존재하는 피조 세계의 간절한 바람으로 옮겨 가기 때문이다. 그러나 바울은 18절에서 19절로 넘어갈 때 '이는…때문이다'나 '왜냐하면…때문이다because'를 의미하는 gar를 사용하여 연결한다. 나는 이 본문을 번역할 때, 이 gar를 확장하여 "나는 그것을 이렇게 꼼꼼히 계산해 본다"로 바꾸었다. 여러 이유가 있지만, 무엇보다 바울이 18절 첫머리에서 logizomai라는 동사를 사용하기 때문인데, 이 동사는 '나는 그것을 이렇게 꼼꼼히 계산해 본다'나 '나는 그것을 이렇게 요약한다'라는 뜻이다. 말하자면 이는 계산을 의미하는 말이다. 그렇다면, 이런 의문이 생긴다. 바울은 방금 현재의 고난은 다가오는 영광과 비교할 수 없다고 말했다. 그럼 왜 19절에서 이를, 피조 세계가 하나님의 자녀들이 나타나기를 간

5장
로마서 8:17-21

절히 기다린다는 말로 설명하려 했을까? 뒤이어 왜 그것을 (20절 서두에서 *gar*를 사용하여) 죄와 죽음이라는 인간의 문제를 깊이 파고 들어가지 않고 도리어 헛됨과 썩음이라는 온 우주의 문제를 깊이 파고 들어감으로써 설명하려 했을까? 이 물음들에 답하면 우리가 다루는 더 커다란 본문이 어디로 나아가는지 명확하게 이해할 수 있을 것이다.

이 문제에 다가갈 수 있는 가장 좋은 방법은 우리가 으레 던지는 세 번째 질문을 해 보는 것이다. 우리가 이 본문을 바울 시대의 세계 속에서, 그와 같은 시대에 살았던 사람들이 마음에 품고 있었을 세계관과 내러티브와 가정들 속에서 읽으려 하면 무슨 일이 일어날까?

바울이 선교사로서 뛰어들었던 세계는 로마가 그리고 카이사르가 지배하던 세계였다. 그 앞 세기를 보면, 로마의 선전 기계 propaganda machine (로마의 위세와 체제를 찬양하는 개인이나 집단이나 선전물—옮긴이)가 한 특별한 신화를 마구 쏟아내고 있었다(부록 1을 보라). 고대의 많은 이교도는 역사의 거대한 흐름을, 나타났다가 사라지기를 반복하며 이어지는 여러 시대로, 곧 황금시대, 이어 은의 시대, 이어 동銅의 시대, 이어 철의 시대가 나타난 것으로 나누어 보았다. 이 논제와 관련하여 몇 가지 다양한 견해가 있었지만, 그 견해들은 언제나 마지막에는 결국 황금시대로, 곧 (그들이 생각하던) 사투르누스의 시대age of Saturn로 돌아가리라고 말했다(로마인에게는 사투르누스 시대가 부족함이 하나도 없는 황금기를 의미했다—옮긴이). 기원전 41년, 그러니까 율리우스 카이사르가 암살당하고 세 해가 지난 뒤, 로마의 영명한 젊은 시인 베르길리우스는 자연계에 평화와 조화를 가져다주는 황금시대가 정말로 다시 돌아왔다고 선언하는 전원시를 썼다. 베르길리우스는 〈아이네이스*Aeneid*〉에서도 같은 말을 하면서, 그 시대를 율리우스 카이사르의 양자 아우구스투스의 통치와 분명하게 연결시켰다. 나중에 그리스도인들은 베르길리우스가 쓴 그 전원시를 이교도가 예수의 성육신을 예언한 것으로 받아들였다. [특히 중세에 일부 그리스도인 집단이, 베르길리우스를 일종의 성인에 버금가는 영예로운 인물로 떠받든 것도 그 때문이다. 단테의 위대한 시(신곡―옮긴이)의 경우에도 그랬다.]

아우구스투스는 어마어마한 선전 프로그램을 활용하여 그의 제국 통치를 공고히 다졌다. 궁정 시인과 역사가뿐 아니라, 그 자신을 상징하는 상像을 세우는 방법도 동원했다. 오늘날도 로마에 가면 볼 수 있는 '평화의 제단*Ara pacis*'은, 황제 아우구스투스로 말미암아 평화와 조화 그리고 풍성한 수확의 시대가 왔음을 선언하는 상징이다. 땅은 온 인간이 바랄 법한 것을 산출하고 있다. 평화로운 삶과 풍성한 수확을 나타내는 장면이 주화에 들어갔고, 제국 전역에 걸쳐 대리석에 새겨졌다. 사람들은 자연 자체를 평화로이 쉬면서 풍성한 산물에 둘러싸인 평온한 어머니(집안 어른인 어머니, matriarch)로 보았다. 이것이 전하는 메시지는 이러했다. 그대들은 이렇게 좋은 시절을 한 번도 누려 본 적이 없으리라. 이게 다 카이사르의 상속자가 제위에 올라 온 세상에 평화와 정의를 가져다주기 때문이리라! 물론 이 메시지에는 저 멀리 떨어진 제국 변방에 사는 이들에게 전하는 또 다른 속뜻, 또 다른 메시지가 들어 있었다. 그러니 조용히 터 잡고 살면서 로마의 통치에 순응하라. 반역은 꿈도 꾸지 말라. 너희는 지금 인간이 만날 수 있는 가장 좋은 세상에서 살고 있다. 그런데 왜 반역하려 하느냐?

이런 선전의 흐름은 후대 황제들도 계속 이어 갔는데, 특히 부록 1의 세 번째 발췌문에서 볼 수 있듯이 네로가 그 대표 인물이었다. 대중 매체가 등장하기 전 시대에는 메시지를 퍼뜨리는 방법으로 주화, 상像, 명문, 특히 시를 많이 사용했다. 로마는 그 전후의 모든 제국처럼 이런 흐름을 계속 밀어붙였다. 이런 흐름은 바울이 살아 있는 동안에도 줄곧 이어졌으며, 시골이든 도시든 그가 가는 거의 모든 곳에 이런 선전물이 존재했다. 실제로 그는, 에베소와 고린도처럼, 로마의 영향이 미치던 중요한 중심지를 방문하는 것을 아주 중시했던 것 같으며, 이후에는 로마 자체와 당시 로마가 통치하던 서쪽의 중요한 전초 기지인 히스파니아(오늘날 에스파냐와 포르투갈이 있는 이베리아 반도—옮긴이)까지 방문하려 했다. 그의 전략은 *kyrios*라는 말 그리고 이 말과 관련된 주장이 카이사르와 굳게 연결되어 있던 곳들에서 예수를 참된 *Kyrios*로, 온 세상의 진정한 주로 선포하는 것이었던 것 같다.

따라서 바울은 다름 아닌 로마로 보낸 이 서신에서 로마의 주장도 다른 모든 이교의 주장처럼 기껏해야 진리를 흉내 낸 것에 불과하다는 점을 강력하게 선언한다. 물론 모든 사람이, 로마의 그런 주

로마서의
심장 속으로

장이 말 그대로 거짓임을 알았다. 로마가 가졌다는 영광은 무자비한 군사 정복 위에 세워진 것이었으며, 십자가형으로 그 영광을 뒷받침할 때도 자주 있었다. 로마의 통치는 늘 불안했다. 언제 또 어느 속주에서 반란이 일어날지 몰랐고, 곡물을 실은 배가 제때에 도착하지 못하면 식량 부족으로 폭동이 일어날 수도 있었다(로마제국 융성기에는 수도 로마만 해도 인구가 100만이 넘었으며, 이들이 소비하는 곡물은 주로 이집트 같은 곳에서, 올리브나 포도 같은 것은 히스파니아나 갈리아에서 들여왔다─옮긴이). 바울이 보기에, 어쨌든 '자연'은 독립된 평화로운 어머니가 아니었다. 성경과 유대교에 바탕을 둔 그의 시각에서 볼 때, 더 넓은 세계는 홀로 설 수 있는 '자연'이 아니었다. 그것은 어디까지나 '피조 세계'요, 선한 창조주 하나님이 지으신 선한 세계였다. 그러나 지금 그 피조 세계는 산고로 신음하면서, 로마의 궁정 시인들이 상상하던, 겉만 번지르르한 가짜 새 시대가 아니라 진정한 새 시대가 태어나기를 고대하고 있었다.

다시 말해, 바울은 제국의 선전이 아니라 성경을 붙잡고 생각하고 있었다. 그는 아주 오래 전부터 히브리 세계가 믿어 온 새 피조 세계에 대한 약속을 믿었다(부록 2를 보라). 구약성경은 심지어 이스라엘이 반역하고 실패하는 와중에도 온 세계를 지으신 하나님이 언젠가는 이 세계를 다시 만드시리라는 약속을 줄기차게 내다보며 가리킨다. 온 우주가 조화를 되찾을 때가 올 것이다.

여기서 두드러지게 나타나는 특징이 두 가지 있다. 한편으로 보면, 이는 다윗 자손인 메시아의 사역을 통해 이루어질 것이다. 이사야 11장이나 시편 72편이 그렇게 말한다. 다른 한편으로 보면, 그것은 이사야 35장이나 40장이 말하듯이 하나님의 영광을 드러낼 것이다. 사실 이사야 11장과 시편 72편도 그렇게 말한다. 마치 광야의 성막이나 솔로몬 성전이 하나님의 영광스러운 임재로 가득 찼던 것처럼, 온 땅에 하나님의 영광이 가득할 것이다. 제2성전기 유대교 문헌은 이런 약속들을 다양하게 다시 가져다가 발전시키고 확장하며 송축했다. 우리는 때로 그런 기록을 '묵시apocalyptic' 문헌이라 부르는데, 이 '묵시'는 곧 '계시'를 뜻한다. 이는 이 문헌들이, 창조주 하나님이 자신의 오랜 계획을 놀랍게 성취하시고자 새 피조 세계를 갑자기 나타내실revealing 것을 이야기하기 때문이다. 우리는 여기서 로마가 꿈꾸었던 현재의 제국 유토피아가 그 새 피조 세계와 다르다는 점에 다시금 주목해야 한다. 로마는 그 꿈을 폭력을 사용한 군사 정복으로 이루려 한다. 그러나 히브리인과 유대인이 가졌던 꿈은 언제나 극심한 고난의 때를 거쳐 이루어진다.

초기 그리스도인들은 아주 자연스럽게 새 피조 세계라는 이 성경의 주제를 다시 가져다 이야기했다. 그것은 예수의 부활 안에서 새 피조 세계를 만들어 내는 일이 이미 성취되기 시작했다는 분명한 이유 때문이었다. 그들은 이 새 피조 세계가 영으로 말미암아 신실한 인간 속에서 그리고 그들을 통해 더 넓은 세계 속에서 강력하게 역사하고 있다고 믿었다.

물론 훨씬 후대에 살고 있는 우리의 시각에서 보면, 두 이야기, 곧 한편에 자리한 성경과 유대인의 이야기와 다른 한편에 자리한 로마의 이야기가 서로 의도하지 않았으면서도 비슷한 이야기를 전개했다는 점이 이상하다. 유대 텍스트는 로마가 등장하기 오래 전으로 거슬러 올라가고, 로마의 텍스트는 분명 그런 생각을 이사야서나 시편에서 빌려오지 않았다. 하지만 바울 시대의 많은 유대인은 다니엘 9:24이 말하는 '일흔 이레'에 기초하여 미래를 계산하면서, 새 시대가 우리가 1세기라 말하는 때에 동틀 것이라고 결론지었다.[1] 또 바로 그 순간에 로마제국은 완전히 다른 이유를 내세워 그 나름의 새 시대가 카이사르들을 통해 도래했음을 축하하며 떠들었다. 복음의 위대한 이야기, 곧 온 세상의 창조주가 그가 지으신 세계를 그의 아들을 통해 구하시고 모든 이에게 정의와 구원과 평화와 영광을 가져다주신다는 좋은 소식이 세상 속으로 울려 퍼지기 시작했지만, 그 세상에는 이미 신의 아들이라는 자가 세상에 정의와 구원과 평화와 영광을 가져다주었다는 좋은 소식을 담은 강력한 이야기가 사람들 사이에 널리 퍼져 있었다.

따라서 우리는 다름 아닌 로마 교회에 보내는 이 서신의 절정인 이곳에서, 유대 세계와 로마 세계를 주관하던 두 내러티브가 은연중에 충돌하는 모습을 본다. 물론 우리는 그저 진짜를 패러디한 고대의 가짜를 되돌아보면서 우리 자신은 그런 비슷한 왜곡들에 굴복하지 않는다고 우쭐댈 수만은 없다. 우리는 근대와 탈脫근대가 제시하고 사회에서 막강한 힘을 행사하는 방대한 내러티브들이, 기독교

---

1 이 시기에 단 9장을 가져다 쓴 것에 관하여 알아보려면, *PFG*, 2장(pp. 96, 133, 142)을 보라.

복음과 조금 비슷해 보이지만 사실은 죽은 패러디에 불과한 것들을 세상에 제공했음을 꼼꼼히 곱씹어 봐야 한다.

즉 근대는 기독교의 옷을 훔쳐 입고 진보와 계몽을 이야기하면서, 하나님 없는 종말론과 하나님 없는 사이비 지혜를 제공했다. 근대에 반발하여 나타난 탈근대는 우리에게 원죄라는 혹독한 교리를 제시했다. 의심의 해석학은 그 교리의 세속판이다. 그러나 탈근대가 제시한 교리에는 구속이나 용서의 소망이 전혀 없다. 결국 세상에는 그렇게 위대한 진리가 많지 않다. 기독교 복음이 그런 위대한 진리를 모두, 적절한 균형을 이루며 가지고 있다. 그러나 기독교의 강력한 하위 운동들sub-Christian movements은 줄기차게 그런 진리를 조금씩 그리고 몇 부분씩 낚아챈 뒤 그것들을 새로운 방식으로, 그것도 그들이 약속하는 것을 실제로 전혀 행하지 않는 방식으로 결합해 보려고 애쓴다. 근대주의는 단두대로 이미 그 본색을 보여 주었으며, 그 뒤에는 끝내 유대인 대학살까지 나아갔다. 탈근대는 폭군이 날뛰는 제국이 늘 저질렀고 지금도 여전히 행하는 일을 문화의 아이콘들에게 행하면서 모든 것을 파괴하지만, 재건 계획은 전혀 가지고 있지 않다.

그러나 진짜를 패러디한 가짜는 세속 세계에서만 볼 수 있는 것이 아니다. 슬픈 현실이지만, 그것은 하나님의 백성 자체 곧 우리 속에서도 줄기차게 자란다고 말할 수밖에 없다. 이 유감스러운 이야기는, 하나님이 모세에게 성막의 양식을 알려 주시던 바로 그 순간에 아론이 황금 송아지를 만든 일로 거슬러 올라간다. 이 사건은 오

로마서의
심장 속으로

늘날 하나님의 백성이 개인이든 집단이든 꾐에 넘어가, 좋은 선물처럼 보이지만 사실은 카이사르의 약속처럼 그저 잠시 있다 사라지는 연기요 거울에 비친 모상에 불과하며 흙먼지와 재에 불과한 것을 붙잡으려고 혈안이 되었을 때 일어나는 일로 줄곧 이어진다. 기독교의 가르침 같지만 사실은 아닌 가르침이나 기독교 하위에 있는 가르침은, 오랫동안 성경이 피조 세계와 새 피조 세계에 관하여 제시하는 의미를 모호하게 만들었으며, 바로 그런 곳에서는 믿음과 정치의 유독한 혼합물이 밀고 들어와 주도권을 쥐기가 아주 쉽다.

그러나 이는 무엇보다 성경이 말하려는 '영광'의 의미로 우리를 다시 데려간다. 핵심 단어들로 돌아가 보자. 히브리어 *kabod*와 그리스어 *doxa*는 사실 빛에서 뿜어 나오는 광선과 찬란한 빛 같은 것을 포함하게 된다. 많은 독자는 바울이 지금 바로 그것을 이야기한다고 상상한다. 그러나 그것은 위 단어들의 기본 의미가 아니며, 바울도 보통 그런 의미로 쓰지 않는다. 히브리 성경에서는 '영광'이라는 말이 으레 특히 통치나 능력을 가리키게 된다. '영광'이 보통 왕과 관련된 용어인 것은 그 때문이다. 이런 왕의 영광을 눈앞에 보여 주는 상징이 왕관인데, 때로는 거기서 나오는 밝은 빛이 사방으로 뻗어나간다. 밝은 빛 자체가 영광은 아니다. 빛은 영광에 관하여, 무게 있는 엄위와 능력에 관하여 일러 준다. 그 사람의 영예를 상징하는 것이 바로 그 밝은 빛이다. 따라서 성경은 하나님의 영광이 온 피조 세계에 넘쳐흐르리라고 약속하지만, 이것은 온 피조 세계가 마치 그 세계 안 어딘가에 강력한 전구를 가진 것처럼 밝게 빛날 것

5장
로마서 8:17-21

이라는 의미가 아니다. 그것은 하나님의 창조 능력과 지혜가, 소위 온 사방에서 밝게 빛나는 것을 모든 이가 볼 수 있으리라는 뜻이다.

다가오는 영광을 일러 주는 이 약속, 곧 인간이 온 세상을 책임지는 영광을 받으리라는 약속이, 바울이 다루는 주요 주제 가운데 하나다. 이 주제는 예수 자신의 부활이라는 기초 위에 세워진 부활의 약속과 밀접한 관련이 있다. 바울은 이런 성경의 약속들을 다른 관련 본문에서, 특히 고린도전서 15:20-28과 빌립보서 3:19-21에서 다시 거론한다. 이 두 본문은 여기서 압축하고 암시하며 말한 것을 분명하게 이야기한다. (바울은 종종 그렇게 한다. 한곳에서 천명한 어떤 주제를 다른 곳에서는 수수께끼 같은 경구로 요약한다. 그 경구를 확실히 이해하려면, 바울이 천명한 말을 확인해 봐야 한다.)

바울은 특히 고린도전서 본문과 빌립보서 본문에서 세 개의 시편과 다니엘서의 한 장을 떠올려 준다. 아주 천천히, 꼼꼼하게 연구할 가치가 있는 그 본문들은, 다윗 자손인 메시아에게 온 세상을 주관할 권위가 주어지는 시편 2편, 다니엘 7장에서도 강력하게 울려 퍼지는 주제로 하나님의 오른편으로 높이 올림을 받은 메시아가 모든 원수를 제압할 것을 말하는 시편 110편, 그리고 특히 시편 8편이다. 이 시편 8편은 하나님이 지으신 온 피조 세계를 돌보는 하나님의 청지기가 되어야 하는 인간의 소명을 일깨워 준다. 그런 인간에게 영광과 존귀로 관이 씌워졌으며, 만물이 그 발아래 복종한다. 그것이 바로 바울이 이 본문들에서 말하는 '영광'이다. 여기서 시편 8편은 특히 중요하다. 시편 8편은 창세기 1장의 약속, 곧 하나님의 형상으로 만들어진 인간에게 하나님이 지으신 세계를 돌볼 책임이 주어지리라는 약속을 끄집어내면서 이 약속에 초점을 맞춘다. 이것이 바로 두 의미, 곧 하나님의 임재와 인간의 권위가 수렴하는 하나의 방식이다.

이 이미지들이 함께 어우러지는 이유는, 무엇보다 일부 유대인 독자가 시편 8편을 메시아와 관련지어 이해함으로써, 장차 올 왕을 최고의 진정한 인간으로 만들었기 때문이다. 이는 으레 왕을 신의 형상으로 만들어진 존재로 보았던 고대의 견해와 궤를 같이한다. 물론 창세기 1장은 실상 모든 인간이 하나님의 형상을 지녔으며, 모든 인간이 왕의 위엄을 지녔다고 강조한다. 그러나 고대의 많은 유대인은 시편 8편을 계속하여 메시아와 관련지어 읽었고, 그것은 우리가 방금 언급한 본문들에서 시편 8편을 다른 메시아 텍스트와 연계하도록 바울에게 길을 열어 주었다.

바울도 시편 8편이 만물을 그에게 복종하게 하신 예수 안에서 이루어졌다고 보았다. 로마서 5장의 유명한 아담-메시아 본문을 살펴보고 나면 예상할 수 있듯이, 바울은 이 시편이 최고의 진정한 인간이신 예수에 관하여 말하는 것이라고 보았으며, 고린도전서 15장에서도 그렇게 본다. 현대 그리스도인들은 종종 우리가 변증자로서 해야 할 주된 과업이 예수의 신성을 사람들에게 납득시키는 것이라고 생각했다. 그러나 바울은 이런 본문들에서, 그런 점을 부인하거나 폄훼하지 않으면서도, 예수가 진정한 인간임을 역설한다. 그가 으레 강조하는 점은 예수가 메시아이신데도 이런 역할을 그의 모든 백성과 공유하신다는 것이다. 이는 성경이 다윗과 그 자손에게 주어진 약속을 모든 백성에게 적용하는 모습과 궤를 같이한다. 29절은 이렇게 말한다. 우리가 아들의 형상을 본받아야 함은 "그로 큰 가족의 맏아들이 되게 하려 하심이다." 시편 8편은 창세기 1장과 2장을 가져다가, 인간의 소명이 여전히 그 강령에 존재한다는 것을 역설한다. 물론 복음이 올 때까지는 그 모든 것이 어떻게 이루어질지가 분명하지 않았다. 예수에게 속한 이들, 곧 그의 영으로 말미암아 살아가는 이들은, 창세기 1장과 시편 8편이 표현한 예수의 소명을 함께 짊어져야 한다.

로마서 8장은 훨씬 많은 것을 담고 있다. 이것은 출발점일 뿐이다. 우리가 아주 중요한 이 네 구절을 구석구석 살펴볼 수 있게 도와주는 것만으로도 충분하다. 그러면 우리 시야에 들어오는 것은 어쩌면 이 본문 전체에서 가장 짜릿하고 인상 깊은 특징일 수도 있는 것인데, 바로 '영광', '영광의 소망' 그리고 '영화'(영광을 받음)의 이중 의미다. 나는 이것이 이중 의미를 가지고 있음을 이미 암시했었다. 우리는 여기서 잠시 짬을 내어, 두 측면을 지닌 이 실체와 그 두 측면이 무엇을 의미하는지 깊이 생각해 봐야 한다.

1세기 유대인에게 "'영광의 소망'이 무엇입니까?"라고 물었다면, 그들은 십중팔구 이렇게 대답할 것이다. "우리는 우리 하나님이 능력 있고 엄위 있게 돌아오셔서, 성전 안에 거하시면서 이스라엘과 온 세상에 그의 나라를 세우시기를 소망합니다." 그러나 그들은 동시에 이렇게 말할지도 모른다. "영광의 소망은 하나님의 백성이 하나님 아래에서 온 세상을 다스릴 권위를 행사하는 것입니다." 사해 사본은 그들 자신의 공동체를 언급하면서, 그들에게 '아담의 모든 영광이 주어질' 것이라고 말한다. 이는 곧 그들이 세상의 통치자로 세움 받을 것이요, 하나님의 지혜로운 질서를 그가 지으신 세계 속에 되비치리라는 것을 의미한다. 그것이 다니엘 7장을 읽어 온 고전적인 방식이다. 실제로 본문 자체도 그런 읽기가 타당함을 확인해 주는데, 이 본문은 '인자 같은 이'가 높이 올림을 받고 세상을 다스리리라는 것을, 지극히 높으신 이의 성도인 백성, 곧 그 나라를 받고 그 나라를 영원히 다스릴 이들과 관련지어 설명한다.

이렇듯 이 이중 소망, 곧 하나님의 영광과 인간의 영광이 놀랍게도 하나가 된다. 이사야 40장과 52장 그리고 에스겔서가 약속한 하나님의 영광이, 메시아라는 인격체로 성전으로 돌아오고, 로마서 8:9-11이 말하듯이 영으로도 돌아온다. 이렇게 '하나님의 아들'이라 선언된 이들은 이를 통해 다니엘이 말한 인자처럼 하나님에게 복종하면서 온 세상을 다스리는 이의 위엄과 권위 그리고 인간의 영광을 수여받는다. 다시 한번 시편 8편을 생각해 보자. 이곳을 보면, 실제로 '인자(들)에게 영광과 존귀의 관이 씌워진다.' 바울은 로마서 2:10에서 하나님의 백성의 궁극적인 상태를 이야기하면서 저 문구를 이미 사용했었다. 따라서 이사야 40장(하나님의 영광이 돌아옴)이 시편 8편의 성취를 통해(진정한 인간 혹은 인간들이 높임을 받음을 통해) 성취된다고, 또 반대로 시편 8편이 이사야 40장을 통해 성취된다고 말할 수 있을 것이다. 이는 어마어마하고 아주 중요한 비전이다. 이야말로 삼위일체에 입각한 영광의 신학이다. 이 신학은 그 심장부에 본디 하나님이 인간을 지으실 때 가지셨던 의도를 포함하고 있다.

바울이 18절에서 말하려는 요점은 일단 전체 그림을 파악하면 분명하게 드러나는데, 그것은 곧 이 영광이 현재의 고난과 결코 비교할 수 없다는 것이다.

이 모든 것을 염두에 두고, 드디어 이 대단히 중요한 다섯 구절인 17-21절의 세부 내용을 살펴보자. 바울은 17절에서 이렇게 선언한다. "우리가 그와 함께 영광을 받고자 그와 함께 고난을 받는 한… 메시아와 공동 상속자다." 따라서 여기서 '영광을 받음'은 '유업을 받음'을 달리 표현한 말이며, 인간이 온 피조 세계를 통치함을 가리킨다. 우리는 메시아 안에서, 메시아와 함께, 하나님이 지으신 세계를 다스리는 권위를 다시 부여받게 될 것이다. 뒤이어 18절은 이것을 '계산하다'라는 뜻의 *logizomai*라는 무게 있는 말을 사용하여 설명한다. 바울은 '꼼꼼히 계산했다.' 바울은 여기서 소위 수학을 했다. 그가 여기서 하는 말은 고린도후서 4장과 긴밀하게 이어져 있는데, 바울은 고린도후서 4장에서 현재 겪는 어려움은 잠시 스쳐 지나가는 고초에 불과하다고 말하면서 그 고초는 영원한 영광의 무게와 견줄 수 없다고 선언한다.

따라서 바울은 18절에서 '현재'와 '다가오는 시대'를 비교한다. 예수의 부활이 있은 뒤, 현재는 옛 시대와 새 시대가 겹치는 때가 되었다. 옛 시대와 새 시대는 나란히 달려간다. 그러다가 마침내 '다가오는 시대'에는 영광이 완전히 드러날 테지만, 그 시대는 이미 작동하고 있다. 바울은 이 구절 말미에서 그 영광이 실제로 우리를 위해 혹은 우리 위에 베일이 벗겨지듯 나타날 것이라고 *apokalyphthēnai eis bēmas* 강조한다. 이 *eis bēmas*for us or upon us는 뜻밖이다. 우리는 그 영광이 우리에게to us 나타나리라고 생각했을지도 모르겠다. 하나님의 영광이 지극히 충만한 모습으로 돌아올 때, 우리는 그것을 지켜보는 이, 바라보는 이가 될 것이기 때문이다. 그런 의미라면 그냥 여격인 *bēmin*을 써도 충분했을 것이다. 그러나 그렇지 않다. 하나님의 영광은 우리 위에 베일이 벗겨지듯 나타날 것이다. 우리는 그 영광을 옷처럼 입고 (우리가 말한 것처럼) 그 영광을 부여받은 우리 자신을 발견하게 될 것이다. 이런 내용을 파악하려면, 로마서 8장이 제시하는 대로, 성령을 신학 차원에서 치밀하고도 충실하게 이해해야 한다. 성령은 메시아의 백성 안에 들어와 거하시는 영광스러운 하나님이시요 우리 인간이 하나님의 현재 목적 안에서 진정한 인간으로 존재할 수 있게 해 주는 이다. 결국 장차 그런 나타남이 갑작스럽게 다가올 때, 즉 예수 자신의 다시 오심이 그 중심이 될 '묵시'가 나타날 때, 구속 받은 우리 인간들은 온 세상을 다스리는 하나님의 권위, 곧 이미 예수 바로 그분이 소유하고 계시는 그 권위를 입게 될 것이요 갖게 될 것이다. 예수가 마태복음 28장 끝에서 말하듯이 모든 권위가 그에게 주어졌다. 그런데 심지어 그곳에서도 이미, 예수를 따르는 이들에게 세상 속으로 들어가 그 권위를 현실에서 나타내라는 사명을 부여한다. 결국 그 일이 완료될 것이다.

5장
로마서 8:17-21

이 모든 것이 어떻게 함께 어우러지는지 정신을 똑바로 차리고 이해하는 것이 중요하다. 바울과 초기의 모든 그리스도인은 다가오는 묵시가 예수 바로 그분을 나타낼 것이라고 생각했다. 예수가 다시 오시면, 즉 그가 '다시 나타나시면'(바울과 요한은 골로새서 3:4과 요한일서 3:2에서 그렇게 표현한다), 이 선한 피조 세계를 반씩 차지하고 있는 하늘과 땅이, 현재는 비록 둘 다 불투명하지만 결국 모든 이가 볼 수 있게 완전히 하나가 될 것이다. 바울은 이 순간을 고린도전서 15장, 빌립보서 3장 등에서 이야기한다. 그러나 우리가 살펴보고 있는 본문을 보면, 이 '묵시'의 주체가 예수의 백성 자체다. 그들 자체가 '베일이 벗겨지듯 나타나게 될' 것이다. 바울이 골로새서 3:4에서 말하듯이, 메시아가 나타나면 "너희도 그와 함께 영광 중에 나타[날 것이다]." 우리는 보통 그리스도인들이 메시아가 나타나기를 기다린다고 생각한다. 그러나 실은 온 우주가 그리스도인들이 나타나기를 기다린다! 바로 이것이 우리를 19절 속으로 곧장 이끌고 간다.

그리스어 본문에서 19절이 어떻게 흘러가는지 꼼꼼하게 살펴보자. 바울은 이미 18절에서 *apokalyphthēnai*라는 단어를 사용했다. 이제는 일부러 이 단어가 가진 시적 잠재력을 활용하려는 듯 *apo*와 'k'라는 소리, 그리고 'd'라는 소리를 거듭 사용한다. *hē gar apokaradokia tēs ktiseōs tēn apokalypsin tōn hyiōn tou theou apekdechetai. ap-*로 시작하는 단어들은(*apokaradokia, apokalypsin, apekdechetai*) 자음 폭발을 만들어 내면서, 하나님이 예수의 다시 오심과 만물의 변화로 자신이 하실 일을 마침내 완결하실 순간이 폭발

로마서의
심장 속으로

성을 갖고 있음을 부각시킨다.

얼핏 보면, *apokaradokia*를 문장의 주어로 삼은 것이 이상해 보일지도 모르겠다. 이 단어는 본디 '간절한 기다림'을 의미한다. 어떤 사람이 목을 길게 빼고 저 구석에서 무엇이 돌아오는지 내다보는 느낌을 준다. 물론 이 단어가 이런 인상을 주다 보니, 번역하기가 어렵다. 이는 말 그대로 '온 피조 세계가 목을 길게 뺀 채 앞을 내다보며 하나님의 자녀가 나타날 것을 애타게 기다림'을 의미하기 때문이다. 나는 이를 다소 단순하게 번역하여, 대다수 번역자처럼 '피조 세계 자체'를 주어로 만들었다("피조 세계 자체가 발꿈치를 들고 이제나저제나 하며…기다린다"). 바울은 서로 비슷하게 바삭거리는 소리를 가진 두 단어를 문장 앞과 뒤에 사용하여*apokaradokia, apekdechetai* 그의 문장을 구성한다. 그리고 이 두 단어 사이에 중심 단어인 *apokalypsin*이 자리하고 있다. 이 중심 단어는 하나님의 자녀가 나타남, 베일을 벗고 그 모습을 드러냄이다. 그것이 당신과 나다. 바울은 그것이 바로 온 피조 세계가 기다리는 대상이라고 선언한다.

물론 바울은 이것이 하나님의 나타나심, 예수의 나타나심일 것이라고 추측한다. 그러나 여기서 중요한 것은, 우리가, 우리 인간이, 우리 예수 따르미가, 영의 전인 우리가 영광을 받은 이로서, 다시 말해, 온 피조 세계를 원래 목적대로 회복시킬 소명을 받고 능력을 받은 이 온 피조 세계의 청지기로서 베일을 벗고 나타나기를 온 피조 세계가 학수고대한다는 것이다. 이는 하나님이 애초부터 온 세계를 그렇게 지으셨기 때문이다. 물론 피조 세계는 그 창조주를 기다린

5장
로마서 8:17-21

다. 그러나 이 피조 세계가 주로 원하는 이는, 그 세계의 올바른 청지기요, 그 안에 창조주 바로 그분의 영이 활동하고 있는 지혜로운 인간 가족이다. 예수를 따르는 우리는 언젠가 바로 그렇게 나타날 것이다. 말이 나온 김에 언급하지만, 이것이 바로 요한계시록이 하나님이 구속받은 인간 피조물을 향하여 가지고 계신 계획에 관하여 하는 말이다. 우리는 '왕 같은 제사장'이 되려고 구원받는다.[2]

이어 20절과 21절은 이렇게 설명한다. 내가 '너희도 알다시피'로 번역한 첫머리의 *gar*를 주목하라. '너희도 알다시피' you see는 영어에서 어떤 설명이 등장할 것을 알릴 때 보통 사용하는 표현이다. 바울은 여기서 우리를 창세기 3장으로 다시 데려간다. 그는 로마서의 앞 장들에서도 그랬듯이 실제로 시종일관 창조 이야기 전체를 염두에 두고 있었다. 바로 이곳에서 로마서 5:12-21이 제시하는 뭔가 계획을 가진 말(아담-그리고-메시아 본문)이 진가를 발휘한다. 아담의 죄는, 그와 하와가 동산에서 쫓겨나는 것뿐 아니라 땅 자체가 이제 가시와 엉겅퀴를 내리라는 것을 의미했다. 결국 창세기 1장과 2장은 멈춰 있는 어떤 장면이 아니라, 앞으로 펼쳐질 어떤 프로젝트의 시작을 묘사했다. 거기서 묘사한 창조는 훨씬 더 큰 무언가의 시작으로 생각되었다. 그러나 그 일은 하나님의 형상을 가진 이들이 수행하는 청지기직을 통해 일어나야 했다. 그런 이들의 반역은 그 프로젝트가 좌절되었음을 의미했다. 그것은 20절에서 세 번째로 등장

---

2 계 1:6; 5:10; 20:6.

로마서의
심장 속으로

하는 그리스어 단어, 곧 '좌절'이나 '무익함'을 뜻하는 *mataiotēs*를 겪었다. 이제 피조 세계는 그것을 인도해 줄 지혜롭고 순종하는 인간이 없으면 아무 데도 가지 못하게 되었으며, 피조 세계 자체도 그것을 알았다.

이는 피조 세계 자체의 잘못은 아니었다. 바울은 20절에서 "그 자신의 의지 때문이 아니라"라고 말한다. 그는 이렇게 말하면서, 피조 세계가 본질상 처음부터 헛되고 썩었다는 플라톤식 관념을 일체 배제한다. 오히려 하나님이 지으신 세계는 하나님을 되비쳐 주는 진정한 인간의 권위 아래 번성하도록 만들어졌기 때문에 창조주 하나님은 그렇게 번성하라고 명령하셨다. 그렇게 될 때까지 피조 세계는 좌절된 상태에 있을 것이다. 창조주는 본디 만드신 세계의 작동 원리를 제거하시지 않을 것이다. 그것은 순종하는 인간들을 통해 그 세계가 제대로 작동하리라는 원리다. 결국 그것은 (우리가 오랜 기독교 역사를 되돌아볼 때) 하나님의 용도에 맞게 설계된 계획이었다. 하나님의 또 다른 자아가 가장 지혜롭고 순종하는 인간으로 나타나며, 하나님 자신의 영이 다른 사람들을 되살려 내어 그들이 해야 할 역할을 할 수 있게 준비시켜 주기 때문이다.

이처럼 피조 세계는 무의미한 허무에 굴복했지만, 늘 '소망을 품고' 있었다. 20절 끝에 나오는 그리스어 문구 *eph' helpidi*는 그 앞에 나오는 말과 함께하는 말일 수도 있고('소망을 품고 굴복했다', 곧 '어떤 목적을 품고 굴복했다'는 말), 뒤에 나오는 말과 함께하는 말일 수도 있다('…할 소망을 품고', 일부 사본에 표현된 것처럼, 특히 21절의 첫 단어가 '왜냐

5장
로마서 8:17-21

하면'을 뜻하는 *diboti*가 아니라 '곧/즉'을 뜻하는 *boti*라면, 더더욱 이런 의미를 가진다).[3] 둘의 차이는 크지 않다. 두 의미 모두 바울이 강조하는 더 큰 요지와 잘 들어맞는다. 그것은, 피조 세계는 현재 슬픈 상태에 있지만 이 상태 뒤에 있는 하나님의 목적은 언제나 최종 구속을 내다보고 있다는 것이다.

이어 이는 우리를 21절의 영광스러운 주장으로 데려간다. 그러나 사람들은 종종 이 주장을 오해한다. 많은 역본은 바울이 온 피조 세계가 '하나님의 자녀의 영광스러운 자유'나 그와 비슷한 어떤 것을 공유하리라고 말하는 것으로 번역해 놓았다. 그러나 마치 한 끈에 꿰어 있듯 등장하는 소유격들, *theos*의 *tekna*의 *doxa*의 *eleutheria*, 곧 '하나님의 자녀의 영광의 자유'는 사실 그렇게 단순한 어구로 번역할 수 없다. 여기서 '자유'는 피조 세계의 자유로, 이 피조 세계가 썩음의 노예 노릇을 함의 반대말이다. 그러나 여기서 '영광'은 온 피조 세계 위에서 행사하는 인간의 권위다. 물론 우리도 죄와 죽음에서 벗어나 자유를 얻겠지만, 그것은 바울이 여기서 강조하는 요점이 아니다. 그는 피조 세계가 썩음에게 복종하는 노예 처지에서 벗어나 자유를 얻을 것이라고 선언한다. 이 일은 메시아의 백성이 영광을 받을 때, 메시아의 백성이 죽은 자 가운데서 일어나 하나님이 늘 그들에게 주시고자 했던 것, 곧 온 세상을 다스리는 권위를 받을 때 일어날 것이다. 18절은 이것이 우리 위에 나타날

---

3 가장 훌륭한 사본들은 이 점과 관련하여 얼추 비슷하게 나뉘어 있다.

로마서의
심장 속으로

영광이라고 말한다. 19절은 이것이 하나님의 자녀의 나타남이라고 말한다. 따라서 내가 제시한 번역과 같은 것이 21절을 바로 번역한 것이다. 그 새 날이 오면, 피조 세계가 "하나님의 자녀들이 영광을 받을 때에 다가올 자유를 누릴" 것이다.

우리는 이제 마침내 이 본문을 관통하는 생각의 흐름 전체를 한 눈에 본다. 17절과 18절은 이렇다. 우리가 영광스러운 역할을 할 마지막 새 피조 세계는 그야말로 멋진 세계여서, 현재의 어떤 고난도 그 세계와 견줄 수 없다. 이는 19-21절이 말하듯이, 하나님의 자녀가 하나님에게서 주권자의 청지기라는 영광스러운 직무를 수여받을 때, 현재 좌절을 겪고 있는 피조 세계가 썩음에 굴복한 노예의 처지에서 해방될 것이기 때문이다. 바울은 여기서 말한 고난을 22절에서 27절에 이르는 본문에서 계속 묘사하게 된다. 그는 온 피조 세계가 탄식하는 가운데, 하나님의 백성도 탄식하며, 우리 중심에 자리한 영도 탄식한다고 말한다. 이어 바울은 이 모든 내용을 8장의 긴 중심 부분의 마지막 절들에서 함께 끌어모아, 메시아 자신이 곧 진정한 인간임을 제시하고 우리 자신을 그의 형상을 닮은 이들로 제시한다.

바울은 이처럼 17절에서 21절에 이르기까지 성경과 충실히 공명하는 언어로 온 피조 세계가 가지고 있는 소망을 묘사했다. 이 소망은 허다한 그리스도인이 오늘날까지 그냥 무시해 온 것이다. 이를 충실히 설명하려면 다른 핵심 본문들, 곧 고린도전서 15장, 고린도후서 5장, 빌립보서 3장을 함께 살펴봐야 하며, 사도행전이 제시하는 여러 단서들(3:21과 다른 곳들)과 요한계시록 21-22장도 당연히 살펴봐야 한다. 그러나 이 본문은 이중 영광이 지닌 독특한 의미, 곧 야훼의 영광스러운 돌아오심과 진정한 인간의 영광스러운 통치가, 바울이 기독론에 기초하여 제시하기 시작한 종말론에서 하나로 합쳐지는 곳이다. 로마서 8장을 제대로 이해하려면, 방금 말한 점을 똑바로 이해해야 한다(아니 어쩌면 방금 말한 점이 우리 마음과 삶 속에 뿌리를 내려야 한다고 말해야 할지도 모르겠다).

나는 이 모든 것이 오늘날의 절박한 관심사와 깊은 관련이 있다는 점이 분명하게 드러났기를 소망한다. 현재 인간이 이 피조 세계 안에서 그리고 이 피조 세계를 위해 감당해야 할 책임을 놓고 진지한 논쟁이 벌어지고 있다. 어떤 이들은 인간이 이 세상을 무시무시한 난장판으로 만든 것을 보면서, 우리는 뒤로 물러나 소박하게 살면서 자연을 바로잡아야 한다고 말한다. 다른 이들은 여전히 하나님이 지금 존재하는 세상을 어떤 식으로든 불태워 버리시고 우리를 하늘로 데려가실 것이라고 역설한다. 이 때문에 이들은 생태계에 관심을 갖는 것을 복음에서 벗어나는 일로 여긴다. 우리 시대의 많은 이를 비롯한 또 다른 이들은 그 모든 일을 해야 하며, 그 모든 문제를 해결해야 한다고 말한다. 바울이 생각하는 그리스도인이라면 이 모든 것 속에서 무슨 역할을 할 수 있을까?

어떤 이들은 어쩌면 실제로 하나님이 지으신 새 피조 세계에서는, 우리가 그 피조 세계를 해방시킬 권위를 갖게 되리라고 대답할지 모르겠다. 그러나 우리는 아직 죽은 자 가운데서 부활하지 않았

로마서의
심장 속으로

다! 새 하늘과 새 땅은 아직 여기에 있지 않다. 그렇다면 우리가 이 순간에 할 수 있는 일은 많지 않은 게 아닌가? 사람들은 종종 그렇게 말한다. 그러나 사람들이 내게 그렇게 말할 때, 그들에게 제시할 수 있는 답변 가운데 하나는 이렇다. 어떤 이가 목회자인 나를 찾아와 이렇게 말했다고 생각해 보자. "저기, 제가 죄 때문에 힘듭니다. 계속 죄를 짓는데 그만둘 수가 없습니다. 그렇지만 언젠가는 하나님이 저를 완전히 새 사람으로 바꿔 놓으시겠죠! 그러니 이제는 걱정 안 해도 되겠지요?" 이런 질문에 맞는 대답은 단호하면서도 온화하게 그 질문을 한 이가 로마서에 기초한 종말론을 마주하게 하는 것이다. 로마서 6장과 8장에 따르면, 그리고 말이 나온 김에 하나 더 말해 골로새서 3장에 따르면, 우리는 이미 메시아와 함께 부활했다. 따라서 우리는 영의 능력 안에서, 우리의 현재 도덕 생활과 하나님이 지으신 이 세상에서 바깥을 향한 책임을 다하면서 마침내 이루어질 최종 부활을 기대하며 기다려야 한다. 새 피조 세계는 예수의 부활 및 영이라는 선물로 이미 시작되었다. 그것이 우리의 출발점이다. 그 외에 다른 것은 없다.

그렇다면 교회가 현재 해야 할 일은 무엇인가? 그것은 우리가 다음 장에서 살펴볼, 22절에서 27절에 이르는 본문에서 시작된다. 그 일은 비탄에 초점을 맞춘다. 로마서 8장은 오로지 구원의 기쁨만을 이야기한다고 추측하는 이들에게는 이것이 놀라울지도 모르겠다. 그러나 다른 모든 것은 그것에 뒤따라 나온다. 시편에서 말하는 것처럼, 경축으로 가는 길은 으레 그늘진 골짜기를 지나간다.

마지막으로 사람들이 가끔씩 던지는 질문이 있다. 과학자들은, 그들이 현재 만물이 흘러가는 모습을 관찰한 결과에 따르면, 현재의 피조 세계는 결국 차갑게 식어 버리거나 아주 뜨겁게 달궈질 것이라고 말한다. 이 피조 세계는 무한히 팽창하여 거대하고 차가운 우주의 공허 속으로 사라지거나, (중력을 재차 강조하며) 다시 한데 뭉칠 것이다. 큰 냉기가 있거나 큰 수축이 있을 것이다! 그렇다면 이런 상황에서 하나님이 이 피조 세계를 새롭게 하시며 회복하시리라고 어떻게 믿을 수 있겠는가?

지금 우리가 다루는 본문을 보면, 그 대답은 하나님이 부활절에 예수를 위해 하셨던 일을 장차 온 피조 세계를 위해 하시겠다고 약속하신 것에 있다. 그 이상도 그 이하도 아니다. 과학은 당연히 인간이 죽으면 죽은 것이라고 말하곤 한다. 과학은 옛 피조 세계 안에서 평범하고 반복되는 증거를 연구한다. 그것이 과학의 일이다. 그러나 부활은 새 피조 세계의 출발점이다. 우리가 바울이 이해하는 것처럼 예수의 부활을 이해하면, 정말 성경을 따라 이해하면, 하나님이 예수를 죽은 자 가운데서 되살리셨음을 믿는believe 데 필요한 것과 같은 믿음faith이 결국 하나님이 온 세상을 새롭게 하실 것을 믿는 데도 필요함을 알게 될 것이다. 현재의 고난은 다가오는 영광과 비교할 수 없다는 '계산'은, 바울이 로마서 6장에서 촉구하는 것과 같은 믿음의 행동, 곧 예수에 기초한 믿음의 행동으로 나타난다. 그 계산은 곧 우리가 죄에 대하여 이미 죽었고 메시아 안에서 하나님께 대하여 살아 있다는 '계산'이다. 이런 것들을 '계산하는' 법을 배우

로마서의
심장 속으로

는 것이 지혜로운 인간의 삶, 하나님을 되비쳐 주는 인간의 삶에 기본이 된다.

6장

로마서 8:22-27 영의 탄식

22 설명해 보겠다. 우리는 온 피조 세계가 지금까지도 함께 탄식
하며 함께 산고를 겪고 있음을 안다.

23 그뿐만이 아니라, 우리도, 우리 안에 영의 생명의 첫 열매를 가
진 우리도, 우리 자신 안에서 탄식하며, 우리가 입양될 것을, 우
리 몸의 구속을 간절히 기다린다.

24 너희도 알다시피, 우리는 소망 안에서 구원받았다. 그러나 그
소망을 볼 수 있다면 그것은 소망이 아니다. 누가 볼 수 있는
것을 소망하겠느냐?

25 그러나 만일 우리가 보지 못하는 것을 소망한다면, 우리는 그
것을 간절히, 아울러 끈질기게 기다린다.

26 마찬가지로, 영이 우리와 함께하면서 우리의 약함을 돕는다.
우리는 우리가 무엇을 기도해야 할지 모르지만, 바로 그 영이
말할 수 없을 만큼 깊은 탄식으로 우리를 대신하여 간구한다.

27 마음을 살펴보시는 이가 영이 생각하는 것을 아시니, 이는 영이

하나님의 뜻을 따라 하나님의 백성을 위해 간구하기 때문이다.

22 *oidamen gar hoti pasa hē ktisis systenazei kai synōdinei achri tou nyn.*

23 *ou monon de, alla kai autoi tēn aparchēn tou pneumatos echontes, hēmeis kai autoi en heautois stenazomen hyiothesian apekdechomenoi, tēn apolytrōsin tou sōmatos hēmōn.*

24 *tē gar elpidi esōthēmen. elpis de blepomenē ouk estin elpis. ho gar blepei tis elpizei?*

25 *ei de ho ou blepomen elpizomen, di'hypomenēs apekdechometha.*

26 *hōsautōs de kai to pneuma synantilambanetai tē astheneia hēmōn. to gar ti proseuxōmetha katho dek ouk oidamen, alla auto to pneuma hyperentyngchanei stenagmois alalētois.*

27 *ho de eraunōn tas kardias oiden ti to phronēma tou pneumatos, hoti kata theon entyngchanei hyper hagiōn.*

이제 우리는 이 로마서 8장에서, 아니 로마서 전체를 통틀어, 가장 이상하고 어쩌면 가장 모호할 수 있는 지점 중 하나에 이르렀다. 바울은 이제 많은 이가 보통 로마서를 읽는 방식대로 읽을 때는 예

로마서의
심장 속으로

상하지 못할 곳으로 우리를 데려간다. 사실, 그리스도인 독자는 물론이요 심지어 설교자도 이 본문을 얼른 건너뛸 때가 자주 있다. 그들은 이 본문을 이상한 잡음처럼 취급하고 28절에서 30절에 이르는 본문으로 부리나케 달려가며, 이어 31절부터 등장하는 영광스러운 피날레로 내쳐 나아간다. 그러나 바울이 그가 하려는 말을 어떻게 구축해 가는지 기억해 보라. 그는 17절과 18절에서 우리가 고난의 골짜기를 지남으로써 영광에 이른다고 역설했다. 실제로 19절에서 21절에 이르는 본문은 우리가 앞 장에서 보았던 다가오는 영광의 얼개를 그려 보인다. 그러나 그가 뜻하는 바는 우리가 상상할 법한 것과 상당히 다르다. 이제 그는 고난에 관하여 이야기하는데, 이번에도 우리가 예상할 법한 것과 다른 식으로 이야기한다.

여기서 말하는 고난은 그야말로 개인의 고난이요, 심지어 내밀하기까지 하다. 바울은 여기서 단순히 외부에서 다가오는 핍박이나 구타나 옥에 갇히는 일을 말하는 게 아니며, 가난이나 병고나 난파나 우리가 오감으로 인지할 수 있는 어떤 일을 말하는 게 아니다. 물론 그 모든 것이 그가 지금 여기서 말하는 내용의 외부 조건이기는 하다. 바울은 이 본문에서, 근자에 보낸 고린도후서와 자신의 트라우마를 담은 독특한 목록까지 기억에 담고서, 우리 자신의 존재 가장 깊은 심연에서 우러나오는 깊디깊은 탄식, 그 누구도 이해할 수 없는 처절한 탄식에 관하여 쓰고 있다.

바울이 여기서 하는 말은 단순히 "어려운 시절을 지나가자"는 것이 아니다. "때로는 우리가 참고 견뎌 내야 할 일도 있는 겁니다"라

6장
로마서 8:22-27

는 말을 하는 게 아니다. 바울은 지금 우리의 소명에 관하여 이야기한다. 그것은 어려운 시절을 헤쳐 나가는 것뿐 아니라, **고통에 빠진 세상 가운데 우뚝 서서 바로 이곳이 하나님 그분의 영이 임재하고 중보하는 곳이 되기를 기도하며 견뎌 내는 것이다.** 이곳은 로마서 전체를 통틀어 가장 혁명적이며 가장 혁신적인 지점 가운데 하나다. 바울은 여기서 삼위일체 관점에서 새 피조 세계를 조망한 그의 신학과 함께, 목회자로서 그리스도인의 마음 깊숙한 곳에 관한 그의 이해를 한껏 이야기한 뒤, 이 둘을 결합한다. 하나님의 영은 그가 지으신 세계 가운데, 예수를 신실히 따르는 한 사람 한 사람 안에 들어와 거하신다. 그러나 그 세계는 큰 고통 가운데 있다. 영은 그 고통 안에 거주하면서, 그곳에서 영에 감동한 기도를 올리는 하나님의 백성을 통해, 지극히 어두운 그 심연 속에서 아버지께 부르짖는다.

이 고통스러운 소명이 바로 하나님이 온 피조 세계를 향하여 품고 계신 구원 계획의 중심에 자리하고 있다. 많은 독자에게는 이것이 그야말로 뜻밖이다. 이 때문에 독자들은 종종 26절과 27절을 다른 본문과 분리된 중요하지 않은 말이자 수수께끼 같은 말로서, 우리가 무엇을 기도해야 할지 모를 때 드리는 기도와 우리 안에서 탄식하는 영에 관하여 일러 주는 말로 다루어 왔다. 사람들은 여기서 이렇게 물을지도 모르겠다. "그것이 이 로마서 8장의 주된 주제와 무슨 상관이 있지요?" 사람들은 보통 로마서 8장을 우리가 구원에 이르는 길을 일러 주는 장이라고 생각하곤 한다. 그러니 뜬금없이 기도를 언급한 이 부분은 기껏해야 곁가지 정도로 여길 뿐이다.

그러나 만일 우리가 지금까지 '영광'의 의미에 관하여 말해 온 것을 곧이곧대로 따르며, 인간이 하나님의 지혜로운 질서를 이 세상 속에 가져오게 하는 것이 인간을 향한 하나님의 계획임을 염두에 두고 시편 8편을 읽는다면, 그리고 인간이 영광을 받음이 바로 하나님이 온 피조 세계를 썩음에 노예 노릇 하는 처지에서 구해 내는 일의 핵심이 되리라는 21절의 약속을 유념한다면, 22절에서 27절에 이르는 이 전체 본문이 하나의 덩어리로서 의미를 갖게 되며, 기도를 이야기하는 두 구절은 각주가 아니라 절정이 된다. 따라서 26절과 27절은 뭔가 엉뚱한 것을 이 8장에 덧붙여 놓은 것이 아니다.

잠시 로마서 8장의 수사가 어떻게 흘러가고 있는지 생각해 보면, 방금 말한 내용을 이해할 수 있다. 바울은 다른 무언가를 말하는 담화의 흐름 속에 아무 상관없는 엉뚱한 생각을 툭 던져 넣지 않는다. 그는 정말 엄청난 장관이 펼쳐지는 정상에 이를 때까지 진지하고 꾸준하게 논지를 쌓아 간다. 그가 그런 지점에서 가장 하고 싶지 않은 일이 있다면 이상하면서도 글의 흐름과 상관없는 소소한 곁가지를 덧붙이는 일일 것이다.

그렇다면 그 모든 일이 어떻게 이루어지는가? 이미 말했듯이, 하나님의 계획은 인간을 이 피조 세계에서 구해 낸 뒤 그 인간을 데리고 다른 어딘가로 가는 것이 아니라, 몸소 오셔서 자신의 형상을 지닌 피조물과 함께 거하시는 것이다. 그리고 그렇게 거하심으로써, 하나님과 그 인간들이 함께 이 피조 세계를 구해 내고, '하늘에서처럼 땅에도' 그 지혜가 이 피조 세계에 임하게 하는 것이다. 이것이

6장

초기 기독론의 핵심이다. 곧, 하나님이 몸소 진정한 인간 구원자이자 통치자로서 그가 지으신 세계 속으로 오신다는 것이다. 우리는 또 이 본문이 성령론, 곧 성령을 이해하는 핵심이라는 것도 본다. 하나님은 몸소 그가 지으신 세계 속으로, 마땅히 기도해야 할 것이 무엇인지도 몰라 당황하고 놀란 신자들의 마음과 삶 속으로 오셔서, 그렇게 잘 모르고 드리는 그들의 기도 안에서, 그들 자신의 삶과 그들을 에워싼 세계의 어둠 속에서 나온 기도 안에서 일하시고 그 피조 세계 안에서 중보하실 것이다. 28절에서 보겠지만, 이는 하나님이 그가 지으신 세계를 더 널리 이롭게 하고자 어둠 속에서 은밀히 기도하는 그 사람들과 함께 일하신다는 의미다. 바울은 또 28절에서 이 사람들을 '그를(하나님을) 사랑하는 이들'이라 말한다. 바울은 하나님을 사랑하는 사람들에 관하여 이야기할 때, 무엇보다 천상의 복락 같은 것이 넘치는 세계 속으로 붙잡혀 올라간, 경이롭고 신비한 체험을 한 사람들 이야기를 하는 게 아니다. 물론 그는 그런 일이 일어나며 그런 일이 일어난다면 경이로울 것이라고 말하겠지만, 그래도 그가 지금 여기서 하는 말은 그게 아니다. 그가 여기서 말하는 '하나님을 사랑하는 이들'이란, 그들의 정신과 감정과 영이 극한에 이른 바로 그 지점에서, 그들 안에 온 피조 세계의 깊은 슬픔이 마치 그 한곳에 다 모인 것처럼 담겨 있음을 발견하고, 그 순간에 그들이 아버지와 영이 나누는 사랑의 대화에 참여함을 발견하는 이들이다. 바울은 우리가 이런 일을 행하며 이런 존재로 살아가도록 부름을 받았다고 말한다.

로마서의
심장 속으로

예수의 영광이 십자가에서 가득 나타났듯이, 예수를 따르는 이들에게 영이 부여한 영광도 그 순간에 가득 나타난다. 예수는 겟세마네에서, 바울이 15절에서 말한 그 기도, 곧 하나님을 아빠라 부르는 기도를 올렸다. 그 예수처럼, 고난을 겪으며 어쩔 줄 몰라 하는 하나님의 백성도 정녕 다른 길은 없는지 아버지에게 묻는다. 십자가 위의 예수처럼, 하나님의 백성도 그들이 철저히 버림받은 것처럼 느낀다. 그런 지점에 있을 때, 우리는 우리가 간절히 말하고 싶어 하는 것을 이미 예수 바로 그분이 말했음을 발견해야 하며, 성경이 일러주는 위대한 기도 가운데 하나를 의지해야 한다.

그렇다면 이 본문은 그리스도인의 소명을 이야기하는 본문이다. (바울은 이것이 모든 그리스도인에게 해당한다고 생각하는 것 같다. 그러나 이 본문은 교회에서 섬기는 이로 부름 받은 이들, 공예배를 조직하고 이끌도록 부름 받은 이들, 목사와 교사로 부름 받은 이들, 그 안에서 이런 영이 이끄는 중보가 일어나는 공동체를 형성하도록 부름 받은 이들에게 더더욱 해당하는 말이 아니겠는가?) 이곳이 바로 바울이 8장 전체를 통틀어 영에 관하여 해 온 이야기의 절정에 이르는 순간이다. 5절에서 8절이 이르는 본문을 보면, 영이 우리 생각을 인도한다. 9-11절에 이르는 본문을 보면, 우리 안에 들어와 거하는 영이 우리를 죽은 자 가운데서 되살릴 것이다. 15절과 16절은 그 영이 우리가 하나님의 자녀임을 보증하며, 우리가 아빠 기도Abba-prayer를 올릴 때조차도 우리를 유업으로 인도한다고 말한다. 이제 22-27절을 보면, 하나님 바로 그분의 영이 고통에 허덕이는 세상 한가운데서, 그 고통을 스스로 분담하는 하나님의 백성을 통해 그 고통을 함께 짊어지고 견뎌 낸다.

바울은 여기서 십자가 신학을 영이 교회 안에서 행하는 일에 철저히 적용하는 것 같다. 우리는 영으로 충만함이란, 곧 경축과 흥분과 능력 받음을 의미한다고 생각할지 모르겠다. 지난 세대에 많은 교회를 변화시켰던 은사 운동은 이런 생각을 실제로 보여 주었다. 사실 그럴 때도 종종 있다. 그러나 성령은, 그가 지으신 세계가 잘못되는 것을 보며 슬퍼하시는 창조주 하나님의 영이다. 성령은, 십자가로 걸어가 우리 죄와 죽음을 담당함으로써 악의 세력들을 물리치신 예수의 영이다. 내가 방금 암시했듯이, 이 본문은 예수의 처절한 절규, 곧 "나의 하나님, 나의 하나님, 어찌하여 나를 버리셨나이까?"라는 절규에 상응하는 영의 처절한 부르짖음이다.

우리는 이 지점에서 초기 그리스도인이 인간이 던질 수 있는 가장 심오한 몇몇 질문에 제시한 대답의 핵심에 가까이 다가간다. 철학자들, 특히 18세기 이신론Deism을 따르는 철학자들은 그들이 '악의 문제'라 부르는 1차원적 질문을 던지곤 했다. 이 세상에 끔찍한 악과 고난이 존재하는데, 어떻게 이런 상황에서 전능하고 모든 이를 사랑하신다는 하나님을 믿을 수 있겠는가? 이와 같은 현상에 직면했던 바울은 이런 질문에 3차원적 대답을 제시한다. 그 대답은 이렇다. 만일 하나님을 하늘의 위대한 CEO로 묘사한 그림에서 출발한다면, 또는 심지어 하나님을 하늘에서 줄을 잡고 이리저리 움직여 만사가 일어나게 만드는 꼭두각시 조종자로 묘사한 그림에서 출발한다면, 당연히 당신은 이런저런 문제에 부닥치게 될 것이다. 그

로마서의
심장 속으로

러나 만일 아브라함과 이삭과 야곱의 하나님, 세상의 고통과 그 소유인 백성의 실패 때문에 슬퍼하는 하나님, 결국 자신을 십자가에 못 박힌 메시아 안에서 또 그런 메시아로 드러낸 하나님, 뒤이어 그 영을 자기 백성의 마음속으로 보내심으로써 하나님이 몸소, 그의 백성 안에서 그리고 그의 백성을 통해, 세상 고통의 중심에 서심으로 말미암아 이 세상이 치유 받을 수 있게 하신 하나님에서 출발한다면, 모든 문제가 아주 다르게 보인다.

나는 이 절들이, **비탄**lament이 현재 하는 일, 곧 미래에 약속된 온 피조 세계의 구속을 내다보는 그 일을 설명해 주고 그 맥락을 제시한다고 본다. 신약성경은 성경에 등장하는 큰 비탄들을 되돌아본다. 예레미야의 애가, 고통으로 가득한 에스라 9장과 느헤미야 9장과 다니엘 9장의 기도들이 그것이다. 유대인들은 그때로부터 예수가 올 때까지 여러 세기 동안 기도하고 시편의 시로 노래하며 비탄에 잠겼다. 이런 비탄들은 겸손한 예배와 피조 세계의 슬픔 속에서 장차 예수가 오실 기초를 놓았다. 누가복음 1장에 등장하는 시므온과 안나, 그리고 사실 사가랴와 마리아, 엘리사벳도 모두, 누가가 말하듯이 "이스라엘의 위로를 기다리[던]" 오랫동안 비탄했던 이들이다. 엠마오로 내려가던 두 사람은 이렇게 말했다. "우리는 이 사람이 이스라엘을 속량할 자라고 바랐노라." 오랜 세월 동안 이어 온 기도 그리고 특히 비탄이 좋은 씨가 뿌려질 땅을 형성하고 그 땅을 적셔 주었다. 나는 바울이 이 본문에서 이스라엘의 비탄을 되울려 줌으로써[26절은 시편 44편을 되울려 주지만, 노예의 처지에서 터져 나오는 탄식이라는 개념은 사람들의 생각을 자연스럽게 옛날 이스라엘 자손이 이집트에서 살던 시절로 돌려보낸다], 이 시대 교회를 비슷한 상황 속에 두고 있다고 주장한다. 우리는 영을 통해 이세계가, 피조 세계 자체가 구속받고 그 진정한 모습이 될 자유를 부여받기를 소망했으며, 지금도 그렇게 계속 소망한다. 우리의 소명은, 어둠 속에서도, 전쟁으로 찢기고 파괴된 시리아와 우크라이나의 도시들에서 소망이 산산 조각난 것처럼 보일 때도, 그 소망을 부여잡고 가는 것이다. 우리의 소명은, 또 다른 학교가 폭격당하여 그곳이 어린이들의 무덤으로 변한 뒤에도, 이제 환한 빛이 비치는 곳이 되었다고 생각했는데 여전히 어둠 가운데 있음이 드러난 세상의 공포와 전율 속에서도, 그 소망과 함께 가는 것이다. 바울은 이 본문에서 이 소망이 어떻게 작동하고, 이 소망이 어떤 느낌을 주는지, 그리고 신학의 관점에서 볼 때, 이 소망이 실제로 어떻게 진행되고 있는지 얼추 그려 보인다.

따라서 만일 18절에서 21절에 이르는 부분이 말하는 '영광'이 하나님의 형상을 지닌 사람들이 온 피조 세계를 지혜롭게 다스림을 일컫는 말이라면, 현재 그것을 표현하는 첫 번째 방법은 기도일 것이며, 특히 비탄일 것이다. 특히 당신이 복음 사역자거나 조만간 모든 그리스도인을 위해 복음을 전하는 사역자가 될 이라면, 바울이 여기에서 말하듯이 온갖 사정이 아주 좋지 않아 무엇을 기도해야 할지조차 알지 못하는 때가 올 것이다. 그것은 당신이 어디에선가 궤도를 벗어났다는 뜻이 아니다(물론 실제로 궤도에서 벗어났을 수도 있겠

로마서의
심장 속으로

지만, 그건 어디까지나 다른 이슈다). 그것은 예수가 끊임없이 영의 인도를 따라 온 세상의 고통과 슬픔을 담당하는 하나님의 기이한 일을 자신에게 적용한 일부로서 겟세마네와 십자가에서 겪었던 극심한 고통을, 당신도 영 안에서 함께 나누어 지도록 부름 받았음을 의미할 수 있다. 그런데 여기서 예수 자신이 바로 그런 순간에, 시편을 마음에 두었음을 유념해야 한다. 만일 시편의 시들이 우리의 혈관을 흐르는 피의 일부가 아니라면, 우리가 그리고 우리가 돌보는 사람들이 어떻게 우리 교구와 우리가 사는 도시 속에서 기도와 비탄으로 예수를 되비쳐 주는 사람이 될 수 있겠는가? 나는 새 신자를 끌어모으는 데 열심인 일부 교회가 행복하고 발랄한 음악에 몰두하는 것을 이해한다. 그러나 비탄하라는 성경의 요구가 없이는(비탄을 자아내는 음악이 곧 음울한 음악과 같지는 않다!), 우리가 받은 부름을 따르지 못할 것이다. 어쨌든, 진정한 비탄으로 끌려들어 가는 일의 가치를 인식할 수 있는 새 신자가 틀림없이 많이 있을 것이다.

따라서 로마서 8:22-27은 한 극단에서 다른 극단으로 나아간다. 22절에서는 온 피조 세계를 넓게 아울러 이야기하다가, 26절과 27절에 가서는 인간의 마음속 가장 내밀하고 가장 고통스러운 갈구를 이야기한다. 그리고 그 지점에서는 특이하게도, 성령 하나님조차 일어나고 있는 일에 관하여 아무 말도 하지 않으며, 적어도 우리가 이해할 수 있는 말을 전혀 하지 않는다. 우리는 이 지구에서 살아가는 삶에 존재하는 많은 이슈에 관하여 탄식하고 어쩔 줄 몰라 당황하는 때에 살고 있다. 온 세계에 퍼진 전염병, 기후 위기, 난민 위기,

아프가니스탄이나 동유럽이나 남중국해 등에서 벌어지고 있는 다양한 지정학적 위기 등이 그런 이슈다. 그러니 성령조차 할 말을 잃어버린 것처럼 보이는 순간들이 있음을 알기에 좋은 때다.

내가 이런 생각을 하게 된 것은, 몇 년 전 더럼 대성당에서 성령강림절을 준비할 때였다. 우리는 잉글랜드 성공회 안에서 창조와 혁신을 보여 주는 전례를 많이 마련했다. 이 새 전례 가운데 하나는 성령강림절 축제를 위한 것으로, 회중이 "알렐루야! 하나님의 영이 온 세상에 충만하다"라고 되풀이하여 말하는 반응을 제안했다. 이는 분명 즐겁게 들리게 하려고 마련한 것이었다. "하나님이 만유 안에 계시니, 음울한 이원론자가 되지 말자." 이 말은 이렇게 말하는 것 같았다. 세상을 내다보고, 하나님의 영이 천하 만물 어떤 것 안에도 임재해 있음을 인식하자. 좋다, 나도 음울한 이원론을 좋아하지 않는다. 그러나 그 해에 성령강림절이 다가올 즈음, 나는 신문을 읽고 텔레비전 뉴스를 보고 나서⋯설교에서 이렇게 말하고 있었다. 만일 하나님의 영이 정말로 온 세상에 충만하다면, 그 영이 바로 지금 하는 일은 십중팔구 슬퍼하는 것이라고. 그리고 탄식하는 것이라고. 이 세상은 과거나 지금이나 혼란에 빠져 있다. 느긋한 낙관론은 들어설 여지가 없다. 성경을 따르는 그리스도인이라면 당연히 그러겠지만, 당신이 세상을 뒤덮은 이원론을 피하기 원한다면, 나아길 길은 어떤 일원론monism 같은 것, 말하자면 신에게서 유래한 동인動因이 이 세상에서 일어나는 모든 일 속에 존재한다고 말하는 일종의 부드러운 스토아주의 같은 것이 아니다. 여전히 고통하며 탄식하는 세상에서 이 세상을 뒤덮은 이원론을 피하는 길은, 슬퍼하는 것이요, 인내하며 기도하는 것이다. 어쩌면 힘센 자에게 예언자가 선포했던 진리를 선포하는 것이 그런 길일지도 모른다(저자는 speak prophetic truth to power라는 표현을 사용했는데, 본디 speak truth to power는 힘없는 이를 폭력과 불의한 방법으로 억압하는 힘센 자에게 폭력이 아니라 비폭력으로 맞서며 그들의 어리석음을 온 세상에 고발하는 정치 운동 전술을 가리킨다—옮긴이). 그리고 시간이 길게 걸리든 짧게 걸리든, 그 세계에 하나님의 치유를 가져올 방법을 모두 준비하고 강구하는 것도 그런 길일 수 있다.[1]

우리가 현재 다루는 본문을 위한 이 긴 도입부는 두 주장으로 이어진다. 첫째, 우리가 여기 로마서 8:22-27에서 발견하는 생각은 성경의 다른 곳에서 찾아볼 수 없는 유일무이한 것이다. 둘째, 이 본문은 결코 있어도 되고 없어도 되는 것이 아니라, 실제로 로마서 8장의 심장 그 자체이며, 그렇기 때문에 적어도 로마서 전체를 관통하는 한 큰 흐름의 핵심이기도 하다. 우리는 바로 여기에서 구원의 확실한 보장을 바라는 로마서 8장에 이른 셈이다. 그러나 이 8장은 실제로 그런 보장을 제공하면서도 소명에 초점을 맞춘다.

나는 요한복음 21장의 놀라운 장면을 되새겨 본다. 예수는 그 장면에서 베드로와 이야기를 나누시다가, 예수를 세 번 부인한 베드

---

1 아울러 우리는 하나님의 영이 온 세상에 충만함을 말한 절을, 솔로몬의 지혜 1:7에서 가져온 것임을 주목해야 한다. 솔로몬의 지혜 1:7의 요점은 축하가 아니라 악을 행하는 자에 대한 경고다. 하나님은 지금 무슨 일이 벌어지고 있는지 정확하게 아신다!

로의 속마음이 어떤지 알아보려고 그 마음을 떠보신다. 예수는 세 번이나 베드로에게 이렇게 물으신다. "요한의 아들 시몬아, 네가 나를 사랑하느냐?" 베드로는 예수가 물어 보시는 뜻대로 이 질문에 대답하지 못한다. 베드로는 '사랑'을 가리키는 말로 예수와 다른 단어를 사용한다. 이때 예수의 반응은 "그래, 좋다. 넌 용서 받았다"나, "지난날 우리 사이에 있었던 일은 덮어 버리자"나, "지나간 일은 지나간 일이다"라고 말하는 것이 아니다. 예수의 반응은 베드로에게 그가 감당할 사명을 수여하는 것이다. 내 양을 먹이라, 내 양을 치라, 내 양을 먹이라. 이제 나는 바울이 로마서 8장에서 그와 비슷한 일을 하고 있다고 주장한다. 그는 8장을 '결코 정죄함이 없다'라는 말로 시작한다. 그리고 어떤 것도 우리를 하나님의 사랑에서 떼어 놓을 수 없다는 말로 8장을 맺는다. 그러나 로마서 8장의 심장인 구절들이 이제 우리 앞에 있다. 이 구절들은 저 위대한 보장이 아우르는 이들에게 주어진 소명과 관련이 있다.

결국 교회는 무엇을 위해 존재하는가? 교회 목사는 무엇을 위해 존재하는가? 이런저런 이유를 댈 수 있다. 복음을 삶으로 살아내고자 존재한다고 할 수도 있고, 십자가에 달려 죽었다가 부활하신 예수를 세상의 주로 선포하고자 존재한다고 할 수도 있다. 그러나 현재 상태의 세상 속에서, 그 세상을 향해 그런 메시지를 삶으로 살아내고 선포하는 길은, 이 세상의 현실, 이 세상의 혼란, 이 세상의 아픈 문제, 이 세상의 눈물을 붙잡고 씨름하는 것을 의미한다. 따라서 우리는 그저 "그거면 만사 걱정 끝 아닌가요? 예수가 대답인데 뭘 걱정을 할 필요가 있어요?"라고 말할 수 없다. 그렇다고 이렇게 말할 수도 없다. "물론, 세상은 엉망진창이지요. 세상이 예수를 모르니까요. 그래도 우리는 걱정 없잖아요. 다른 어딘가에 있는 구원을 향해 나아가는데, 뭘 걱정을 해요? 우리는 사실 여기 세상에 속해 있지 않잖아요. 그냥 지나갈 뿐이죠." 코로나가 온 세상에 만연했을 때, 어떤 이들은 이렇게 말하고 싶어 했다. "이렇게 세상이 악한 것은 다 다른 누군가의 잘못입니다. 하나님이 지금 그 사람들을 벌하고 계신 거예요. 우리도 늘 알았잖아요, 그 사람들이 저지르는 죄들을." 그러나 우리는 그렇게 말하면 안 된다. 절대 그래서는 안 된다. 예수를 따르는 이로서 우리의 첫 번째 소명은 애통하는 것이다. 겸손하게, 슬퍼하면서, 그러나 소망을 품고, 고통이 넘치는 곳에 서 있는 것이다. 그것이 바로 이스라엘 자손이 이집트에서 한 일이다. 그것이 바로 유대 사람들이 메시아가 오시기 전 400년 동안 했던 일이다. 그것이 바로 우리가 행하도록 부름 받은 일이다. 우리는 고통 가운데 있는 세상의 중심에 기도하며 서 있어야 한다.

이 소명은, 우리가 준비되었든 되지 않았든 우리에게 임할 것이다. 알다시피, 이 본문은 오롯이 메시아와 함께 영광을 받을 것을 이야기한다. 이는 얼핏 들으면 더 없이 좋은 소리 같지만, 예수에게는 영광을 받음이, 배신당하고 부인당하고 비방당하고 채찍으로 맞고 끝내 십자가에 달려 죽음을 의미했음을 떠올려 보면, 그렇게 생각하지 못할 것이다. 이 점을 다시금 아주 분명하게 보여 주는 곳이 요한복음이다. 요한복음은 예수가 십자가에 못 박혔을 때 '영광을 받으셨다'고 말한다. 바울은 29절에서 아들의 형상을 본받는 것을 말할 것이다. 또 하는 말이지만, 고통이 넘치는 곳에 서 있는 것은 그저 통과해야 하는 불쾌한 일이 아니다. 그것은 하나님이 지금 그가 지으신 세상을 구하는 영광스러운 목적을 이루실 때 사용하시는 방법 가운데 없어서는 안 될 부분이다. 슬퍼하는 법을 배우는 일은, 하나님이 온 피조 세계를 구원하시려는 계획을 이루려 하실 때 그 통로로 사용하시는 사람이 되는 데 반드시 갖추어야 하는, 결코 양보할 수 없는 부분이다. (시편이 언제나 그리스도인의 일상 예배에서 중심이 되었던 것도 바로 이 때문이다.) 물론 이것은 자칫 순교자 콤플렉스martyr complex로 기울어져 여러 가지로 건강하지 못한 모습을 초래할 수도 있다. 2세기 교회는 일찍이 그런 오점을 남겼다. 중요한 것은 일부러 자신을 죽이려 하는 것이 아니다. 우리는 다가오는 도전을 알아야 하고 현재 정말로 일어나고 있는 일이 무엇인지 이해해야 한다.

지금까지 한 모든 말은 사실 도입부로 이야기한 것이다. 이제 드디어 바울의 글을 대할 때 늘 가지고 들어가야 한다고 말했던 세 질문을 던질 때가 되었다.

첫째, 이 문단의 처음과 끝을 살펴보자. 이곳은 조금 억지스럽기는 하다. 18절부터 30절까지 하나의 실처럼 이어지는 글을 일부러 세 부분으로 나누었기 때문이다. 바로 앞 장에서 다룬 18-21절이 한 부분이요, 이 장에서 다루는 22-27절이 다른 한 부분이며, 다음 장에서 다룰 28-30절이 또 다른 한 부분이다. 따라서 우리는 전체로 보아 여전히 고난과 영광을 받음을 말하는 본문 안에, 말하자면 로마서 8:18-30이라는 더 긴 본문 단위 안에 있다. 그러나 우리가 현재 집중하고 있는 22-27절도 이 부분 나름의 분명한 주제를 가지고 있다. 여기에서는 한 그리스어 어근이 세 번이나 등장하는데, 이런 일은 로마서에서도 여기에서만 나타난다. 그것이 문제 해결의 실마리다.

그 단어는 '탄식'이다. 22절과 23절은 동사 *stenazō*를 사용하며, 26절은 이 동사의 동족명사 *stenagmos*를 사용한다. 이런 반복은 우리가 이 본문을 어떻게 읽어야 하는지 일러 준다. 첫째, 이 세상은 산고를 겪으며 탄식하고 있다. 둘째, 메시아의 백성인 우리는 부활을 기다리며 탄식한다. 그리고 마지막 절정으로서(RSV와 NRSV 같은 일부 역본은 이를 분리된 문단으로 만들어 놓았지만, 결코 분리된 문단이 아니다), 하나님 바로 그분의 영이 우리 안에서 탄식한다. 우리는 소명을 받아 하나님이 지금 온 피조 세계를 구속하려고 행하시는 일에 붙잡혔다. 우리 기도는, 더 자세히 말해 우리가 이것저것에 짓눌려 무엇을 위해 기도해야 할지도 모른 채 드리는 고통스러운 기도는, 삼위일체 하나님이 온 피조 세계를 썩음과 타락에서 해방시키는 일을 행하시고 행하려 하실 때 사용하시는 긴요한 수단 가운데 하나다. 그것이 바로 이 본문이 말하는 것이다.

이렇듯 첫 번째 질문이 이 본문의 전체 모습을 묻는 것이라면, 두 번째 질문은 내용을 한 덩어리로 묶어 주는 자그마한 연결어를 찾아보는 것이다. 바울은 22절을 *oidamen gar*('이는' 우리가 알기 '때문이다')로 시작한다. 나는 *gar*를 '설명해 보겠다'로 번역했다. 이 문단

6장
로마서 8:22-27

전체는 사실, 19-21절이 장엄하게 펼쳐 놓은 말 아래로 깊이 파고 들어가 '그 순간에 이르기까지' '실제로 무슨 일이 이루어지고 있는 가'를 보여 준다. 바울은 그리스도인의 탄식이 온 피조 세계가 토해 내는 탄식의 특별한 일부요 초점임을 강조한다. 이어 우리는 소망과 인내를 말하는 두 작은 구절을 만난다. 24절과 25절이 그것인데, 이 두 구절은 왜 우리가 있는 이곳에 있는가를 설명한다. 우리는 소망 안에서, 소망을 위해 구원받았다(24절 상). 바울은 이를 소망이 어떻게 작동하고 소망이 왜 인내를 만들어 내는가를 언급함으로써 설명한다.

> **24** 이는[*gar*] 우리가 소망 안에서 구원받았기 때문이다. 그러나 [*alla*] 너희가 그것을 볼 수 있다면 그것은 소망이 아니다. 이는 [*gar*] 볼 수 있는 것을 소망할 이가 아무도 없기 때문이다. **25** 그러나[*gar*] 만일 우리가 보지 못하는 것을 소망한다면, 그것은 인내를 의미한다.

이어 이 본문은 우리를 이 본문의 절정으로 데려간다. 되풀이하는 말이지만, 이 본문의 절정은 26절 첫머리에서 볼 수 있듯이 결코 쓸데없는 곁가지가 아니다. 26절은 '마찬가지로, 역시', *hōsautōs de*로 시작한다. 바울이 여기서 강조하는 요점은 새로우며 어쩌면 뜻밖일지도 모르겠다. 그러나 *hōsautōs*는 그 요점이 방금 한 말과 정확히 일치한다고 강조한다. 26절 전반부는 기본 요점을 말하고,

후반부는 *gar*라는 단어로 그 기본 요점을 설명하는데, 여기서 나는 이 *gar*를 번역하지 않았다. 그러나 이어 바울은 생각의 흐름을 마무리하는 부분에서 자주 그리했던 것처럼, 이번에도 여기 27절에서도 *de*라는 단어로 마무리한다. 그러나 우리는 이 전체 생각의 흐름 중심부에서 하나님 바로 그분이 우리 마음을 샅샅이 살펴보는 이시요, 온 피조 세계의 탄식과 말로 표현할 수 없는 우리 마음의 탄식을 들으시며 아시는 아버지 하나님이심을 발견함을 주목하라. 이는 아버지이신 그분이 바로 그런 곳들에서 탄식하는 영의 생각을 아시기 때문이다. 이 때문에 바울은 이렇게 말한다.

> **26** 바로 그것과 마찬가지로[*hōsautōs de*] 영이 우리의 약함 속에서 돕는다. 이는[*gar*] 우리가 어떻게 기도해야 마땅한지 모르지만, 그러나[*alla*] 바로 그 영이 말할 수 없는 탄식으로 중보하시기 때문이다. **27** 하지만[*de*] 마음을 살펴보시는 이가 영의 생각을 아시니, 이는[*hoti*] 영이 하나님 뜻을 따라 하나님 백성을 위해 중보하시기 때문이다.

우리는 잠시 멈춰 바울이 제시하는 비범한 주장을 받아들여야 한다. 나는 앞서, 시편과 사무엘하와 이사야와 다른 곳에서 오실 이스라엘의 메시아에 관하여 성경이 밑그림을 그린 것을 살펴볼 때, 그것이 하나님의 용도에 맞춰 설계된 소명임을 우리가 깨닫도록 은밀히 밀어붙인다고 말했다. 하나님이 메시아라는 범주, 기름 부음 받은 왕이라는 범주를 창조하심은, 그 자신이 몸소 오셔서 이스라엘의 기름 부음 받은 왕이 되시고, 바람직한 왕이 갖추어야 할 일, 곧 심판과 자비를 행하는 일을 몸소 행하려 하시기 때문이다. 이렇듯 우리는 메시아의 초상이 하나님의 용도에 맞게 설계된 역할로 형성되었음을 돌아볼 수 있다. 마찬가지로, 고통 가운데 처한 세상에서 슬퍼하는 백성으로 존재하라는 소명 역시, 하나님 백성의 마음속에 들어와 거하시며 탄식하시는 그의 영이라는 위격 안에서 하나님의 용도에 맞게 설계된 것이다. 22절에서 27절에 이르는 본문을 함께 묶어 주는 이 연결어들의 논리가 이를 아주 분명하게 밝혀 준다.

그렇다면 우리의 첫 번째 질문은 언제나 본문 전체를 아우르는 모습이고, 두 번째 질문은 자그마한 연결어들의 효과를 밝혀낸다. 바울은 이 연결어들을 통해 자신이 적어도 이런 논지가 어떻게 배치되어 있다고 생각하는지 암시한다. 우리의 세 번째 질문은 1세기의 더 큰 맥락을 살펴보는 것이다. 나는 여기에 1세기 청중을 깜짝 놀라게 했을 두 가지 특별한 함축이 있다고 제시한다.

첫째는 피조 세계를 산고를 겪는 여자로 묘사한 것이다. 나는 앞서 로마제국의 웅장한 선전을 언급했다. 그것은 자연을 고요하고 풍성한 열매를 맺는 가모장家母長으로 묘사하며, 평화와 풍요를 상징하는 표지들이 그 가모장을 에워싸고 있다고 제시했다. 바울도 선명하게 여성의 이미지를 사용하지만, 그에게는 그 이미지가 자연이라기보다 피조 세계다(즉, 창조주와 관련을 맺고 있는 세계지, 창조주와 무관한 어떤 독립된 존재인 자연이 아니다). 아울러 그는 각 시기에 산고를 겪으며 탄식하는 여자를 묘사한다. 이는 성경이 때로 '메시아와 관련된 재앙messianic woes'으로 좀 모호하게 언급하는 주제를 떠올려 준다. 이 주제는 잘 알려진 성경과 유대교의 주제다. 이는, 출산하는 여자의 극심한 고통 같은 강렬한 고난의 시간을 거치면서 그리고 심지어 그 시간을 통해, 하나님의 목적이 나타나고 이루어질 것이라고 말한다. 이는 이사야, 예레미야, 호세아 등의 책들에서도 볼수 있고, 에녹1서와 에스라4서 같은 제2성전기 책들에서도 발견된다. 예수 시대에 많은 유대인은 이런 소망을 붙잡고 살았다. 슬픔과 고통이 커져 갈지라도, 그 모든 것을 통해 온 피조 세계를 구속하고 회복시키시려는 하나님의 새로운 목적이 이루어질 것이라고 소망했다. 예수는 요한복음 16장에서 이 주제를 끄집어내신다. 거기서 그는 산고를 겪으며 슬퍼하는 여자를 이야기하시면서, 나중에는 그 슬픔이 기쁨으로 바뀔 것이라고 말씀하신다. 지금 바울은 그것이 우리가 처한 처지라고 선언한다. 우리도 지독한 산고를 겪고 있다.

두 번째 더 큰 맥락은 내가 이미 암시한 출애굽이다. 이것이 이상해 보일지도 모르겠다. 우리는 로마서 6장부터 출애굽 이야기(홍해를 건넘)를 따라왔으며, 로마서 7장(시내산에 도착함)을 지나, 이제 약속받은 유업으로 이끌어 줄 로마서 8장에 이르렀기 때문이다. 우리는 출애굽기 2장에서 말하듯 이스라엘 백성이 노예로 살면서 '탄식'하는 그런 이집트로 다시 돌아가 무엇을 하고 있는가? 그러나 중요한 것은 우리가 로마서에서 줄곧, 그리고 사실은 그리스도인의 체험 전반에서, 24절과 25절이 말하듯이 '지금 그리고 아직 아니now and

241   6장
로마서 8:22-27

not yet'인 구원을 마주하고 있다는 것이다. 마찬가지로 우리는, 23절에서도 말하듯이 이미 '하나님의 자녀'지만 동시에 '입양'의 최종 순간인 부활을 기다린다. 이것이 예로부터 종말론 속에 존재하는 긴장이다. 즉 우리는 이미 하나님의 자녀지만, 그것은 부활이 이루어져야 분명하게 드러날 것이다. 또 우리는 이미 이집트에서 빠져나왔지만, 노예 처지에서 완전히 풀려날 것을 기다리며 여전히 탄식하고 있다.

이렇게 우리는 마침내 두루 살펴보고, 세 질문을 제시한 뒤 그 질문에 답해 보았다. 그러니 이제 이 본문에 뛰어들어 한 절씩 살펴볼 수 있다.

22절은 현재의 피조 세계를 실제 그대로 평가하여 제시한다. 이는 제국의 선전이 보여 주는 지루하고 단조로운 낙관론과는 반대다. 바울은 '우리는 안다'고 말한다. 여기서 '우리'는 단순히 '모든 인간'일 수 없다. 모든 사람이 지진과 전염병과 전쟁을 알고 있다. 그러나 성경의 전승 속에서 살아가는 사람만이, 이런 일들을 제멋대로 움직이는 우주에서 우연히 일어난 두려운 사건으로 이해하거나(에피쿠로스학파의 이해), 세계 안에 존재하는 로고스의 눈먼 힘으로 이해하거나(스토아학파의 이해), 실체가 없는 가상 세계에서 희미한 불빛이 깜박거리는 그림자로 이해하지 않고(플라톤주의자의 이해), 새로워진 피조 세계가 겪는 산고로 이해할 수 있다. 따라서 어쩌면 역설일 수도 있지만, 온 세상의 고난을 이런 시각으로 바라보는 것이 심히 성경에 부합하며 본디 긍정적이다. 하나님이 지으신 새 세계는 태어나기를 기다리고 있다! 산고는 끔찍하게 무섭기도 하지만 동시에 소망으로 가득하다. 이런 사실이 바로 현재의 고난은 다가오는 영광과 겨룰 수 없다고 말하는 18절에 걸맞다.

바울은 이런 상태가 '현재까지' 계속되고 있다고 강조한다. 종말론이 시작되었다. 새 세계가 예수와 영으로 말미암아 시작되었다. 그러나 이것이 옛 세계의 계속되는 고통과 슬픔을 줄여 주지는 않는다. 도리어 대단히 불편한 긴장을 만들어 낸다. 이는 특히, (안타깝게도) 많은 사람이 배워 온 것처럼, 그리스도인이 되면 순탄하고 평안한 삶으로 나아가는 길이 열릴 것이라고 생각하는 사람에게 고통과 괴로움을 안겨 주고 있다.

따라서 바울은 22절을 기초 삼아, 교회와 관련된 비슷한 진실로 얼른 옮겨 간다. 피조 세계 전체에서 일어나고 있는 일이 예수를 따르는 이들의 경험 속에서 그대로 나타나고 있다. '그뿐만이 아니라'라는 말은 이어 나오는 일도 앞 구절과 마찬가지로, "'우리'가 아는 [알아야 하는]" 어떤 것임을 시사한다. 우리 자신도 산고, 즉 메시아와 관련된 재앙을 겪고 있다. 우리도 어떤 시각에서 보면 여전히 이집트에 있으며, 아들의 지위에 관한 하나님의 새로운 말씀을 기다리고 있다. 그리스도인들은 이렇게 생각하기 쉽다. 당연히 세상은 엉망진창이요 사람은 결국 죄로 가득한 존재이니 하나님의 진노를 받아 마땅하지만, 우리 그리스도인은 그저 무탈하고 평안할 뿐 아니라 어쨌든 머지않아 이곳을 떠날 것이라고 생각하기가 쉽다. 그러나 전혀 그렇지 않다! 교회는 온 피조 세계가 토해 내는 탄식 한 가운데서 탄식하고 있다. 그것은 우연이 아니다. 우리는 그곳으로 부름 받았다. 그 자리에 서 있는 것이 우리 소명이요, 현재 우리가 구속받은 인간으로서 온 피조 세계에서 행사해야 할 지혜로운 청지기직의 한 핵심 요소다.

23절은 우리가 '우리 안에 있는 영의 생명의 첫 열매'를 가졌다는 사실을 밝힘으로써 방금 한 말을 강조한다. 유월절에서 50일이 지난 뒤에 찾아오는 오순절은 유대인이 첫 열매 수확을 축하하는 절기였다. 그것은 더 긴 시간 이어질 수확을 암시하는 반가운 표지였다. 바울은 이 '첫 열매'라는 주제를 자주 되울려 주면서, 영이 약속된 유업을 모두 받을 것을 미리 보장해 주는 '보증금down payment'임을 일러 준다.[2] 우리는 이미 영 안에서 하나님의 새 세계를 맛보고 있다. 물론 그것은 우리가 옛 세계 안에서 계속 영위하는 삶을 더더욱 고통스럽게 만든다.

처음에는 놀라움을 안겨 주었던 이 절 후반부는 바로 그런 긴장을 반영한다. 우리는 지금도 우리가 '완전히 아들의 지위를 얻을 것'을 간절히 기다린다. 영은 이미 15절과 16절에서 우리가 현재도 아들이라는 지위를 가지고 있음을 확실히 일러 주었다. 그러나 그와 더불어 이는 예수가 겟세마네에서 올렸던 아빠 기도Abba-prayer를 함께 올림을 의미한다는 것도 우회적으로 경고한다. 우리는 이

---

2   가령, 롬 11:16; 고전 15:20을 보라. '보증금'을 가리키는 *arrabōn*에 관하여 보려면, 가령, 고후 1:22; 엡 1:14을 보라.

로마서의
심장 속으로

제, 마치 예수 자신이 세례 때 하나님의 아들임을 인정받고도 부활을 통해 온 천하 앞에서 하나님의 아들임을 확인받을 때를 기다려야 했던 것처럼, 우리 자신도 둘 사이에 낀 상태임을 발견한다.[3] 그런 중간기는 그가 광야에 있었을 때뿐 아니라 공생애 사역을 할 때도, 그리고 물론 그의 마지막 날과 시간에도, 혹독한 시험의 시간이었다. 우리 역시 부활을 기다린다. 바울이 8:33-34에서 말하겠지만, 우리가 아들임을 확인받을 날을 기다린다. 그러나 여기에서는 특히 '우리 몸의 구속'을 기다린다. 여기서 '구속'에 해당하는 단어는 *apolytrōsis*다. 이는 비단 노예였다가 돈을 주고 자유를 얻은 사람에게만 쓰는 말이 아니라, 널리 쓰는 말이다. 더 특정하여 말하면, '탄식'이라는 모티프가 일깨운 출애굽의 메아리에서 짐작할 수 있듯이, 그것은 출애굽 자체를 가리키는 말이다. 하나님은 자기 백성을 이집트에서 '구속'하시고, 그 구속을 통해 그들이 진정 그의 백성임을 선언하셨다. 8:9-11이 일러 주듯이, 영이 예수의 백성 안에서 행하는 일의 결과인 그 백성의 부활은 우리의 출애굽이 될 것이며, 우리가 그의 백성임을 선언할 뿐 아니라 우리가 온 피조 세계와 더불어 노예로 살았던 처지에서 구해 냄을 받는 일이 될 것이다 (8:20-21).

따라서 23절은 교회를, 온 피조 세계가 토해 내는 탄식의 중심에 놓는다. 우리가 새 출애굽 백성이라는 사실에도 불구하고 교회가

---

3 예수가 부활 때 '아들'로 확인받았음을 살펴보려면, 롬 1:3-4을 보라.

6장
로마서 8:22-27

그 탄식의 중심에 있는 것이 아니다. 도리어 어떤 면에서는 우리가 새 출애굽 백성이기 때문에 교회가 그 탄식의 중심에 있다. 우리는 십자가에 못 박힌 메시아의 백성으로서, 메시아의 영 안에서 온 세상의 고통을 함께 짊어지라는 부름을 받았다.

바로 이 소명이 우리를 어디로 데려가는지 깊이 생각해 봐도 될 것 같다. 세상은 권위와 관련된 이슈들과 씨름한다. 우리도 마찬가지다. 세상은 성과 젠더와 관련된 이슈들과 씨름한다. 우리도 마찬가지다. 세상은 여전히 다문화주의multi-culturalism(사회 내부에 존재하는 여러 문화, 특히 소수 집단의 문화를 인정하고 모든 문화의 공존을 추구하는 경향을 말한다—옮긴이)와 민족 통합ethnic integration 때문에 혼란스럽다. 우리도 마찬가지다. 이뿐 아니라, 다른 문제들도 있다. 이런 문제에는 여러 이유가 있지만, 교회가 그 본분에 순종하지 못하고 있는 것도 그 이유 가운데 하나다. 그러나 이처럼 고통 안에 존재하는 고통 pain-within-pain, 세상의 고통을 되비치며 그 고통 속에 존재하는 교회의 고통이 놀랄 일은 아니다. 예수는 그를 따르는 이들에게 그의 영을 불어넣어 주면서 이렇게 말했다. "아버지가 나를 보내신 것같이 나도 너희를 보내노라." 아버지는 그를 어디로 보내셨는가? 극심한 고통에 빠져 있는 세상으로 보내셨다. 그래서 예수는 그 일을 자청하여 맡으셨다. 영을 통해 우리에게 주어진 소명은, 바로 지금 우리를 고통 속에 빠져 있는 세상으로 보낸다. 그 결과, 바울이 곧 말하듯이, 우리는 바로 그곳에서 기도하며 살아갈 수 있다.

이어 24절과 25절은 5장의 시작 부분을 되돌아본다. '아직 보이지 않는 소망'을 품고 살아감은 인내하라는 부름이 된다. 24절은 이렇게 말한다. '구원이 이미 주어졌다(과거 시제). 그러나 소망 안에서, 소망을 위해 주어졌다.' 몇몇 역본은 이곳의 '소망'을 다가오는 부활을 되짚어 언급하는 말로 만들어 놓았다. '그것이 소망이요 우리는 그 소망을 위해 구원받았다.' 이런 번역은 바울의 언어를 그가 실제로 취하는 의미보다 더 멀리 밀어 낼 수도 있지만, 분명 그의 생각을 표현하기는 한다. 19절과 23절에서 만났던 것처럼, 우리는 여기에서도 다시 *apekdechomai*라는 강한 말을 만난다. 이는 간절히 그러나 인내하며 기다린다는 의미다. 우리가 모두 알고 있듯이, 어떤 맥락에서나 간절함과 인내 사이에서 균형을 잡으라는 말은 아주 따르기 힘든 요구다. 그러나 그것이 우리가 해야 할 일이다.

따라서 26절과 27절에 이르면, '말할 수 없는 탄식'이 나온다. 어떤 이들은 바울이 여기서 방언으로 말함을 언급하는 것은 아닌가 하고 생각했다. 그러나 바울은 다른 곳에서 방언을 영이 준 언어로 보므로, 나는 그가 여기서 그것을 *alalētos*로, 곧 '말로 분명하게 표현할 수 없는' 것으로 언급하고 있다고 생각하지 않는다. 어쨌든 그는 여기서 모든 그리스도인에 관하여 이야기하고 있는데, 모든 그리스도인이 방언으로 말하지는 않음을 알고 있다.[4] 오히려 그의 핵심은, 영이 어떻게 우리로 하여금 온 피조 세계가 토해 내는 탄식의 중심에서 중보하는 자라는 소명을 이행할 수 있게 해 주는가에 초

---

4 고전 12:30.

점을 맞추는 것이다.

우리는 이런 일을 잘 하지 못한다. 우리는 차라리 우리가 구원받았음을 축하하려 할 것이다. 여기서 말하는 '약함'은, 이 세상이 실제로 처한 곤경을 충분히 깊게 생각하지 못하여 결국 무엇을 위해 기도해야 할지도 모르는 것을 말하는 것 같다. 그러나 바울은 이 지점에서 영이 '옆에 와서 도우신다'고 말한다. 바울이 여기서 사용한 *synantilambanetai*는 이중 복합어로서, 영이 우리와 함께(*syn*의 의미가 그것이다) 우리 대신(*anti*의 의미가 그것이다) 행동하신다는 것을 표현한다. 이는 마르다가 누가복음 10:40에서 사용하는 단어다. 그때 마르다는 마리아가 '옆에 와서 마르다 자신이 하는 부엌일을 조금이라도 도와주기를' 원했다. 바울은 지금 그리스어를 잘 빚어내어, 그가 14-16절에서 했던 말, 곧 영이 우리의 영과 더불어 필요한 일을 하려고 우리의 영 옆에 오신다는 것을 최대한 훌륭하게 말하고 있다. 여기서 영은 우리 안에서 우리와 함께, 우리 대신 그리고 이어 우리를 통해 일한다.

따라서 바울은 이제 영의 활동을, 그가 세상과 교회의 탄식을 묘사할 때 사용한 것과 같은 여성 은유를 선명하게 사용하여 언급한다. 세계는 산고를 겪고 있으며, 교회도 산고를 겪고 있다. 영도 산고 속으로, 탄식하며 새 피조 세계를 낳은 고통 속으로 들어간다. 창세기 1:2에서 하나님의 바람 내지 영을 가리키는 *ruach Elohim*이 수면 위에 돌아다닌 것을 생각해 보라. (바울은 분명 로마서 8장에서 창세기 1장을 염두에 두고 있다.) 이것이 모든 소망을 낳는 최고의 씨앗이다.

로마서의
심장 속으로

하나님의 영은 혼돈에 빠진 세상에 새 생명을 가져다주는 이요 새 생명의 원천이다.

그렇다면 영은 이렇게 탄식하고 산고를 겪으며 무슨 일을 하고 있을까? 영은 그렇게 탄식하면서 우리를 위해 호소한다. 바울이 여기서 사용하는 단어는 *hyperentyngchanei*다. (이 단어는 이곳을 제외하면, 현존하는 고대 그리스 문헌 어디에도 나오지 않으므로) 바울은 여기서 아예 단어를 새로 만들어, 영이 우리 안에*en* 임재하여 우리를 위해 *hyper* 일한다는*tyngchano* 사실을 통틀어 제시하고 있을 가능성이 있다. 하나님 바로 그분의 영은 우리의 고통과 슬픔이 말로 표현할 수 없을 정도로 깊디깊은 바로 이 지점에서, 온 피조 세계가 말도 못 하고 고통, 곧 온 세계를 뒤덮은 전염병, 기후 위기, 전쟁, 폭력 범죄 같은 고통을 겪는 현장의 중심에서, 비록 말은 없지만 최고의 중보 언어인 강력한 탄식으로 우리를 비롯한 온 피조 세계와 함께 한다.

그러나 우리는 하나님의 영이 그곳에 있으면서 이런 일을 한다는 것을 어떻게 아는가? 일부 유대인 사상가들은 하나님이 그 피조 세계가 역겨워 포기하기로 하셨다고 추측했는데, 하나님이 그러지 않으셨다는 것을 우리가 어떻게 알 수 있을까? 그것은 우리가, 바로 그 하나님의 영이 들어와 거하는 그곳에 있기 때문이다. 우리는 고통의 자리에, 즉 암 병동에, 망명 신청자의 법정 청문이 열리는 자리에, 어린 아이의 비석부터 전쟁 중에 집이 폭격을 받아 목숨을 잃은 일가족의 비석까지 죽은 이들의 비석이 가득한 묘지에 서 있어야 할 사람들로 부름 받았다. 우리가 그렇게 그 고통의 자리에서 당

6장
로마서 8:22-27

혹감에 사로잡혀 있을 때, 성령은 그런 우리 안에서 온 피조 세계를 대신하여 아버지에게 호소한다. 하나님의 영이 들어와 거하는 우리는 바로 그런 혼돈 속에 있어야 한다. 그래야 하나님의 새 피조 세계가 마침내 나타날 수 있으며, 그럴 때에 비로소 인간은 영에게 능력을 받은 대리인이 된다.

이 소명은 아무리 적게 보아도 버거운 도전이다. 그것은 힘든 일이다. 다행히도 하나님은 우리를 도와줄 기도서를 하나 주셨다. 시편이라는 책이 그것이다. 바울은 이제 거기서 출발한다.

우리는 말로 표현할 수 없는 이 세상과 교회와 영의 탄식이 헛되지 않음을 어떻게 아는가? 바울은 27절에서 하나님 그분이, 하나님 아버지가 모든 마음을 살피신다고 말한다. 이어 그는 아홉 절 뒤에서 시편 44:22을 인용한다. "우리가 종일 주를 위하여 죽임을 당하[나이다.]" 시편 44:21은 하나님이 우리 마음의 비밀을 아신다고 강조한다. 바울은 시편의 이 시를 토대로 하나님이 주신 비탄의 사례를 하나 제시한다. 겉보기에는 분명 그런 것이 있을 것 같지 않은 이곳에서 나타나는 그림은, 무엇에도 견줄 수 없는 삼위일체 이미지다. 영이 깊디깊은 세상의 고통 속에서 그리고 교회의 고통 속에서 아버지를 부른다. 그리고 하나님 아버지는, 출애굽기 2:23-25이 말하는 그대로 이집트에서 자기 백성의 탄식을 들으신 것처럼, 지금 일어나는 일을 들으시고 아신다. 우리는 아버지와 영의 이런 특별한 소통에 우리 자신도 이끌려 들어가 있음을 발견한다. 바울은 29절에서 그런 우리가 아들의 형상을 본받는다고 말한다.

로마서의
심장 속으로

이것이 바로 우리의 겟세마네 순간이며, 우리가 "당신은 왜 나를 버리셨습니까?"라고 묻는 순간이다. 어떤 식으로든 우리가 예수를 따를 때가, 그리고 특히 그의 백성을 섬길 때가 다가올 것이다. 로마서 8장은 사실 확실한 보증을 이야기하는 장이지만, 구원의 보증만을 제시하지는 않는다. 그것은 우리가 그렇게 어두운 곳에 있을 때도, 세상의 고통 중심에 서서 우리의 고통을 느낄 때도, 하나님의 구원 목적 밖에 있는 것이 아니라 사실은 그 목적의 중심에 자리하고 있음을 보증한다. 내가 2020년 초 코로나가 온 세상을 뒤덮던 그때 우리가 가장 먼저 보여야 할 적절한 반응은 비탄임을 강조했던 것도 그 때문이다. 우리가 세상의 여러 고통스러운 문제에 자동반사하듯 반응하기를 자제하고 슬퍼하는 시간을 가질 때, 영이 말할 수 없는 탄식으로 우리 안에 머물게 할 때, 우리는 비로소 앞으로 나아갈 길을 찾을 수 있다.

이처럼 우리는 현재 조용한 곳에서 은밀히 행하는 이상한 이 기도라는 일을 통해, 장차 나타날 영광을, 하나님의 백성이 새 피조 세계 안에서 행사할, 하나님의 형상을 지닌 권위를(18절부터 21절까지) 예견하고 기대한다. 우리는 아주 높은 곳에서 교회와 세상을 위해 기도하지 않는다. 마치 안전하게 멀리 떨어져 잘난 체하며 교회와 세상을 내려다보는 것처럼 굴며 기도하지 않는다. 우리는 우리의 고통 가운데서 기도한다. 그 고통이 질병이든, 슬픔이든, 상처든, 실망이든, 다른 이들의 반대든, 명백한 실패든, 우울이든 상관없다. 예수와 그의 죽음과 부활을 통해 온 세상을 구원하신 하나님은, 지

6장
로마서 8:22-27

금 영이 하는 일을 통해 이 세상을 구원하고 계신다. 우리는 성막의 백성으로, 다시 말해 영이 종종 고통스럽게 말조차 할 수 없을 때가 빈번한 이런 일을 끊임없이 행하는 장소요, 영이 그런 일을 행하는 방법으로 삼은 그 성막의 백성으로 부름 받았다. 하나님의 영광이 우리 안에, 우리 가운데 들어와 거한다는 표지는, 우리가 온 세상에 행사하도록 부여된 '권위'라는 인간의 '영광'을 이런 식으로 행사하고 있다는 것이다. 기도는 그런 것이다. 세상이 엉망진창일 때, 기도는 당연히 바울이 여기서 말하는 것처럼 보이고 그렇게 느껴질 것이다. 이 모든 것이 바울이 이해하는 '사랑을 베풀어 주시는 하나님'의 의미 가운데 일부다. 그 하나님의 사랑은 예수라는 형체를 지닌 사랑 안에 감싸여 있고 그 사랑 안에 들어 있다. 또 아버지와 영 사이에서 끊임없이 흘러나오며 아버지에게서 영으로, 영에게서 아버지에게로 흘러간다. 그것이 바로 우리가 다음 장에서 살펴볼 다음 절(28절)과 연결되는 아주 중요한 고리다.

알다시피, 하나님은 혼돈에 빠진 세상과 엉망진창이 된 교회를 보시고 그저 한쪽에 서서 "나는 너희 사람들이 다 정신 차리고 잘해 내길 바란다"라고 말씀하시지 않는다. 삼위일체 신학의 신비는 기도의 신비다. 곧 영이신 하나님이 고통으로 가득한 곳에 오셔서, 우리의 비탄과 슬픔과 사랑이 하나님의 비탄과 슬픔과 사랑 속으로 흡수되게 하시는 것이다. 이것이 바로 17절에서, 우리가 메시아와 함께 고난을 받음은 그와 함께 영광을 받으려 함이라는 말의 의미다.

유명한 찬송 "오 하나님의 사랑이여, 내려오소서Come Down, O Love Divine"는 영으로 충만하여 말없이 올리는 이런 기도의 느낌을 포착하고 있다. 이 찬송은 14세기 이탈리아 시를 번역한 것인데, 비록 우리 인간의 능력으로는 묘사하지 못하지만, 하나님의 치유 사역이 앞으로도 이어질 것이며 우리도 그 안에 붙잡혀 들어가리라는 확신으로 끝난다.

> 이토록 강한 갈망,
> 영혼이 갈구하려 하지만,
> 인간은 그것을 도저히 말할 수 없으니,
> 영혼이 성령의 거소가 되어
> 성령이 그 안에 거하신 뒤에야
> 그 은혜를 헤아릴 수 있기 때문이라네.[5]

여기에 '성령이 영혼의 탄식을 말로 표현하신 뒤에야'를 덧붙여도 될 것 같다.

---

5 리처드 프레더릭 리틀데일(Richard Frederick Littledale)의 번역으로, 1867년에 처음 발표되었다.

7장

로마서 8:28-30 의롭다 하심을 받고 영화롭게 됨

28 사실 우리는 하나님이 그를 사랑하는 이들, 곧 그의 목적을 따라 부르신 이들과 함께 선을 이루고자 모든 일을 하신다는 것을 알고 있다.

29 너희도 알다시피, 그가 앞서 아신 이들을 그 아들의 형상이라는 본보기를 따라 빚어지게 하려고 또 미리 정하셨으니, 이는 그로 큰 가족의 맏아들이 되게 하려 하심이다.

30 그리고 그가 미리 정하신 이들을 그가 또 부르시고, 그가 부르신 이들을 그가 또 의롭다 하셨으며, 그가 의롭다 하신 이들을 그가 또 영화롭게 하셨다.

28 *oidamen de hoti tois agapōsin ton theon panta synergei eis agathon, tois kata prothesin klētois ousin.*

29 *hoti hous proegnō, kai prohōrisen symmorphous tēs eikonos tou hyiou autou, eis to einai auton prōtotokon*

en pollois adelphois.

30 *hous de probōrisen, toutous kai ekalesen, kai hous ekalesen, toutous kai edikaiōsen, hous de edikaiōsen, toutous kai edoxasen.*

나이 든 주해자가 되어 겪는 좌절 가운데 하나는, 어떤 본문이 60년 전에는 그 본문이 말하는 것이라 생각했던 것을 말하지 않음을 발견하는 일이다. 나는 킹 제임스 역본과 함께 자랐다. 킹 제임스 역본의 로마서 8:28은 이렇게 말한다. "모든 것이 함께 일하여 하나님을 사랑하는 이들에게 유익이 되게 한다all things work together for good to them that love God." 이제와 되돌아보면 나는 이 본문이, 하나님의 자애로운 인도 아래 삶의 서로 다른 갖가지 요소가 마치 퍼즐처럼 다 하나가 되어 조화를 이루게 될 것을 말한다고 이해했다. 처음에는 혼돈처럼 보일지도 모르지만, 그 모든 것에서 결국 행복한 그림이 나온다고 일러 주는 말로 이해했던 것이다.

어떤 의미에서 보면, 하나님의 섭리는 진정 하나님이 결국 모든 악의 세력을 제압하고 승리하실 것을 확실히 보증한다. 그러나 이 구절에 관한 대중의 이해는, 이 구절을 꼼꼼히 살펴보면 견디지 못하고 무너져 버린다. 본문 전체의 의미는 말할 것도 없고, 본문에 들어 있는 단어의 의미 면에서도 그렇다.

우리는 이런 세부 내용으로 뛰어들기에 앞서, 으레 해 왔던 대로 우선 이 도입부에서 세 가지 질문을 던져 봐야 한다. 첫 번째 질

로마서의
심장 속으로

문은 (이 문단의 처음과 끝을 살펴보라는 것인데) 보통 때보다 분명하지 않다. 간단해 보이는 이 세 구절이 사실은 로마서 8장이 지금까지 전개해 온 논지, 특히 17절부터 계속 제시해 온 논지를 요약하고 있기 때문이다. 30절은 "그가 의롭다 하신 이들을 그가 또 영화롭게 하셨다"라고 강조하는데, 이는 17절의 "우리가 메시아와 함께 영광을 받고자 그와 함께 고난을 받는 한"을 정면으로 되돌아보며, 17절에서 30절에 이르는 길에 자리한 표지판이라 할 21절("하나님의 자녀들이 영광을 받을 때에")을 함께 되돌아본다. 그러나 이 세 구절 자체를 놓고 보면, 이 세 구절이 작지만 중요한 하나의 원을 이룬다는 점에 여전히 어떤 의미가 있는 것 같다. 바울은 ('사실 우리는'이라고 운을 뗀 뒤) '하나님을 사랑하는 이들'이라는 말로 28절을 시작한다. 곧 살펴보겠지만 이 말은, 그가 방금 묘사한 그림, 즉 고뇌에 차 있지만 사랑이 넘치는 메시아의 형체로 나타난 아버지와 영 사이의 사귐에 신자들이 붙잡혀 들어갔음을 묘사한 그림을 압축한 것이다. 어떤 관점에서 보면, 바로 이것이 바울이 말하려는 '영화롭게 됨'의 의미다. 그가 묘사하는 이들은, 마치 하나님의 영광이 성전 안에 거하듯이 영이 그 안에 거하는 이들이다. 동시에 그들은 진정으로 인간이 '영광'을 누리는 자리에, 곧 하나님이 지으신 세계에 이상하고 역설같은 권위를 행사하는 자리에 있는 이들이다. 실제로 우리는 이런 내용을 8장까지 이어지는 논증의 도입부라 할 5:1-5에서 추측할 수 있었을지도 모르겠다. 그곳에서는 "하나님의 영광을 바라고 즐거워[함]"(5:2)을, "하나님의 사랑이 우리 마음에 부은 바 됨"이라는 말(5:5)로 더 설명해 준다. 8:28이라는 시작 부분과 8:30이라는 끝 부분 사이에 존재하는 자그마한 크기의 의미 원circle of meaning은 5:1-5과 8:17-30 사이에 존재하는 큰 크기의 의미 원과 짝을 이룬다.

도입부에서 두 번째로 제시할 질문은 자그마한 연결어들과 관련이 있다. 첫머리의 *oidamen de hoti*, 곧 '그리고 우리는 알고 있다'라는 말은, 뒤따르는 내용이 방금 해 온 말을 더 자세하고 깊게 해석한 것임을 일러 준다. 내가 이 첫 부분을 '사실 우리는…알고 있다'로 번역한 것도 그 때문이다. 그리스어를 처음 배우는 이들은 *de*가 '그러나'라는 뜻이라고 배우지만, 바울이 여기서 쓴 *de*는 그보다 훨씬 유연한 뜻을 갖고 있어서, 앞서 제시한 생각과 반대되는 생각을 소개하려고 쓴 말이 아니라, 필립스J. B. Phillips가 쓴 '더구나 Moreover'처럼 다른 시각을 제시하는 말이다. 이 모든 것은 대다수 주해자와 설교자가 놓치는 점을 강조한다. 즉, 26-27절은 주된 논증에서 벗어난 '곁가지'가 아니라, 오히려 우리를 바로 그 핵심으로 데려가는 것이라는 점이다. 그리고 이제 28-30절은 오랫동안 이어져 온 하나님의 전체 계획에 비추어 그 핵심이 무엇을 의미하는지 설명한다.

29절은 *hoti*로 시작하는데, 이 말은 보통 '이는…때문이다'를 의미하는 그리스어 *gar*나 내 번역에 습관처럼 나오는 '너희도 알다시피'라는 말과 아주 비슷한 기능을 한다. 너희도 알다시피(설명하는 이는 내가 아니라 바울이다), 하나님의 계획은 메시아 형체를 지닌 사람들

로마서의
심장 속으로

로 구성된 한 가족을 만들어 내시는 것이요, 이 사람들을 통해 행해져야 할 일을 행하시는 것이었다. 이 말 역시 메시아의 '공동 상속자'는 메시아와 함께 영광을 받고자 고난도 함께 받아야 한다고 말하는 17절을 되돌아본다. 이처럼 26절과 27절이 전개하는 논지를 설명하는 28절을, 29절이 설명한다는 사실은, 요한복음이 말하는 것처럼 '영광'이 메시아의 십자가 죽음과 아주 긴밀하게 연결되어 있으며, 이어 메시아를 따르는 이들의 삶과 기도가 만들어 내는 결과와도 아주 긴밀하게 연결되어 있음을 일러 준다. 온 피조 세계를 구하시려는 하나님의 계획은 그렇게 앞으로 나아간다.

이어 바울은 또 다른 *de*로 이 내용과 30절을 이어 놓았는데, 이 *de*는 여기에서도 킹 제임스 역본처럼 '더구나'라는 의미를 가진다. 따라서 29절이 하나님의 전체 계획을 설명했듯이, 30절은 그 계획이 어떻게 실행되었는가를 서술한다. 그 네 단계, 즉 미리 정하심, 부르심, 의롭다 하심, 영화롭게 하심이 *kai*와 *de*로 연결되어 있다.

> 그리고[*de*] 그가 미리 정하신 이들을, 또한 그가 부르셨으며, 그리고[*kai*] 그가 부르신 이들을, 또한 의롭다 하셨으며, 그리고[*de*] 그가 의롭다 하신 이들을, 또한 그가 영화롭게 하셨다.

영어에서는 소소한 단어를 반복하는 일을 종종 불필요하다고 여기며, 할 말들을 나란히 놓아두는 것만으로도 연관성을 나타내는 데 충분하다고 여긴다. 따라서 나는 이 본문을 번역할 때, 첫머리에서만 '그리고'를 쓰고 뒤따르는 부분에서는 '그리고'를 전혀 쓰지 않았다.

바울의 세계에서는 우리가 고려해야 할 어떤 메아리가 생겨났을까? 우리는 으레 세 번째 질문까지 제시하곤 했는데, 이 본문 전체를 좀 더 깊이 파고 들어갈 때까지 그 세 번째 질문은 미뤄도 되겠다.

다시 사람들이 보통 잘못 해석하는 28절로 돌아가 보자. 나는 로마서 8장을 연구한 세 친구의 공로를 인정하지 않을 수 없다. 공로를 인정받아 마땅한 이들의 연구 결과는 나를 뒤흔들어 오랜 세월 편안하게 가져 왔던 여러 가정에서 벗어나게 만들었다. 한편에서는 휘트워스대학교의 헤일리 제이콥이, 다른 한편에서는 토론토의 실비아 키즈마트와 브라이언 왈쉬가, 사람들이 보통 읽는 역본의 번역이 아니라 옛 RSV의 번역을 따라가야 한다고 강하게 주장했다(나는 이들의 주장이 옳다고 믿는다). "하나님은 모든 일에서 그를 사랑하는 이들과 함께 일하여 선을 이루신다In everything God works for good with those who love him." 이 절은 (다시 말해) "모든 것이 함께 일하여 하나님을 사랑하는 이들에게 선을 이루어 준다All things work together for good to those who love God"라고 말하지 않는다. 이런 번역은 하나님의 백성에게, 모든 일이 그들이 원하는 쪽으로 이루어지리라는 것을 아는 일종의 은밀한 특권을 부여하는 것처럼 보인다. 그러나 옛 RSV의 번역은, 이 문장 주동사의 주어가 하나님이라고 말한다. '일하는' 이는 하나님이지, '모든 것'이 아니다. 아울러 이 번역은 하나님이 비단 그를 사랑하는 이들을 위해 일하실 뿐 아니라, 그를 사랑하는 이들과 함께 일하신다는 뜻으로 말한다. 하나님이 그를 사랑하는 이들을 위해 일하신다고만 말하면, 이들은 그저 하나님이 계속 베풀어 주시는 자애의 수동적 수혜자에 불과한 것처럼 보인다.[1] 다시 말해, 그는 그들이 현재 행하는 일과 분투, 곧 바울이 방금 언급했고 그 자체가 그들 안에서 펼쳐지고 있는 영의 역사를 통해 일어나고 있는 일의 일부인 현재의 일과 분투가, 이 시대에 하나님이 자신의 목적을 따라 행하시는 모든 일에 적극 이바지한다는 것을 강조한다. 바울은 지금 우리가 하나님과 함께 일하는 이들이라고 말한다. 여기의 '우리'는 '하나님을 사랑하는 이들'을 가리키는데, 영과 아버지는 이들의 마음속에서 말로 표현할 수 없는 대화를 계속 나누시는 것 같다. 우리가 하나님과 함께 일하는 이들이라는 번역은, 바울이 다른 곳에서 이 동사를 사용한 용례와 들어맞는다. 그것은 곧 살펴보겠다.

사실 여기서 문제 해결의 실마리를 제공하는 것은 동사다. 그리스어 동사 *synergeō*는, 문자 그대로 번역하면, '…과 함께 일하다'

---

1 RSV("하나님은 모든 일에서 그를 사랑하는 이들과 함께 일하여 선을 이루신다")는 사본에 들어 있는 변형을 언급하는 각주를 덧붙여 놓았다. 이 변형은 Nestle-Aland 27판처럼, '하나님'을 생략했다. 그렇게 함으로써 '하나님'이 '일'의 주어임을 문장 맥락을 살펴 이해하게 하거나, KJV과 NRSV의 경우처럼, '모든 일'이 주어가 될 수 있게 해 놓았다. 제이콥의 연구 결과는 *Conformed to the Image of His Son* (Downers Grove, IL: IVP Academic), pp. 245-251로 출간되었으며, 키즈마트와 왈쉬의 연구 결과는 *Romans Disarmed* (Grand Rapids, MI: Brazos Press, 2019), pp. 375-379에 들어 있다. 영이 동사의 주어라고 이해하는 역본들도 있다. NEB가 그런 예인데, 이는 적어도 *synergei*가 '…와 협력하다'라는 의미라고 본다.

이다. 우리는 바로 이 말에서 'synergism신인협력'이라는 단어를 얻었다. 곧 다시 살펴보겠지만, 이 말은 신학 담화에서 좋지 않은 평판을 얻었다. 그렇긴 해도 이 단어의 문자적 의미를 피하기는 불가능하다. 번역 전통을 살펴보면, 사람들은 이 말을 '모든 것이 함께 일함'이라는 의미로, 즉 삶이라는 퍼즐을 구성하는 상이한 그림 조각들이 저절로 서로 어울려 하나가 된다는 의미로 이해해 왔다. 그러나 그것은 이 단어가 말하려는 의미가 전혀 아니다. 바울이 다른 곳에서 *synergeō*를 쓸 때, 그 말은 그리스어 동사가 암시하듯, 두 사람이나 두 행위자가 어떤 임무를 분담하여 서로 협력함을 의미하지, 시계를 구성하는 부품처럼 여러 다양한 물체가 함께 어울려 조화를 이룸을 말하는 게 아니다.

이 동사가 작동하는 방식은, 보통 이 동사의 주어가 협력하는 사람이나 사람들을 여격으로 두는 형태다. 따라서 여기서 사용한 그리스어 여격 *tois agapōsin ton theon*은 하나님이 함께 일하는 이가 누구인지 일러 준다. 하나님은 하나님을 사랑하는 이들과 함께 일하신다. 되풀이하는 말이지만, 주어는 '모든 일'이 아니라 '하나님'이다. 여기서 앞에 있는 표현('하나님을 사랑하는 이들')에서 암시된 하나님은, 그를 사랑하는 이들과 함께 모든 일을 하심으로써 선을 이루신다. 따라서 나는 우리가 하나님과 협력하는 이들이라고 말하겠다. 바울이 이 동사를 사용하는 다른 두 본문에서 그 동사는 그런 의미를 갖는다(아래를 보라). 그러나 사실 바울은 여기서 하나님이 우리와 협력하시는 분이라고 말하고 있다. 하나님은 '하나님을 사랑

로마서의
심장 속으로

하는 이들'과 함께 그리고 그런 이들을 통해 일하신다.

'하나님을 사랑하는 이들'이라는 말은 보통 이스라엘을 가리키는 표준 명칭이다. 이는 신명기에 등장하는 셰마*Shema* 기도를 되울려 준다. 오, 들으라, 이스라엘아, 야훼 우리 하나님은 한 하나님이시니, 너희는 야훼 너희 하나님을 사랑할지어다…. 따라서 로마서 8:28은 긴 호를 그리며, 메시아의 백성이 성령을 통해 그들 마음에 부어진 하나님의 사랑을 가지고 있다고 말하는 로마서 5:5을 되돌아본다. 바울에게는 '하나님을 사랑하는 이들'이, '예수를 따르는 모든 이', '결국 신명기 6장의 셰마를 지킬 수 있는 모든 이'를 가리키는 일종의 속기어速記語인 동시에, 이들의 주된 정체성인 사랑이 아울러 그들의 주된 특성이 되어야 함을 암시하는 말이기도 하다. 그러나 바울은 이 본문에서, 방금 27절에서 했던 말을 끄집어내는 것 같다. 28절의 그리스어 본문은 '하나님을 사랑하는 이들과 함께'를 이 절의 첫 어구로 제시한다. 따라서 28절을 문자 그대로 읽으면, "우리는 하나님을 사랑하는 이들과 함께 그가 선을 이루고자 협력하심을 안다"가 된다. 따라서 28절은 우리가 5:5을 읽었을 때는 짐작하지 못했을 수도 있는 의미로, 사실상 '하나님을 사랑하는 이들'이 무슨 말인지 정의해 준다. 이 말이 직접 되짚어 가리키는 이들은, 그들의 아픈 기도 속에서 영이 아버지에게 부르짖고 있는 이들이다. 이 부르짖음을 들으시는 아버지는 모든 것을 아시고, 이해하시며, 행동하신다.

이 지점에서 일부 독자는 지금 전문가나 알아들을 법한 이야기로

7장
로마서 8:28-30

지나치게 흘러가지 않나 하는 생각을 할지도 모르겠다. 그런 독자들은 익숙한 번역과 의미가 명백히 사라진 것에 유감을 가질 수도 있다. 그러니 그냥 28절이 "하나님을 사랑하는 이들에게는 모든 것이 함께 일하여 선을 이룬다"라고 말하게 놔두면 안 되는가?

첫째, 전체 주제를 담은 핵심이 있다. 바울은 지금 이 서신의 절정 중심부에 다다르고 있다. 이 서신의 주된 주제는 하나님, 하나님의 의, 하나님의 사랑, 하나님의 복음이었다. 만일 여기서 바울이 마치 스토아학파가 말하는 것 같은 일종의 범신론에 호소하면서 하나님이 아니라 '모든 것'을 주된 주어로 삼았다면, 그가 제시하는 신학은 물론이요 수사도 이상했을 것이다.

더 자세히 말하면, 언어학의 관점에서도 하나님이 동사 *synergei*의 주어일 가능성이 훨씬 높다. 이 문장은 그렇게 흘러간다. 어떤 이들은 바울이 27절 끝부분에서 "영이 하나님의 뜻을 따라 하나님의 백성을 위해 간구[한다]"고 말한 것을 염두에 두고, 영이 진짜 주어일 수 있다고 주장했다. 그러나 사실, 이 그리스어 문장의 흐름은 하나님이 문장의 주어임을 강력히 지지한다. 하나님은 어쨌든 27절의 주된 주어였다[마음을 살펴보시는 이가 영의 생각을 아시니, 이는 영이 하나님을 따라 성도를 위해 중보하기 때문이다.] 이어 바울은 28절 자체에서 *tois agapōsin ton theon*을 앞에 놓아둠으로써, *theos*, 곧 하나님이 뒤따르는 *pantasynergei*, 곧 '…과 함께 모든 일을 행하신다'의 주어이며 *panta*가('모든 일을') 목적어라는 것을 쉬이 이해할 수 있게 해 놓았다. 마찬가지로, 우리는 이 구절이 계속 흘러가는 것을 살펴보면서, *theos*, 곧 하나님이 이 절의 나머지 부분 ['(그의) 목적을 따라 부르신']에 숨어 있는 동사들의 주어이기도 하다는 것을 이해해야 한다. 부르시는 이는 바로 하나님이시며, 하나님은 이 부르심을 통해 자신의 목적을 이루신다. 나아가 29절과 30절로 옮겨 가도, 이 두 구절에서 이론異論의 여지없이 하나님이 내내 주된 주어로 등장한다. 따라서 이 본문은 이렇게 읽는 것이 가장 자연스럽다. "우리는, 하나님을 사랑하는 이들(곧, 하나님이 하나님의 목적을 따라 부르시는 이들)과 함께, 하나님이 모든 일을 하여 선을 이루신다는 것을 알고 있다." 초기의 몇몇 사본은 실제로 *ho theos*라는 말을 *synergei* 뒤에 추가해 놓았는데, 나는 이것이 이 구절을 어떻게 읽어야 하는지 분명하게 일러 준다고 생각한다.

이렇게 고쳐 읽어야 한다고 생각하는 마지막 이유는, 우리가 출발했던 지점으로 되돌아가 보면, 여격과 함께 쓰는 *synergeō*가 보통 '…와 함께 일하다'라는 뜻을 갖기 때문이다. *synergeō*의 *syn*('…와 함께')은 이 동사의 주어가 함께 일하는 이를 가리키는 말의 여격을 취한다. 그리고 여기서 여격은 *tois agapōsin ton theon*, 곧 '하나님을 사랑하는 이들'이다. 이렇게 해석하면 확실하게 문제가 해결된다.

이 모든 것이 이렇게 분명하다면, 왜 이것을 오래 전에 밝혀 내지 못했을까? 생각해 보면, 아주 당연한 일이겠지만 개신교 신학자들은 **신인협력설**synergism, 다시 말해, 사람이 구원받음은 하나님과 신자의 노력이 합하여 이루어 낸 결과라는 생각을 늘 걱정했다. 고전적 '신인협력설'에 따르면, 하나님은 하나님이 하실 일을 하고 우리는 우리가 할 일을 하며, 이 둘이 합하여 우리가 구원을 이룬다. 그러나 우리는 여기서 마르틴 루터에서 존 파이퍼에 이르기까지 모든 사람이 이구동성으로 천둥처럼 쏟아내는 합창, "무슨 소리! 절대 그렇지 않다!"라는 말을 듣는다. 구원은 처음부터 끝까지 다 하나님이 하시는 일이다! 우리가 해야 할 일은 믿는 것뿐이다. 협력은 말할 것도 없고 우리가 어떤 식으로든 구원에 기여한다는 주장은 단연코 배제해야 한다.

그러나 바울이 저 단어를 사용하는 다른 곳에서도 마찬가지지만, 여기에서도 정작 중요한 점은 바울이 결국 구원이 어떻게 이루어지는가를 이야기하는 게 아니라는 것이다. 사실 로마서 전체를 살펴보면, 구원에 관한 확실한 보증은 주권자 하나님이 그 아들의 죽음 속에서 쏟아내신 사랑에 기초하고 있다. 그러나 로마서 8:18-30이라는 이 본문은 구원받은 공동체의 소명에 관하여 이야기하고, 메시아 예수가 온 피조 세계라는 더 넓은 세계 속에서 그리고 그 세계를 이롭게 하고자 이미 이루신 일을 실행하라는 요구에 관하여 이야기한다. 앞 장에서 살펴봤듯이, 이런 일은 영이 예수를 따르는 이들을 불러 고통당하는 세상 한가운데서 기도하는 사람이 되게 하심으로써 일어난다.

이 해석은 바울이 *synergeō*라는 동사를 사용하는 다른 두 본문, 곧 고린도전서 3:9("우리는 하나님의 동역자들이요")과 고린도후서 6:1("우리가 하나님과 함께 일하는 자로서")과 잘 들어맞는다. 바울은 고린도전서 3:9에서, 하나님이 일을 이루어 가실 때 동반자로 삼으시는 이들이 사도임을 이야기한다. 이는 소명을 이야기하는 것이지, 구원을 이야기하는 게 아니다. 고린도후서 5:20-6:1에서도 바울은 '메시아를 위한 사신'이 되는 일에 관하여 이야기한다. 하나님은 우리를 이런 사신으로 세우심으로써, '우리를 통하여…권면하신다.' 그 결과로 바울은 6:1에서, 우리가 *synergountos auto*라고, 즉 '그와 함께 일하고 있다'고 말한다. 이번에도 바울은 자신이 어떻게 구원받았는가를 이야기하지 않는다. 바울은 하나님이 어떻게 그와 함께 일하시는지, 바울 자신이 어떻게 더 큰 복음 사역을 위해 하나님과 일하고 있는지 이야기하고 있다.[2]

우리는 앞 장에서 하나님이 온 피조 세계가 탄식하는 이 시대에, 영의 인도를 받는 하나님의 백성의 기도 생활과 이 백성의 슬픔을 통해 일하신다는 것을 보았다. 우리는 이를 통해 메시아를 닮은 모습으로 빚어진다. 거기서 치유를 가져오는 하나님의 사랑과 경련을 일으키는 세상의 고통이 함께하며, 어떤 말로도 표현할 수 없는 깊디깊은 기도를 동반한 탄식이 만들어진다. 그것이 바로 바울이 28절에서 염두에 둔 것이다. 결국 '하나님을 사랑하는 이들'은 그리스도인을 일컫는 여러 명칭 중 하나이거나, 허공에서 뚝 따온 명칭이 아니다. 그것은 27절에서 일어나고 있는 일을 요약해 준다. 그 마

---

2 이것이 고후 5:20-21의 진정한 의미, 즉 사람들이 보통 추측하는 의미와 반대되는 의미에 부합한다. *PFG*, pp. 20, 70, 558, 724, 881-884, 909, 951, 980, 1343, 1494를 보라.

음에서 영이 하나님이 지시하는 탄식을 만들어 낸 이들, 마음을 살펴보시는 하나님이 들으시고 아시는 탄식을 만들어 낸 이들이, 삼위일체 형상을 지닌 하나님의 사랑이 머무는 곳이 되었다. 따라서 바울이 27절과 28절을 한데 묶어 강조하려 하는 것은, 바로 영의 인도를 받으며 하나님을 사랑하는 이들은 하나님이 그들과 함께 일하시며, 따라서 그들을 통해 일하신다는 것을 확실하게 보증 받는다는 것이다. 여기서 그냥 '선'이라 말하는 하나님의 궁극적 뜻은 하나님이 주권자로서 행하시는 행동으로 제시되며, 그 안으로 그의 형상을 지닌 사람들이 적극 토해 내는 탄식을 받아들인다.

따라서 이것이 바로 하나님을 사랑하는 이들, 예수를 따르는 이들이 '그의 목적을 따라 부름 받는다'는 말의 의미다. 인간을 향한 하나님의 부르심, 곧 복음의 형체를 지닌 부르심은 당연히 인간을 죄와 죽음에서 구해 내는 효과를 발휘하지만, 이 본문은 그런 문제와 무관하다. 여기에서는 그 부르심이 어떤 목적을 위해 부르심 받음을 의미한다. 그 목적은 인간을 위해 작동할 뿐 아니라 인간을 통해 작용한다.

이 모든 것은 오늘날 서구 그리스도인이 새롭게 배워야 할 것도 있지만 배우지 말아야 할 것도 있음을 의미한다. 중세 이후로, 서구 교회는 어떻게 하면 천국에 이르고 지옥을 피하며, 어떻게 하면 자신이 옳은 길을 가고 있는지 확신할 수 있는가라는 문제에만 눈길을 고정했다. 그 결과, 교회는 모든 핵심 본문을 읽을 때 마치 그 본문이 '당연히' 그런 말을 해야 하는 것처럼 읽었다. 그러나 (가령 이사

로마서의
심장 속으로

야 40-55장을 생각해 보면 알겠지만) 이스라엘의 예언자들이 말하곤 했듯이, 구원은 단순히 하나님이 자기 백성에게 주신 선물만이 아니라, 하나님이 그 백성을 통해 더 넓은 세계에 주신 선물이기도 하다.

바울 자신이 '부름 받다'라는 말을 어떻게 사용하는지 생각해 보라. 그는 자신이 다마스쿠스로 가는 길에 '부름'을 받은 것은, 하나님이 '그의 아들을…내 속에 나타내[고자]' 하셨기 때문이라고 서술한다(갈 1:16). 이는 그가 평상시에 구사하는 용법과 일치한다. 하나님이 복음을 들고 나가 누군가를 부르실 때, 이 부르심은 물론 어떤 의미, 어떤 맥락에서 보면 '회심'과 관련이 있긴 하지만, 단순히 '회심'과 같은 의미의 말은 아니다. 그것은 하나님이 어떤 목적을 이루고자 부르시는 것이다. 바울은 여기서 바로 그것을 이야기한다.

그렇다면 우리는 성경에 푹 잠겨 있는 바울의 생각 어디에서 이런 주제를 발견하는가? 그 답은 이사야 40-55장이다. 하나님은 자신의 종이자 백성인 이스라엘을 어떤 목적을 이루고자 부르신다. 하나님은 처음부터 아브라함을 부르실 때 그를 통해 모든 민족에게 복을 주시겠다는 그 목적을 천명하셨다. 이 부르심은 출애굽기 19:5-6에서 이스라엘이 왕 같은 제사장이 되도록 부름 받으면서 되풀이되었다. 하나님은 이스라엘을 통해 그의 영광을 온 세상에 나타내려 하셨다. 이어 하나님은 이사야서에 나오는 종의 노래에서, 이스라엘을 종이라 부르시면서 하나님이 이 종 안에서 영광을 받게 되리라고 말씀하신다(49:3). 로마서 8:30도 '영광을 받게 됨'을 이야기한다. 그리고 하나님은 이사야 40:5에서 온 세상에 그의 영광을

7장
로마서 8:28-30

나타내겠다고 약속하셨다. 그렇다면 그 일은 어떻게 이루어질 것인 가? 그 답은 이사야 40-55장의 위대한 시에서 서서히 등장한다. 그 일은 주의 종이 하는 일을 통해, 그리고 종국에는 그 종의 고난과 죽음을 통해 이루어질 것이다. 동시에 그 종은 이스라엘을 온몸으 로 구현한 이가 될 것이다. 즉 이스라엘 민족의 소명이 한 사람에게 집중될 것이다. 아울러 그 종은 야훼 자신을 온몸으로 구현한 이가 될 것이다. 세상의 모든 민족은 그의 소명과 운명을 보면서 그리고 그 정당성이 인정받음을 보면서, '야훼의 팔'이 능력 가운데 펼쳐짐 을 마침내 보게 될 것이다.[3]

이 모든 내용은 이사야서의 더 큰 맥락에 비추어 더 길게 탐구 해 볼 수 있겠지만, 그것은 우리의 현재 목적을 벗어난다. 여기에 서는 잠시 짬을 내어, 성경의 어느 곳에서 로마서 8:28-30의 주제 들—택함을 받고, 부름을 받고, 의롭다 하심을 받고, 영광을 받는 백성—이 한 덩어리를 이루는지 묻는다면 그 대답은 명백하다는 점만 짚고 넘어가도 충분하다. 성경을 잘 아는 1세기 유대인 독자 라면, 우리가 지금 다루는 본문에서 절정이라 할 말인 "그가 의롭다 하신 이들을 그가 또 영화롭게 하셨다"를 들었을 때, 자연스럽게 이 사야 40-55장을, 특히 45:25 같은 구절을 생각했을 것이다. 야훼는 앞 절들에서 자신이 절대 유일무이한 존재임을 선언하면서(45:21), 모든 무릎이 그 앞에 꿇을 것이요(45:23), 사람들이 오직 야훼 안에

---

3 가령, 사 40:10을 보라.

로마서의
심장 속으로

서만 '의와 영광'을 찾을 수 있으리라고(45:24) 강조했다.[4] 이런 내용은 45:25로 이어진다. 우리는 45:25에서 이스라엘의 모든 자손이 야훼에게서, 그리고 하나님 안에서 '의롭다 함을 얻고 영광을 받으리라*dikaiōthēsontai kai endoxasthēsontai*'라는 말을 만나는데, 여기에서도 70인역이 대다수 영역 성경보다 더 분명하게 의미를 전달한다.

"그가 의롭다 하신 이들을 그가 또 영화롭게 하셨다." 바울은 이사야서를 자기 손바닥 들여다보듯이 잘 알고 있었다. 바울은 자기 손바닥만큼이나 뚜렷하게 이사야서를 암시할 때, 분명 독자들이 그가 하는 말을 이사야서와 같은 맥락에서 듣게 하려고 했을 것이다. 하나님은 이스라엘을 어떤 목적을 이루려고 부르셨다. 그리고 그 목적을 메시아 안에서, 영으로 말미암아 이루셨으며 이루고 계신다. '하나님을 사랑하는 이들'이라는 말과 마찬가지로, 이 말도 이스라엘을 가리키는 말이다. 더 넓게 성경 전체에서도 그러하듯이, 이사야서를 보면 야훼가 이미 아브라함에게 주신 약속에서 일러 주신 더 큰 목적을 이루시고자 이스라엘을 불러 존재하게 하셨다고 말한다. 이스라엘은 하나님이 인간과 온 피조 세계를 구하시는 작전을 펼치실 때 그 방편이 되어야 한다.

어떤 이들은 이런 생각을 거부했다. 어떤 이들은 하나님이 우리를 사랑하심은 그저 그가 우리를 사랑하시기 때문이지, 우리를 어

---

4 70인역의 *dikaiosynē kai doxa*는 보통 '공의와 힘'으로 번역하는 히브리어를 바꿔 놓은 것이다.

떤 목적을 이루는 데 사용하기를 원하시기 때문이 아니라고 말하고 싶어 한다. 그러나 성경에 비추어 말하면, 그런 말은 그릇된 이것 아니면 저것이다. 하나님이 사랑으로 이스라엘을 위해 품으셨던 목적은, 언제나 하나님이 사랑으로 이스라엘을 통해 이루려 하신 목적과 관련이 있었다. 바울은 하나님의 아들이 '나를 사랑하셨고 나를 위해 자신을 내어 주셨다'는 것을 잘 알고 있다. 마찬가지로 하나님이 그를 불러 이방 민족들의 사도가 되게 하셨다는 것도, 사실 이사야 40-55장이 말하는 종의 소명이 현실이 되게 할 이로 부르셨다는 것도 잘 알고 있는데, 이 두 앎은 완전히 하나를 이루고 있다. 여기서 갈라디아서 1:16을 다시 생각해 보자. 다마스쿠스로 가는 길에 일어난 일은, 하나님이 자신을 바울에게 나타내신 일이기도 했지만 바울 안에서 나타내신 것이기도 했다. 그 안에는 바울이 이방 민족 가운데서 하나님을 선포하게 하려는 목적이 들어 있었다. 지난 세대에는 바울이 '회심했는지' 아니면 '부름을 받았는지'를 놓고 논쟁이 있었다. 이 논쟁은 특히 바울이, 말하자면 이 종교에서 저 종교로 바꾼 게 아님을 강조하고 싶었던 유대인 학자들이 불붙인 논쟁이었다. 유대인 학자들이 강조한 것은 누가 봐도 정당하다. 바울도 자신이 늘 이스라엘의 유일하신 하나님을 예배했다고 증언했으며, 바뀐 것은 충성하는 대상이 아니라 십자가에 못 박혀 죽었다가 부활하신 예수가 이스라엘의 메시아이심을 깨닫게 된 것이라고 증언했다. 우리가 고찰해야 할 진정한 의미 변화는, 아주 많은 그리스도인 독자가 다마스쿠스로 가는 길에 일어난 사건을 바울이 '구원

받은' 순간으로 보았지만, 바울은 그 사건을 무엇보다 자신이 보냄을 받은 순간으로 보았다는 것이다.[5]

또 다른 반대 의견이 있을 수 있다. 분명 어떤 이는 '그 종the Servant'은 예수 자신이지, 그의 백성이 아니지 않은가라고 말할지 모르겠다. 그런데 바울은 종의 노래를 다양한 곳에서 인용하는데, 예수에 관하여 이야기하려 할 때뿐 아니라, 이방인에게 보냄 받은 사도인 자신은 물론, (우리가 31-39절에서 보겠지만) 새로워져 메시아의 형상을 지닌 하나님의 백성 전체를 이야기하려 할 때도 그 노래를 인용한다. 바울은 종인 메시아Servant-Messiah와 그의 백성 사이에 존재하는 유동성fluidity을 분명하게 간파하지만, 현대 서구의 논리는 그런 유동성을 파악하기가 힘들다. 실제로 일단 종의 형체를 지닌 18-27절의 주제를 간파하고 이어 32절에서 35절에 이르는 본문에서 그 종을 분명하게 떠올린다면, 두 본문 사이에 있는 28-30절을 이사야와 같은 관점에서 읽어야 한다는 주장을 강력히 뒷받침하는 맥락을 확보하게 된다. 하나님의 백성은 그들을 통해 하나님이 자신의 영광을 세상에 나타내시는 통로가 되어야 하는 소명을 받았다. 28-30절은 바로 그런 소명을 이야기한다.

따라서 28절의 요체는 하나님이 사람들을 불러 복음을 믿게 하시고 예수를 따르게 하실 때 가지고 계신 전체 목적을 다루는 것이며, 이는 18절에서 27절에 이르는 본문에서 본 것과 정확히 일치한

---

5 고후 5:1-6:1; 빌 3:12-16도 함께 보라.

다. 하나님이 사랑 가운데 유대인과 이방인을 가리지 않고 예수를 따르는 이들로 부르신 목적은, 그들이 이 세상을 탈출하여 다른 어느 곳으로 가 그와 함께 살 수 있도록 도와주시려는 것이 아니었다. 그 목적은 하나님이 그들을 죄와 죽음에서 구해 내시면서 그들을 통해, 특히 그들의 고난과 기도를 통해 자신의 영광을 나타내시는 데 있었다. 하나님의 목적은 전진하고 있다. 창세기 1장이 하나님은 그리하실 것이라고 늘 일러 주듯이, 하나님은 자신과 그런 목적을 공유할 사람들을 모으신다. 즉 그들을 부르신다.

바로 이곳에서 바울이 제시하는 보증이라는 주제가 자기 자리를 잡는다. 우리는 누군가의 공동주택 다락이나 가게 뒤의 자그마한 방에 많은 이가 다닥다닥 붙어 모여 있는 로마의 작은 가정교회를 생각해야 한다. 이들은 그 고장에서 각기 다르게 중요한 일을 하는 다른 예수 따르미들을 염려하며, 이교 숭배가 모든 곳에서 만연하고 사회를 강압하는 모습, 특히 황제 숭배가 온 천지에서 유행하게 된 것을 두려워했다. 이때 약 1백만 인구가 살던 로마에는 예수를 따르는 이가 200명 정도 있었던 것 같다. 그들은 극소수 중의 극소수였다. 그러나 이미 그들은 말썽을 일으키는 사람들로, 위험하고 반역을 도모하며 파괴와 분열을 가져오는 무리로 알려져 있었다. 여기서 바울이 보증에 관하여 제시한 가르침은 그저 그들이 죽으면 천국으로 가리라는 것이 아니었다. 물론 바울은 그들이 죽으면 '메시아와 함께' 있을 것이며, 영이 최종 부활 때 그들에게 새 몸을 지닌 생명을 부여할 것이라고 믿었다. 그러나 그가 보증에 관하여 제

로마서의
심장 속으로

시한 가르침은, 예수를 믿는 메시아 백성인 그들이 사실은 창조주 하나님의 참된 백성임을 확인해 주는 것이었으며, 하나님이 당장 현재에도 그 백성이 겪는 고난 그리고 기도하며 행하는 증언을 통해 영광을 받으셨으며 받으시리라는 것을 확인해 주는 것이었다.

바울은 이전과 마찬가지로 여기에서도 사람들이 종종 무시하는 구절인 5:17에서 했던 말을 한 번 더 끄집어낸다. 바울은 거기서, 하나님의 언약에 따른 정의 혹은 옛말로 표현하면 '의righteousness', 즉 *dikaiosynē*를 선물로 받은 이들이 생명 안에서 통치하리라고 강조한다. NRSV는 5:17을, '통치하는' 의를 하나님에게서 선물로 받은 이들이라는 말로 번역한다. 이 다소 무거운 문구는 '왕'을 의미하는 그리스어 명사 *basileus*에서 나온 그리스어 *basileusousin*을 번역한 것이다. 여기서 약속하는 것은 왕의 권위다. 물론 신약에서 늘 그러하듯이, 이 왕의 권위는 예수가 예수를 중심으로 다시 정의하신 권위다.[6]

물론 서구 신학의 관점에서 들으면, 특히 현대 자유민주주의의 맥락에서 들으면, 이 땅에서 통치하거나 다스린다는 말이 조금 이상하게 들린다. 우리는 은연중에 '신앙이 독실한' 사람이 주위 모든 이의 우두머리가 된다는 생각은 거부해야 한다고 훈련받아 왔다. 그러나 1세기 유대인이 생각하던 하나님 나라에서는 통치나 다스림이라는 개념이 완벽하게 들어맞는 말이었다. 쿰란 분파는 그들이

---

6 가령, 막 10:35-45을 보라.

'아담의 모든 영광'을 유업으로 받을 것이라고 믿었다. 다시 말해, 위대한 날이 동트면 자신들이 온 세상을 경영하리라고 믿었던 것이다. 바울은 고린도전서 6:3에서 예수를 믿는 이들이 언젠가는 천사를 심판하는 일을 하리라고 말한다! 요한계시록도 비슷한 말을 한다. 죽임 당한 어린 양이 사람들을 구해 냄은, 이 사람들이 '왕 같은 제사장'이 되어 이 땅에서 통치하게(여기에서도 똑같이 *basileusousin*을 사용한다) 하려 함이다. 이 모든 것은 무엇을 의미하는가? 바울에게서 16세기 이슈들을 다루려 하는 부담을 덜어 주고, 그가 그 자신의 시대를 상대로, 그리고 그것을 통해 우리 시대를 상대로 말하게 하면 무슨 일이 일어날까?

우리가 가진 문제 가운데 하나는, 다른 여러 세기에 그랬던 것처럼 자신들이 16세기에 하나님을 대변하고 하나님을 위해 행동한다고 생각했던 이들이, 그 소명을 세상 사람들이 생각하는 방식으로, 즉 무력으로 이행하려 했다는 것이다. 그러나 예수가 강조하셨듯이 하나님 나라는, 산상설교에서 제시한 길을 따라, 다시 말해 평화를 만들어 내고, 정의를 가져오며, 세상의 온갖 질병에 슬퍼하고, 온유하며, 정결한 마음을 드러내는 가운데로 전진한다. 이제 '통치'는 그런 모양을 지닌다. 현재 그 통치는 고통 가운데서 터져 나오는, 말로 표현할 수 없는 기도와 함께, 바울이 로마서 8:26-27에서 묘사하는 그 기도와 함께 시작된다. 이 기도는 영이 들어와 그 안에 거하는 이들의 기도이며, 하나님이 고난 받는 이 세상에 베푸시는 사랑에 붙잡힌 이들의 기도다.

로마서의
심장 속으로

이처럼 바울은 로마에서 메시아를 따르던 이들에게 그들이 사실은 창조주 하나님이 새 피조 세계에 관한 그의 목적을 이루시고자 통로로 사용하시는 이들이며, 이 하나님이 그들을 통해 이미 그런 목적을 이루어 내고 계신다는 것을 확실하게 일러 준다. 그런데 몇 세기 뒤, 교회 안의 일부 사람들은 이것이 곧 예수를 따르는 이들이 세상에서 보통 말하는 권력을 잡을 것이라는 뜻이라고 아주 쉽게 생각해 버렸으며, 또 다른 이들은 모든 일을 저 멀리 있는 '하늘'로 멀찌감치 밀어 버리는 반응을 보였다. 그러나 그런 그릇된 사용이 올바른 사용을 밀어내지는 못한다. 산상설교 때부터 지금까지 줄곧, 온유한 자가 땅을 유업으로 받고 영이 가난한 이가 하늘에서처럼 땅에서도 하나님 나라를 유업으로 받으리라는 예수의 약속이 말하려는 의미는, 그 말 그대로였다. 로마서 8장은 같은 취지를 가장 생생하게 적용한 사례 가운데 하나다. 하나님은 그를 사랑하는 이들, 곧 그의 목적을 따라 부름 받은 이들과 함께 그리고 그들을 통해 선을 이루고자 모든 일을 하신다.

물론, 이 땅의 실상은 그렇게 보이지 않는다. 예수를 따르는 이들이 주로 보는 것은 위험, 고난, 말할 수 없는 슬픔, 분열이라는 비극이다. 그러나 바울은 그들에게 그리고 우리에게, 비록 이해할 수 없을 때가 잦지만, 그럼에도 이 기도하는 신실한 증인을 통해 하나님의 목적이 이행되고 있음을 확실하게 보증한다. 로마서 8:28을 보통 사람들이 흔히 하는 오해에서 구해 내면, 교회가 현재 감당해야 할 소명을 완전히 새롭게 볼 수 있는 가능성이 활짝 열린다.

바울은 그것을 29절에서 폭발할 듯한 기독론 언어로 설명한다. 하나님은 자신이 빚어 이렇게 일하시는 데 통로로 사용하실 사람들을 미리 아셨다. 다시 말해, 하나님은 그런 사람들을 '앞서 아셨다 foreknew.' 이것은 마치 하나님이 예레미야에게 말씀하셨던 것처럼, 예언자를 부르신 일과 같은 것이다. "내가 너를 모태에 짓기 전에 너를 알았고…너를 여러 나라의 선지자로 세웠노라." 바울은 갈라디아서 1장에서 그 자신의 '부르심'을 서술할 때 그것을 암시한다.[7] 성경은 아모스서와 호세아서 그리고 다른 곳에서, 하나님이 이스라엘을 오래 전부터 '아셨다'고 말한다.[8] 이는 바울이 그 다음에 사용하는 동사 *probōrisen*, 곧 '미리 정했다'라는 말과 긴밀하게 연결된다. 이는 하나님이 자신이 가지고 계신 목적들이 어떤 방법을 통해 이루어져야 하는지 미리 그려 두셨다는 말이다.

따라서 이는 '구원이 미리 정해져 있음'을 이야기하는 것이 아니다. 오히려 그 반대다. 뒤이어 나타난 신학 전통들은 첫 그리스도인들에게 아무 책임이 없는 수수께끼들을 지어냈다. 이사야도 그렇게 말했듯이 바울은, 하나님의 이름과 영광을 온 세상에 나타내려는 하나님의 목적에 관하여 이야기한다. 그는 에베소서 1장의 위대한 찬가에서 비슷한 언어를 사용하여 같은 취지의 말을 한다. 다시 말해, 지켜보며 때로는 적대시하는 세상 앞에서 하나님의 영광이 펼

---

7 렘 1:5; 또 갈 1:15을 보라.

8 암 3:2; 호 5:3, 참고. 13:5. 여기서 히브리어 본문은 "내가 광야 마른 땅에서 너를 알았거늘"이라고 말한다(그러나 70인역은 그렇게 말하지 않는다).

로마서의
심장 속으로

쳐지게 하는 것이 바로 하나님의 목적임을 밝힌다. 그것이 바로 이사야 40-55장이 거듭 강조하는 요점이다. 여기 29절은 메시아의 백성이 온 세상 앞에서 예수 바로 그분 안에 있는 진리를 펼쳐 보여야 한다고 말한다. 그들은 그리고 우리는 '그 아들의 형상을 본받아야' 한다. 또는 내가 번역한 것처럼, 그 아들의 '본보기를 따라 빚어져symmorphous tēs eikonos' 그 향기를 발산해야 한다.

이 표현은, 바울이 고린도후서 4:4-6이나 골로새서 1:15-20 등에서 창세기 1장과 시편 8편이나 다른 본문들을 인용할 때 우리가 거기서 발견하는 더 거대한 하나님의 형상 신학image-of-God theology을 떠올려 준다. 로마서 8:3에서 '그 아들을 보내심'을 살펴볼 때 보았듯이, 여기에는 다윗 자손인 메시아와 관련된 의미들이 담겨 있다. 그러나 이사야 55:3이 약속하듯이, 다윗에게 주어졌던 약속이 이제는 모든 사람에게 주어졌다. 영이 복음을 통해 사람들의 마음속에서 일했다. 이로 말미암아 이제는 성경이 오직 왕만이 행할 수 있다고 제시했던 역할을 왕의 모든 백성도 나누어 맡게 되었는데, 이것 역시 성경이 앞서 내다본 일이었다.

바울이 말하는 것처럼, 예수가 '많은 형제 가운데 맏이'요 한 큰 가족의 손윗사람일 수 있는 것도 그 때문이다. 출애굽기 4:22은 이스라엘을 하나님의 맏이라 일컫는다. 시편 89:27은 메시아가 바로 그런 맏이라 말한다. 골로새서 1:18을 보면 예수 자신이 그런 맏이다. 다시 말해, 영이 주어짐은 예수를 믿는 이들이 예수를 닮은 사람들이 되어 약속을 유업으로 물려받은 백성으로서 예수가 가진 지

7장
로마서 8:28-30

위를 공유할 수 있게 하기 위해서다. 여기서 그 백성을 '보는' 이들은 예수를 믿는 이들을 적대시하고 이해하지 못하는, 믿지 않는 세상이다. 바울은 이렇게 치밀한 기독론 문구로, 로마서 5장이나 빌립보서 3:19-21에서 그랬던 것처럼, 예수가 메시아요 진정한 아담임을 암시한다. 이런 그의 말은 인간이 하나님이 지으신 세계 전체에 주권을 행사하는 것이 곧 하나님이 의도하신 뜻이었음을 시사하며, 창세기 1장이 말하는 하나님의 '형상을 가진 이들'의 소명을 제시하는 시편 8편을 되울려 준다. 진정한 인간인 예수는 영광 가운데 온 세상을 통치하고 계신다. 예수를 따르는 이들은 이 세상에서 예수를 되비쳐 줄 이로 부름 받았다. 이는 바울이 고린도후서 3:18에서 말하듯이, 이미 '영광에서 영광에' 이르도록 변화되고 있음을 의미한다. 영광은 '하늘로 감과 전구처럼 빛남'을 의미하지 않는다. 그것은 인간이 하나님 아래에서 그리고 세상 위에서 당연히 감당해야 할 소명과 당연히 가져야 할 존엄을 되찾음을 의미한다. 이제 인간은, 하나님이 성전에 임재하심과 비슷하게, 영이 그 안에 거함으로 말미암아 그 소명과 존엄을 회복할 수 있게 되었다. 아니, 우리는 하나님이 성전에 임재하심과 똑같이라고 말해야 할 것 같다.

이것은 이미 언급한 주제들로 우리를 다시 데려간다. 바울은 이 구절에서, 하나님이 세상을 만드실 때 처음부터 이 세상이 그의 설계대로 작동하면서 하나님께 순종하는 사람들을 통해 그가 의도하셨던 이 세상의 목표를 향해 나아가도록 만드셨다는, 성경의 심오한 사상을 치밀하고 작은 한 문장 속에 밀어 넣는다. 창세기 1장과 시편 8편은 이미 기독론을 암시한다. 바울이 지금 하는 말과 관련하여 성경이 들려주는 메아리는, 예배와 청지기의 삶이 우상 숭배와 불의로 대체된 것을 보신 하나님이 구원 프로젝트를 창안하셨다는 믿음을 암시한다. 그것은 아브라함과 그의 가족을 불러 하나님을 섬기는 백성이 되게 하시고 이 백성을 통해 그의 영광을 온 세상에 펼쳐 가시려는 프로젝트로, 하나님께 순종하는 최고의 인간을 통해 성취될 것이다. 이것이 바로 바울이, 비록 감질날 정도로 짧지만, 로마서 5장에서 말하는 것이다.

이처럼 이제 바울은 하나님이 전에 창안하신 프로젝트, 곧 인간의 형체와 메시아의 형체를 염두에 둔 프로젝트가, 이스라엘을 대표하는 메시아 예수에게 마치 레이저처럼 정확하게 초점을 맞춤을 본다. 바울은 이미 예수가 '하나님의 아들'임을 안다. 여기서 '하나님의 아들'은 이중 의미를 가지는데, 이스라엘의 왕이요 오시는 메시아라는 의미뿐 아니라, 하나님에게서 보냄 받은 사람, 곧 (우리가 이미 보았듯이) 이스라엘을 향한 하나님의 목적과 그 자신을 향한 하나님의 목적을 온몸으로 구현한 사람이라는 의미를 함께 가진다. 바울은 여기서 이 놀라운 기독론을 설명하지는 않는다. 그러나 만일 그가 요약하고 있는 내용의 힘을 느끼려 한다면, 그가 이렇게 조합해 놓은 주제들을 염두에 두어야 한다.

물론 바울은 여기서 하나님이 그 아들을 죄로 가득한 육의 모양으로 그리고 속죄 제물로 보내셨음을 말한 8:3-4을 되돌아본다. 아울러 이 서신을 시작하며 1:3-4에서 한 말을 되울려 준다. 거기서 그는 처음으로 복음의 정의를 제시했다. 즉 복음은 하나님의 아들에 관한 메시지다(이 서신은 로마로 보내는 것인데, 로마는 이미 '하나님의 아들'에 관한 '복음'을 가지고 있었다). 이 하나님의 아들은 육을 따라 다윗의 씨에서 난 이요, 부활을 통해 사람들 앞에서 능력 가운데 '하나님의 아들'로 선언되고 그렇게 확정된 이다. 바울은 1:4에서 그가 '하나님의 아들'로 확정되었다고 말할 때 *horisthentos*라는 말을 사용하는데, 이는 그가 여기 29절에서 사용하는 '미리 정하다'라는 뜻을 가진 *proborizō*와 그 뿌리가 같다. 예수의 백성은 세례를 받을 때 (6:1-14) '부활 백성resurrection-people'으로 이미 확정되었으며, 그들이 이런 백성이라는 것을 사람들도 이미 볼 수 있다. 이들의 소명은 그와 같이 되어, 그가 가진 아들의 지위, 그가 받은 유업, 그의 고난, 그의 영광을 공유하는 것이다. 그들에게는 이 모든 것이 이미 적용된다. 이것이 바로 그들이 현재 감당해야 할 소명의 기초다. 로마서 8장의 이 부분 전체(12-30절)가 말하는 것이 바로 그런 내용이다.

이런 기독론 틀, 곧 하나님이 보낸 메시아인 예수에게 초점을 맞추고 이어 그의 백성을 그와 같이 만드는 데 초점을 맞추는 틀이, 로마서의 첫 여덟 장을 하나로 묶어 준다. 바울의 논증은 메시아와 관련되어 있음이 두드러지며, 그런 의미에서 정치적 성격도 두드러진다. 아울러 그의 논증은 저 먼 천국만이 아니라 현재 이 세상과 관련이 있다. 그것은 '믿음의 순종obedience of faith'을 힘주어 요구한다. 또 분명 새로운 형태의 인류가 될 것을 힘주어 요구한다. 온 세상은 이 새 인류가 장차 행할 통치에 복종하게 될 것인데, 현재는

로마서의
심장 속으로

이 통치가, 예수 자신이 보여 주셨던 것과 마찬가지로, 역설적 영광 가운데 나타나는 통치, 자신을 내어주는 사랑으로 나타나는 통치, 영으로 충만하여 행하는 비탄과 중보 사역에서 볼 수 있는 통치일 것이다. 바울과 같은 시대에 살았던 네 사람이 그들이 쓴 예수 초상(네 복음서—옮긴이)에 새겨 놓은 고난과 영광은, 아들의 형상을 본받은 메시아 백성의 특징을 이미 세상 사람들에게 보여 주었다. 이 백성은 메시아의 가족이라는 대가족 안에서 살아가면서 그 가족의 닮은 생김새를 세상에 드러내 보일 소명을 받은 이들이었기 때문이다.

서신이 앞으로 나아가면서, 바울은 그런 논지를 계속 기독론의 틀 안에서 빚어 간다. 그는 9:5에서 신선한 요약 진술을 제시하면서, 9-11장에서 제시할 특별한 논증을 시사한다. 또 12:5에서는 다른 요약을 제시하며, 12-16장 전체를 내다본다. 바울은 이 서신의 진정한 피날레인 15:12에서 출발점인 1:1-5로 돌아가, 이새의 뿌리에서 세상 모든 민족을 통치할 이가 나오리라고 예언한 이사야 11:10을 인용하면서, 다윗 자손인 메시아가 늑대가 어린 양과 함께 눕고 어린 아이가 이들을 이끄는 세상을 다스릴 것을 예언한 위대한 장[9]을 되울려 준다. 놀라울 정도로 광대한 메시아 사상을 담고 있는 로마서를 되돌아보면, 즉 복음, 십자가, 메시아, 메시아 안에서 이룬 한 몸, 이어 부활하신 메시아가 하나님이 지으신 세계를 통치하신다는 사실을 되짚어 보면, 바울이 여기 29절에서 그 모든 것

---

9 사 11:1-10.

7장
로마서 8:28-30

을 거르고 걸러 강력하고 깊은 뜻을 함축한 한 문구 속에 집약해 놓았다는 것이 놀랍기만 하다. 하나님을 믿는 우리는, 하나님을 사랑하는 우리는, 이런 양식을 따라, 이런 메시아의 실체를 따라, 영광을 드러내는 이 가족을 따라 빚어질 이들로 확정되었다. 세상이 반대하고 조롱하고 위협하면 할수록, 그 메시지는 더더욱 분명하게 뚫고 들어온다. 그리고 이제 그것은 우리를 8장의 마지막 아홉 구절로 데려간다.

그러나 지금 당장은 30절이라는 망치가 우리를 크게 내리친다. 나는 종종 이것을 시벨리우스의 5번 교향곡 끝에 나오는 화음 충돌 crashing chords에 비유하곤 했다.

> *Hous de prohōrisen, toutous kai ekalesen, kai hous ekalesen, toutous kai edikaiōsen, hous de edikaiōsen, toutous kai edoxasen.*

> 그가 미리 정하신 이들을 그가 또 부르시고, 그가 부르신 이들을 그가 또 의롭다 하셨으며, 그가 의롭다 하신 이들을 그가 또 영화롭게 하셨다.

로마서 전체가 지금까지 이야기해 온 내용의 요약인 이 부분은, 더 자세히 말해 5-8장의 요약이자 더 특별히 8:12부터 죽 이야기해 온 내용의 요약인 이 부분은, 증명이 다 끝났다는 느낌을 강하게

로마서의
심장 속으로

풍기며, 바울의 사상 전반과 그가 특히 로마서에서 제시하는 사상을 밑받침하는 하나님의 주권을 송축한다. 어떤 것도 이 하나님을 멈추게 할 수 없는 것 같다. 믿는 이들은 하나님이 오래 전에 계획하셨다는 것이 드러난 '부르심'에 믿음으로 응답한 이들이며, '의인 가운데' 있다고 선언 받은 이들이다. 그것은 단지 그들이 죄인이어도 그 죄가 영원히 용서받았음을 의미하는 게 아니다. 그것은 그들이 로마의 오염된 테베레강River Tiber 옆의 공동주택에서, 쥐가 들끓는 그들의 공동주택에서, 또는 으리으리한 저택 뒤에 있는 노예 거주 구역에서, 또는 집이나 도시에서 쫓겨나 어딘가 있는 도랑에서 노숙할 때도, 당당하게 머리를 들 수 있음을 의미한다. 그들은 자신들이 유일한 창조주 하나님의 진정한 백성임을 확신할 수 있다. 그들은 이 하나님이 자신의 목적을 이루어 가고 계시며, 언젠가는 예수의 이름 앞에 모든 무릎이 꿇으리라는 것을 확신할 수 있다. 영이 곧 그들이 하나님의 자녀임을, 그들의 영과 더불어 증언한다. 영이 그들의 탄식 안에서 탄식하며, 장차 있을 부활 때에 그들이 하나님의 자녀로 완전히 입양되기를 갈망한다. 이 때문에 그들은 신실하게 견뎌 내라는 권면을 받으며, 우리 자신도 그런 권면을 받는다.

나는 이 28-30절이라는 짧은 본문을 무엇보다 종의 신학Servant-theology이라고 제시했다. 그 신학은 예수에 초점을 맞추고, 뒤이어 문을 활짝 열어 그 안에 그의 모든 백성을 아우른다. 우리는 8장에서 이곳에 이르기까지, 고난은 하나님의 백성이 거쳐야 하는 것일 뿐 아니라 하나님의 목적이 불러일으키는 일의 결과인 듯한 신비를 보아 왔다. 이런 개념을 낳은 성경의 모든 뿌리 가운데 이사야 40-55장이 두드러지는데, 이는 특히 바울이 32-35절에서 분명하게 나아가려는 곳이 그곳이기 때문이다. 그리고 바울은 우리가 현재 다루는 본문의 중심에서 하나님의 백성을 대표하는 이요 대가족의 맏이인 아들의 형상을 본받음에 관하여 이야기한다. 이것이 내게 일러 주는 것은, 바울이 지금 여기서 이사야 40-55장에 관하여 생각하고 있다는 것이요, 특히 역시 아담을 언급하는 말로 가득한 빌립보서 2장의 놀라운 예수 시Jesus-poem에 기초를 제공한 종의 노래Servant-songs를 생각하고 있다는 것이다. 바로 이 때문에 나는 달리 읽으면 어려운 이 본문을 이사야서에 비추어 읽을 용기를 얻었으며, 사람들이 보통 '구원 예정'을 가리킨다고 받아들이는 바람에 아우구스티누스에서 칼뱅을 거쳐 그 이후까지 이어진 유명한 수수께끼를 만들어 낸 본문의 언어를, 하나님이 자기 백성을 통해 이 세상에 이루시려 하는 목적에 비추어 읽을 용기를 얻었다. "이스라엘아, 너는 내 종이니, 내가 네 안에서 영화롭게 되리라."

이 모든 것은 예수 바로 그분의 이야기에 닻을 내리고 있다. 바울이 제시하는 가르침은 어떤 막연한 기독론에 부실한 기초를 두고 있는 이론에 불과한 것이 아니다. 그의 가르침은 살아 계신 예수 바로 그분에 관한 가르침이다. 예수가 세례를 받으실 때, 아버지는 예수가 자신이 사랑하는 아들이요 종이라고 선언하셨다. 이 선언은 예수의 변모 때도 되풀이되었다. 또 예수가 가야바 앞에서 재판을 받으실 때, 가야바는 자신의 말로 예수가 누구인가를 밝혔는데("네

로마서의
심장 속으로

가 찬송 받을 이의 아들 그리스도냐?"[10]), 이는 큰 아이러니다. 아울러 예수가 십자가에 달리셨을 때, 명패에 적힌 칭호 역시 예수가 누구인가를 일러 주었는데, 이 역시 큰 아이러니다. 명패에 적힌 대로, 예수는 이 세상의 기초가 놓이기 전부터 이미 알려지고 이미 세움 받은 유대인의 왕으로서 그에게 부여된 역할을 다 이루셨다. 따라서 예수의 세례는 그가 공중 앞에서 부름 받은 순간이었으며, 그의 부활은 하나님이 의롭다 하심으로 그가 진정 자신의 아들임을 선언하신 순간이었다. 아울러 그가 온 세상을 다스리는 주권자로 높이 올림을 받음은, 다니엘 7장이 말하듯이 그날부터 이날까지 세상의 통치자로 영광스럽게 앉아 있는 것이다. (물론, 요한복음은 영광이 시종일관 밝게 빛난다고 말하지만, 바울은 이런 식으로 이야기를 들려주는 것 같다.)

따라서 바울이 예수를 따르는 이들에 관하여 하는 모든 말은, 사면초가에 몰린 로마의 작은 가정 교회들만이 아니라 오늘날 우리를 두고 한 말이기도 하다. 무질서한 세계와 갈 길을 몰라 헤매며 때로는 불순종하는 교회를 마주하는 우리, 위험한 세계에서 우리 자신의 마음과 우리 사회가 가지고 있는 두려움과 갈망을 마주하는 우리를 두고 한 말이기도 하다. 우리 역시 예수의 백성이기 때문이다. 여기 로마서 8장이 설명하듯이, '메시아 안에 있는' 이에게는 결코 정죄함이 없다. 영은 바로 그 메시아 때문에 우리 영과 더불어 우리

---

10 막 14:61. 이는 베드로가 막 8:29에서 한 고백을 되울려 주며, 예수의 세례(1:11)와 변모 (9:7) 때 하늘에서 들려온 음성을 되울려 준다.

가 하나님의 자녀임을 증언하며, 인간의 능력으로는 도저히 형언할 수 없는 우리의 강한 갈망 속에서, 아들을 통해 영에게서 아버지에게로 흘러가고 다시 아들을 통해 아버지에게서 영에게로 흘러가는 사랑을 공유하는 곳으로 우리를 데려간다. 로마서 8:28-30은 바울이 이 지점까지 전개한 논증에 거대한 구조적, 논리적 결론을 제공한다. 그러나 이 절들은, 그런 구조와 논리를 훨씬 뛰어넘어, 결코 부서지지 않고 결코 흔들리지 않는 삼위일체 하나님의 실체를 우리에게 일러 준다. 창조와 구속 가운데서 나타난 그 하나님의 사랑이 우리를 불렀고, 의롭다 했으며, 영화롭게 했다. 이제 바울에게 남아 있는 일은, 그러니까 그가 8장의 남은 마지막 아홉 구절에서 할 일은 그 사랑을 송축하는 것이다. 우리도 그 송축에 동참해야 한다.

로마서의
심장 속으로

로마서 8:31-34 하나님이 우리를 위하시면

31 그렇다면 우리가 이 모든 것에 대하여 무슨 말을 하겠는가? 하
나님이 우리를 위하실진대 누가 우리를 대적하겠는가?

32 결국 하나님은 자신의 아들을 아끼지 않으시고 그를 우리 모든
이를 위해 내어주셨다! 그렇다면 그와 함께 모든 것을 우리에
게 값없이 주시지 않겠는가?

33 하나님이 택하신 이들을 누가 고소하겠는가? 그들이 의인 가
운데 있다고 선언하신 이는 바로 하나님이시다.

34 누가 정죄하랴?

31 *ti oun eroumen pros tauta? ei ho theos hyper hēmōn, tis
kath' hēmōn?*

32 *hos ge tou idiou hyiou ouk epheisato, alla hyper hēmōn
pantōn paredōken auton, pōs ouchi kai syn autō ta
panta hēmin charisetai?*

33 *tis engkalesei kata eklektōn theou? theos ho dikaiōn.*

34 *tis ho katakrinōn?*

우리는 이제 이 놀라운 장의 마지막 부분이요 로마서의 두 번째 주요 부분인 5-8장의 절정인 결론에 이르렀다. 우리는 이 장에서 이 아홉 구절 속으로 뛰어들 것이다. 먼저 31-39절 전체를 대략 살펴본 뒤, 31-34절의 세부 내용을 더 자세하게 살펴보겠다. 이어 마지막 장에서는 바울의 논증 전체가 마침내 다다른 나머지 다섯 구절을 세세히 살펴보겠다. 이렇게 하면 로마서 8장을 빨리 되짚어 볼 수 있을 것이다.

물론 이 절들은 바울이 쓴 가장 유명한 절 가운데 일부다. 혼례식 때 종종 고린도전서 13장을 읽듯이, 장례식 때는 종종 이 본문을 읽는다. 온 피조 세계를 통틀어 어떤 것도 우리를 우리 주 예수 메시아 안에서 나타난 하나님의 사랑에서 떼어놓지 못한다. 이것이 바로 날카롭고 위험한 삶의 굴곡들을 헤치고 돌진할 때마다 붙잡고 의지할 수 있는 것이다. 특히 마지막 부분이 그렇다.

하지만 이 본문 역시 사실은 '죽음 뒤의 삶'이나 심지어 부활을 이야기하는 것이 아니다. 물론 그것이 최종 범위로 남아 있기는 하지만, 그래도 이 본문은 그것을 말하지 않는다. 아울러 이 본문은 흥미롭게도 죄 용서를 말하는 본문도 아니다. 물론 바울은 예수가 우리를 대신하여 죽었음을 언급한다. 그는 하나님이 그를 믿는 사람들을 의롭다 하심을 재차 강조한다. 그러나 우리는 35절과 38절이 열거하는 잠재적 위협에, 여전히 우리를 옥죄고 있는 죄들이나 그런 죄들이 원칙상 초래할 수도 있는 비난이나 심판이 들어 있지 않음을 주목해야 한다. 그것은 모두 이미 처리되었다. 우리는 이를 이해하기 어렵다. 내가 이미 말했듯이, 서구의 신학 전통들이 우리의 인간론을 도덕론으로 바꿔 버렸기moralized our anthropology 때문이다. 그 바람에 결국 많은 그리스도인은 오로지 죄인이 어떻게 하면 천국에 갈 수 있는가, 그리고 그때까지 어떻게 하면 죄를 더 짓지 않고 살 수 있는가라는 문제에만 관심을 갖게 되었다. 그러나 바울은 '메시아 안에' 있고 메시아의 영이 들어와 거하는 이들은 죽은 자 가운데서 부활하리라는 것을 이미 분명히 밝혔다. 아울러 우리가 영의 마음가짐으로 살아가야 한다는 것을 이미 분명히 밝혔다. 그것이 1-11절의 논지였다. 그때부터 그가 관심을 보인 것은 하나님의 백성의 소명이었다. 특히 그는 하나님의 백성이 종종 직면하는 극한의 상황에서도 예수를 증언하는 소명을 받은 점에 관심을 기울였다.

따라서 본문을 더 꼼꼼히 들여다보면, 바울이 여기서 하는 일이 신자를 격려하는 것임을 깨닫는다. 그 신자 가운데 많은 이는 로마에 흩어져 있었고, 종종 그 도시에서 그리 좋지 않은 지역에 자리한 자그마한 가정 교회에 속해 있었을 것이며, 때로는 어떤 큰 집의 종이나 노예일 때도 있었을 것이다. 그러나 어쨌든 이 신자들은 사회의 낙인, 추방, 일터와 생계 수단을 잃음, 역경과 가난, 핍박을 마주하고 있었으며, 자경단원의 활동이나 국가 관원의 단속으로 폭행과 죽음을 당할 가능성도 컸다. 바울이 여기서 말하려는 요점은 37절도 말하듯이, 우리가 이 모든 일에서 '정복자보다 나으며' 완전한 승리를 거두고 있다는 것이다. 이런 말은 극적이다. 이는 우리가 단지 한 전투에서 이기는 차원을 넘어 전장을 완전히 지배하고 있음을 의미한다.

오늘날 우리에게는 어디가 그런 곳인가? 우리가 사는 세상은 진정한 기독교 신앙을 점점 더 적대시한다. 그 신앙은, 일터에서나, 여러 압력을 가하는 사회와 문화 영역에서나, 공적 생활에서나, 그것을 비웃는 대중 매체와 험담을 일삼는 트위터 세계에 둘러싸여 있다. 오늘날 성직자는 한 세대 전에는 생각조차 못했을 이슈들에 관하여 성난 반응에 부닥치고 있다. 밤이 새고 나면 새로운 도덕이 만들어지며, 교회는 시대의 추세를 따라가야 하는 처지가 되었다. 나는 "누가 우리를 대적하겠는가? 누가 우리를 비난하겠는가? 누가 우리를 정죄하겠는가?"라는 이 본문을 읽을 때면, 교회가 시대를 따라가지 못한다고 우리를 조롱하는 교회 밖의 사람들뿐 아니라, 슬프게도 교회 안에서 신학이나 실천이나 목회나 정치와 관련된 어떤 이유로든, 우리를 느닷없이 공격하려는 일부 사람들을 내 마음의 눈으로 본다. 인격과 인격의 충돌이 신학이나 전례의 옷을 입고 나타나기가 쉽다. 나는 성직자들에게 이 본문을, 기도하며 쉬이 떠올릴 수 있는 마음속 어딘가에 확실히 담아 두라고 말하곤 한다. 가장 가까운 동지라 생각했던 장로나 집사(부제)나 교구 위원이 언제 태도를 바꿔 그들이나 교구가 당신이 한 행동이나 말에 분노하고 있다고 이야기할지 모른다. 물론 이 본문은 당신이 결코 어떤 잘못도 범하지 않으리라는 말을 하는 게 아니다. 우리는 자주 잘못을 범할 것이다. 그러나 이 본문은, 우리가 우리에게 다가오는 것을 받을 만하든 하지 않든, 하나님은 우리를 위하시며 어떤 것도 우리를 메시아 예수 안에서 나타난 하나님의 사랑에서 떼어놓지 못한다고 확실하게 보증한다. 이는 메시아의 모든 가족 구성원에게 해당되는 말이다. 그러나 나는 다른 대다수 사람보다 특히 성직자와 교사가 이를 늘 되새길 필요가 있지 않나 생각한다.

따라서 우리는 이제 으레 그랬듯이 서두에서 던졌던 질문으로 되돌아간다. 이 마지막 문단의 틀은 무엇이며, 처음과 끝은 어떤 내용인가? 바울이 이 8장에서 전개한 논지의 결론은, 나아가 5-8장 전체의 결론은, 분명 31절 하반절의 하나님이 우리를 위하신다는 말이요, 어떤 것도 우리를 메시아 예수 안에서 나타난 하나님의 사랑에서 떼어놓을 수 없다는 39절의 말이다.

하나님의 '사랑'이라는 주제가 별안간 35절에서 등장한다. 바울은 이 말을 5:6-11 이후로 언급한 적이 없다. 그러나 등장이라는 것이 우리를 속일 수 있다. 바울은 여기서 하나님의 '사랑'에 관하여 분명히 이야기하는데, 이는 마치 어떤 음시tone poem(시의 내용을 음악화한 곡—편집자)의 곡조tune 같다. 마침내 이 곡조가 다 드러나면, 우리는 그것이 그 음악 속에 철저히 녹아들었음을 깨닫게 된다. 이와 비슷한 일이 기독론과 관련된 칭호인 '하나님의 아들'에서도 일어난다. 바울은 이를 드물게만 언급하지만, 그래도 그가 이를 언급하면 (3절에서도 그랬지만, 지금 이 본문에서도, 그리고 32절에서도) 그 말은 폭발성이 있다. 하나님의 사랑이라는 주제도 마찬가지다. 우리는 바로 이곳에서 바울이 5-8장 전체를 함께 묶어 큰 호를 그리며 5:6-11로 되돌아가는 모습을 본다. 사랑, 곧 하나님이 우리에게 베풀어 주신 사랑과 우리가 영에 감동하여 그 사랑에 대한 보답으로 하나님에게 드리는 사랑이, 시종일관 저 본문 밑바닥에 자리한 심오한 차원의 주제였다.

나는 바울이 어떻게 유월절과 출애굽 내러티브를 6, 7, 8장의 틀로 사용하여, 예수 자신이 분명히 의도하셨듯이 예수 바로 그분의 이야기가 최종 유월절, 새 출애굽을 온몸으로 구현한 이야기로 부각될 수 있게 했는지 설명했다. 우리가 출애굽기 2:23-25에서 들어 알듯이, 유월절과 출애굽이 일어난 것은 하나님이 아브라함에게 하셨던 약속에 신실하셨기 때문이다. 우리는 언약에 신실함을 생각하면, '사랑'에 관하여 생각한다. 로마서가 말하는 주제는, 예수에 관한 복음 메시지 안에서 *dikaiosynē theou*, 곧 하나님의 '의'가 나타났다는 것이다. 그러나 시편과 이사야서를 보면, 이 말은 많은 사람이 종종 상상했던 도덕적 '정의'를 훨씬 뛰어넘는 것을 가리킨다. 그것도 마찬가지로 하나님과 이스라엘의 관계를 나타내는 언약과 관련이 있다. 세상을 바로잡으시겠다는('정의'를 수립하시겠다는) 하나님의 결단은, 이스라엘과 맺은 언약을 신실히 지키시겠다는 결단과 관련이 있다. 여기서 말하는 '정의'는 모든 일을 바로잡으시겠다는 하나님의 확고한 뜻이다. 이는 하나님이 죄로 가득한 인간을 복

로마서의
심장 속으로

음을 통해 바로잡으실 때 이미 예견할 수 있었던 것이다. 복음을 통해 인간을 바로잡음은, 결국 최후에 온 우주를 바로잡을 것을 미리 보여 주는 표지요 맛보기이며, 나아가 그것이 최후에 우주를 바로잡을 수단이다. 그러나 그 모든 일 뒤에는, 그가 지으신 세계와 인간을 향한 하나님의 사랑을 표현하는 언약이 자리하고 있다. 이 언약은 먼저 이스라엘에 초점을 맞춰 표현되었고 이어 이스라엘의 메시아 안에서 결정적으로 표현되었다. 따라서 하나님은 깔끔한 생각을 가지고 모든 것을 제자리로 돌려놓으려 하시는 게 아니다. 하물며 하나님을 그저 엄격하고 화가 난 재판관이라 말하는 것은 더더욱 옳지 않다. 하나님은 그가 지으신 세상을 사랑하시며, 특히 그의 형상을 지닌 피조물을 사랑하신다. 그것도 사실 아주 가득, 아주 철저히 사랑하시 때문에, 그가 지으신 세계가 어그러지고 그가 지으신 인간이 그들 자신과 다른 이들의 삶까지 망가뜨리는 꼴을 영원히 지켜만 보고 있으실 수는 없다. 이 때문에 바울은 5:6-11에서 메시아의 죽음을 주권자 하나님의 사랑이 만들어 낸 결과요 하나님의 그 사랑을 보여 주는 최고의 증거라고 역설한다. 메시아의 십자가는 하나님이 우리를 위하신다고 선언한다.

따라서 우리는 하나님의 정의와 하나님의 사랑이 서로 충돌하게 해서는 안 된다. 바울은 고린도전서 13장에서 "그중의 제일은 사랑이라"라고 말한다. 이는 물론 그리스도인의 덕목 가운데 가장 고귀한 형태를 이야기하는 것이다. 그러나 바울은 여기 로마서에서 같은 이야기를 하면서, 인간의 사랑뿐 아니라 하나님의 사랑에 관하여도 이야기한다. 로마서는 하나님의 계획, 하나님의 창조와 새 창조, 그의 목적과 약속을, 하나님의 사랑에 기초하여 그 사랑에 뿌리를 두고 언약을 향한 하나님의 신실하심에 초점을 맞추어, 다른 어느 서신보다 철저히 강설한 서신이다. 또 로마서 8장은 온갖 반대 증거에도 불구하고 그 모든 내용을 분명하게 일러 주고 우리가 칭송할 만한 정점으로서 이 서신의 나머지 모든 부분 위에 우뚝 솟아 있다. 세상이 최선을 다해 우리를 잘못되게 할 수 있는 온갖 것으로 우리를 훼방하려 하고, 특히 사람들이 어쩌면 교회 안에서조차, 복음에 반대함으로 우리를 훼방하려 해도 아무 소용이 없다.

우리는 이것에 놀라서는 안 된다. 앞서 언급했듯이, 하나님이 예수에게 "너는 내 사랑하는 아들이라"라고 말씀하신 직후 예수는 광야로 내몰려 거기서 마귀에게 시험을 받으셨다. 그가 돌아와 하나님이 이제 마침내 왕이 되셨음을 선포하자마자, 회당에서는 소리치는 마귀들로 온통 난리가 나고, 바리새인과 헤롯당은 예수를 죽일 음모를 꾸미기 시작했다.

그러나 하나님의 사랑이 복음 이야기에 닻을 내린 것처럼, 이제 복음이 빚어낸 사람들의 이야기에도 닻을 내린다. 하나님이 우리를 위하신다. 이는 그저 지나가는 말로 가볍게 하는 말이 아니요, 분명 우리 자신의 신실함을 좀 느슨하게 해도 된다는 허가도 아니다. 도리어 이는 폭풍이 몰아칠 때도 우리가 의지할 수 있는 것이요, 모든 것이 잘못되어 가는 것처럼 보일 때도 우리 마음을 진정시킬 수 있는 것이다. 그것이 바로 이 본문이 말하는 것이다.

로마서의
심장 속으로

이 도입부에서 곱씹어 본 것들은, 이 본문의 틀과 이 본문이 로마서 5-8장 전체에서 자리한 위치에 관하여 관찰한 결과에서 나온 것이다. 아울러 우리는 바울이 이 본문의 틀을 짠 장치들을 살펴보며, 5-8장이 제시하는 논증의 각 부분이 기독론과 관련된 요약으로 끝난다는 점에 주목해야 한다. 5:11, 5:21, 6:11, 6:23, 7:25 상반절 그리고 영광스럽게도 여기 8:39이 그렇게 끝을 맺는다.

따라서 만일 그것이 틀이라면, 그 무엇도 이길 수 없는 하나님의 사랑이 그 틀이라면, 이 아홉 구절은 어떻게 짜여 있는가? 우리가 두 번째로 던지는 질문은 보통 자그마한 연결어를 다루는 질문이었지만, 여기에는 8장 대부분에서 잇달아 등장했던 *gar*와 *de*가 존재하지 않는다. 유일한 *gar*가 38절, 곧 '너희도 알듯이, 내가 확신하니'에 등장하는데, 이는 35-37절을 설명해 준다. 강조의 의미를 지닌 자그마한 그리스어 *ge*는 '진실로'라는 뜻인데, 로마서에서는 드물게 등장하며, 32절을 31절과 단단히 연결해 준다. 그것을 제외하면, 문구와 문장은 대부분 암시를 통해 연결된다. 이는 우연이 아니다. 바울은 차근차근 단계를 밟아 가는 식으로 논증을 마쳤으며, 이 논증은 30절에서 위대한 결론에 이르렀다. 이제 바울은 자신이 다다른 곳을 경축하고자, 꼼꼼하게 논증을 펼치는 방식에서 다른 수사 양식으로 전환한다.

바울의 방식은 문체상 귀를 솔깃하게 만드는 세 가지 모티프를 함께 엮어 짜는 것이다. 첫째, 바울은 일련의 수사 의문문을 제시한다. 둘째, 우리는 성경을 되울려 주거나 성경을 인용한 세 가지 말을 만나는데, 이 말들은 히브리 정경의 각 부분에서 하나씩 가져온 것이다(이는 바울이 드물게 하는 일이며, 이런 일을 할 때는 분명 특별한 효과를 노린다). 셋째, 우리에게 닥칠 수 있는 위험을 열거한 두 가지 목록이 등장한다. 첫 번째 목록은 일곱 가지 위험으로 이루어져 있고, 두 번째 목록에는 열 가지 위험이 들어 있다. 이는 바울 시대 청중이라면 듣고 즐길 만한 것이기도 하다. 더욱이, 이 모든 수사 특징이 서로 얽혀 있다. 이것은 빼어난 글쓰기다. 훌륭한 수사가 무엇인지 잘 알고 있던 로마의 청중 가운데는, 바울의 말을 듣고 이 말의 진가를 인정하는 이가 많았을 것이다.

바울은 이 마지막 아홉 절로 구성된 문단 전체를 하나님이 예수 안에서 행하신 일을 들려주는 복음 내러티브와 단단히 결합해 놓았다. 여기서 바울은 예수 이야기의 축소판을 드라마처럼 들려준다. 하나님이 아끼지 않고 내주셨던 그의 아들이 십자가에 못 박혔다가 부활한 뒤 높이 올림을 받아, 이제는 그 아버지의 오른편에서 그의 백성을 위해 중보하신다. 바울은 그가 쓴 모든 글 가운데 오직 여기에서만 예수 이야기를 이렇게 완전한 형태로 요약하여 제시한다. 따라서 (내가 방금 언급한 것처럼 세 가지 모티프를 서로 결합해 놓은) 수사 전략이 이 문단에 놀라운 형식을 제공한다면, 예수 자신이 이 문단의 중심 내용을 제공하는 셈이다. 우리 모든 설교자와 교사가 새겨들어야 할 교훈이 여기 있다.

그러면 첫 부분으로 시작해 보자. '우리가 이것에 대하여to this 무슨 말을 하겠는가?' NRSV처럼 '우리가 이것에 관하여about this 무

로마서의
심장 속으로

슨 말을 하겠는가?'가 아니다. 바울은 지금 자신이 방금 한 말에 관하여 그냥 몇 마디 하고 넘어가려는 게 아니다. 바울은 30절에 이르기까지 전개한 생각의 흐름 속에서 삼위일체 하나님의 사역을 펼쳐 보였는데, 지금 이 생각의 흐름에 비춰 '우리가 내릴 결론은 무엇인가?'라는 말을 하고 있는 것이다. 도입부에서 제시하는 이 수사 의문문은 이런 말을 기대하게 하는 것 같다. "우리는 하나님의 사랑 안에서 영원히 안전하다. 논증 끝." 이것도 맞는 말이지만, 바울은 그렇게 엉성한 초보 노릇을 하려 하지 않는다. 그는 그의 말을 듣는 이들이 그것을 아주 철저히 생각하고 또 생각하여 스스로 답을 생각해 내기를 원한다. 32-35절의 수사 의문문이 구사하는 기교는 바로 그런 목적으로 고안한 것이다. 이런 수사 기교 때문에 청중도, 바울이 뒤이어 분명한 대답을 확장하면서 신속히 더 깊은 질문으로 나아가는 것에 발맞춰 빠르게 생각할 수밖에 없다.

다양한 해석자와 역본이 이 수사 의문문들이 정확히 어떻게 작동하는가를 두고 다양한 이론을 제시했다(표 2를 보라).

표 2 다양한 영역 성경이 제시하는 로마서 8:31-34 본문

KJV

31 What shall we then say to these things? If God be for us, who can be against us?

32 He that spared not his own Son, but delivered him up for us all, how shall he not with him also freely give us all things?

33 Who shall lay any thing to the charge of God's elect? It is God that

justifieth.

34 Who is he that condemneth? It is Christ that died, yea rather, that is risen again, who is even at the right hand of God, who also maketh intercession for us.

31 그렇다면 우리가 이것들에 대하여 무슨 말을 하랴? 하나님이 우리를 위하신다면, 누가 우리를 대적할 수 있으랴?

32 그가 그렇게 자신의 아들도 아끼지 않으시고 우리 모든 이를 위해 내어주셨으니, 그가 그와 더불어 우리에게 모든 것을 값없이 주시지 않겠느냐?

33 누가 어떤 것으로 하나님이 택하신 이를 고소하랴? 의롭다 하신 이가 하나님이시거늘.

34 정죄하는 그는 누구인가? 죽었다가 다시 살아난 이는 그리스도시니, 그가 하나님 오른편에 계시며, 우리를 위해 중보하시느니라.

NIV

31 What, then, shall we say in response to these things? If God is for us, who can be against us?

32 He who did not spare his own Son, but gave him up for us all ─ how will he not also, along with him, graciously give us all things?

33 Who will bring any charge against those whom God has chosen? It is God who justifies.

34 Who then is the one who condemns? No one. Christ Jesus who died ─ more than that, who was raised to life ─ is at the right hand of God and is also interceding for us.

31 그렇다면 우리가 이런 일들에 무엇이라 대답하리요? 하나님이 우리를 위하신다면, 누가 우리를 대적할 수 있으랴?

32 자신의 아들을 아끼지 않고 도리어 우리 모든 이를 위해 주신 이가, 그와 더불어 모든 것도 우리에게 은혜로이 주시지 않겠느냐?

33 하나님이 택하신 이들을 누가 고소하랴? 바로 하나님이 의롭다 하시거늘.

34 그렇다면 정죄하는 이는 누구인가? 아무도 없다. 죽고, 거기서 더 나아가 되살아난 그리스도 예수가 하나님 오른편에서 우리를 위해 중보하고 계

신다.

31 After saying this, what can we add? If God is for us, who can be against us?

32 Since he did not spare his own Son, but gave him up for the sake of all of us, then can we not expect that with him he will freely give us all his gifts?

33 Who can bring any accusation against those that God has chosen? When God grants saving justice

34 who can condemn? Are we not sure that it is Christ Jesus, who died—yes and more, who was raised from the dead and is at God's right hand—and who is adding his plea for us?

31 이를 말한 뒤에 우리가 무엇을 더할 수 있을까? 하나님이 우리를 위하신 다면, 누가 우리를 대적할 수 있겠는가?

32 그가 자신의 아들을 아끼지 않고 우리 모든 이를 위해 내어주셨으니, 그와 함께 그의 모든 선물을 우리에게 값없이 주시리라고 기대할 수 있지 않는 가?

33 하나님이 택하신 이들을 누가 고소할 수 있겠는가? 하나님이 구원을 가져 다주는 정의를 베풀어 주시거늘.

34 누가 정죄할 수 있겠는가? 우리는 그리스도 예수, 바로 그분이 죽었으며, 정말 죽었다가 나아가 죽은 자 가운데서 부활하여 하나님 오른편에 계시 며 우리를 위해 그의 호소를 더하신다고 확신하지 않는가?

31 What then are we to say about these things? If God is for us, who is against us?

32 He who did not withhold his own Son, but gave him up for all of us, will he not with him also give us everything else?

33 Who will bring any charge against God's elect? It is God who

justifies.

34 Who is to condemn? It is Christ Jesus, who died, yes, who was raised, who is at the right hand of God, who indeed intercedes for us.

31 그렇다면 우리가 이런 일들에 관하여 무슨 말을 하리요? 하나님이 우리를 위하시면, 누가 우리를 대적하겠는가?

32 자신의 아들을 아끼지 않으시고 우리 모든 이를 위해 내어주신 그가 그와 함께 다른 모든 것도 우리에게 주시지 않겠는가?

33 누가 하나님이 뽑으신 이를 고소하겠는가? 의롭다 하시는 이는 하나님이 시다.

34 누가 정죄할 수 있겠는가? 그리스도 예수, 바로 그분이 죽었다가, 바로 그분이 부활하셔서, 바로 그분이 하나님 오른편에 계시고, 바로 그분이 실로 우리를 위해 중보하신다.

우리는 가장 이른 시기에 나온 필사본에는 구두점이 전혀 없었으며, 단어와 단어 사이를 띄어 놓지도 않았음을 기억해야 한다. 이 때문에 후대의 필사자와 편집자는 이 구절들을 조금 다른 방식으로 함께 모아 놓았다. 특히 물음표를 어디에 둘 것인가와 같은 해석의 문제가 있다. 나는 내 번역문에서 내가 (그리고 다른 많은 사람이) 가장 좋다고 생각하는 것을 제시했지만, 바울은 내가 제시한 것보다 많은 물음표를 의도했을 수도 있다. 예를 들면, 33절을 한 의문문이 아니라 두 의문문으로 읽을 수도 있다. '누가 고소하겠느냐? 우리가 의롭다고 선언하는 이는 하나님이 아니냐?' 마찬가지로, 34절도 이렇게 읽을 수 있다. '누가 정죄하겠느냐? 우리를 위해 죽은 이는 바로 메시아 예수가 아니냐?' 실제로 35절은 그렇게 흘러간다. '누가

로마서의
심장 속으로

우리를…떼어놓겠느냐? 고난 등등이 그러겠느냐?' 그러나 이는, 33절과 34절이 이사야 50:8처럼 이어져 있음을 깨달으면 더 복잡해진다. '의롭다 하시는 이는 하나님이시니, 그렇다면[그렇게 이해한다면], 누가 정죄하겠느냐?'

여기에서 무엇이 옳다고 확실하게 단정하는 일은 불가능하다. 그러나 나는 내 번역이 제시한 방식이, 바울이 의도한 본문 속 질문들의 작동 방식일 개연성이 높다고 생각한다. 이에 따라 성경이 암시하는 것들을 적절히 조화시킬 수 있으며, 바울의 주된 수사 전술, 즉 답을 미리 암시하는 수사 의문문은, 35절에서 강력하고 끊을 수 없는 하나님의 사랑에 관한 질문과 대답이 34절까지 제시된 수사 의문문과 그 의문문이 암시하는 답을 추월하고 압도할 때까지, 바울 자신이 제시하는 생각의 흐름을 떠받치는 중추를 이룬다.

그렇다면 31절 하반절과 32절이 제시하는 장엄한 수사 의문문과 대답을 살펴보자. *ei ho theos hyper hēmōn*? 하나님이 우리를 위하실진대, 누가 우리를 대적하겠는가? '우리'의 정체에 따라 많은 것이 좌우된다. 이 말은 아무 생각 없이 뽑아다가 아무에게나 내키는 대로 갖다붙여서는 안 된다. 그리하는 것은 마치 볼테르*Voltaire*가 말했다는 *Dieu pardonnera, c'est son métier*("하나님은 용서하실 거야, 그게 그분이 하는 일이니까")를 곡해하여, 무언가를 잘못해 놓고도 어깨 한번 으쓱하고 그냥 그대로 놔둬 버리는 것과 같은 일이 될 것이다. 여기서 '우리'는 분명 앞 구절들에서 묘사한 사람들이다. 다시 말해, 고난을 겪으면서도 소망을 품고 고통 속에서 말없이 기도

하면서 '아들의 형상을 닮아가는' 사람들이다. 그리스도 예수 안에 *en Christō Iēsou* 있기 때문에 '정죄함이 없음'을 아는 사람들이다. 우리는 여기서 분명한 사실을 다시 짚고 넘어가야 한다. 하나님이 '우리를 위하신다'(우리 편이시다)는 말은, 단순히 우리가 결코 죄를 짓지 않는다거나, 속도위반으로 벌금을 낼 일이 없다거나, 취업원서를 내는 족족 합격된다거나, 중병으로 쓰러질 일이 없다거나, 사람들이 우리를 오해하거나 무언가를 잘못 전달할 일이 없다는 의미가 아니다. 본문의 나머지 부분이 그 점을 분명하게 일러 준다. '누가 우리를 대적하겠는가?'는 누구도 우리에게 맞서지 못할 것이라는 의미도 아니요 누구도 우리 길을 가로막지 못할 것이라는 의미도 아니다. 그것은, 만일 그들이 우리에게 맞서거나 우리 길을 가로막는다면, 하나님이 우리를 위하시기 때문에, 우리가 그런 일을 당하는 순간에는 비록 고통스럽고 좌절하겠지만, 그래도 결국은 그런 맞섬이나 가로막음이 모두 수포로 돌아가리라는 것을 의미한다.

바울이 제시한 수사 의문문은 '물론, 아무도 그리하지 못한다!'라는 답을 암시한다. 아울러 그는 이를 32절로 뒷받침한다. 바울은 여기서 아브라함이 이삭을 희생 제물로 바치려고 준비하는 모습을 이야기한 창세기 22장을 암시하는 말을 떠올려 준 뒤, 이를 본문 안에 짜 넣는다. 아브라함은 그의 독자를 아끼지 않았다. 그리고 이제 충분히 놀랄 만한 점은 하나님에 관하여도 같은 말을 할 수 있다는 것이다. 따라서 바울은 자신을 내어주시는 하나님의 이 놀라운 사랑의 행위 위에 터를 잡고 그의 말을 듣는 이들에게 확실하게 보증해

로마서의
심장 속으로

준다. 그 보증은 우리에게 맞서는 어떤 반대도 없으리라는 것이 아니라, '모든 것'이 우리에게 주어지리라는 것이다. 바울은 지금 어떤 문제도 없으리라는 말을 하는 게 아니다. 그는 지금 그 어떤 도전보다도, 모든 역경보다도 훨씬 밝게 빛날 놀라운 약속을 제시하고 있다.

바울은 여기서 창세기를 암시함으로써, 그가 암시한 구약성경 세 부분 가운데 첫 번째 부분을 소개한다. 그 세 부분은 토라, 예언서, 성문서이며, 이 경우에는 창세기, 이사야, 시편이다. 성경을 구성하는 세 부분을 이런 식으로 모두 언급하는 것이 랍비들의 수사 전술이었다. 랍비들은 그들의 논지를 세 겹으로 확실히 다지고자 성경의 세 부분을 일종의 삼족三足 의자처럼 사용했다. 바울은 특별한 순간에만 이런 일을 한다. 그는 로마서가 최고의 절정에 다다른 15:7-13에서 이런 전술을 구사하며, 갈라디아서의 절정인 4:21-31에서도 이 전술을 사용한다.

바울이 지금 여기서 하는 일은 자신의 주장을 정당화하려고 성경 본문을 증거로 들이미는 것이 아니다. 오늘날 정치인이 자신의 말에 유식하고 존경 받을 만한 모양새를 더하려고 셰익스피어의 작품에서 글귀 반 토막을 퍼오는 것처럼, 사람들이 흐릿하게 기억하는 정경의 표현을 가져다 자신의 말을 장식해 놓은 것도 아니다. 바울은 지금, 바울의 복음 전체가 말하는 것처럼, 우리가 이 복음을 가지고 성경을 따라 _kata tas graphas_ 살아감을, 다시 말해 아무렇게나 여기서 하나 저기서 하나 골라 낸 구절들이 아니라 성경이라는 힘찬

강물의 도도한 흐름 속에서 살아감을 말하는 것이요, 한데 어울려 영광스러운 극적 성취를 이루는 성경의 내러티브와 생명과 약속을 따라 살아감을 이야기하는 것이다. 따라서 우리는 여기서 창세기 22장을 만난다. 이어 33절과 34절에서는 종의 노래 가운데 하나인 이사야 50장을 만나는데, 이는 바울이 앞서 펼친 논증이 종의 형체를 지니고 있음을 분명히 보여 준다. 이어 36절에서는 시편에서 '고난'을 말하는 고전 같은 시 가운데 하나인 44편을 만나는데, 바울은 이 시를 이미 암시했었다. 우리는 이것들을 하나씩 살펴봐야 한다.

나는 하나님이 아브라함에게 이삭을 제물로 바칠 것을 명령한 창세기 22장 기사가 성경 전체를 통틀어 가장 알기 힘든 순간 가운데 하나라고 생각한다. 바울이 살았던 유대 세계는 이 주제를 빈번히 인용한다. 아브라함은 하나님의 명령에 순종하여 이삭을 묶고 제단 위에 올린다. 하나님은 마지막 순간에 개입하셔서, 결국 숫양을 대신 제물로 바치게 하신다. 이어 하나님은 아브라함이 그의 사랑하는 아들(70인역은 여기서 바울이 쓴 표현과 거의 같은 말을 사용하며, 바울은 이 표현을 통해 그가 암시하려 하는 것을 확실하게 일러 준다)을 아끼지 아니하였기 때문에, 아브라함에게 큰 복을 내려 그의 씨가 온 세상을 유업으로 얻게 하고 그 원수의 땅을 차지하게 할 것이라고 말씀하셨다. 이 장면은 후대의 일부 유대인 저술가에게 '이삭 결박 *Aqedah*'으로 알려졌다. 유대인이 보통 이 주제를 어떻게 탐구해 왔는지 알려 주는 설명 가운데 하나는, 이것이 기독교의 등장 뒤에 "우리도 너희만큼 좋은 희생 제사를 가지고 있다"고 말하려 할 때 어떤 역할을 할 수도 있다는 것이다. 그러나 일부 랍비는 유대 전승을 발전시키면서 '아케다'를 다른 중요한 순간들, 즉 세계 창조, 유월절 밤, 대속죄일 같은 순간과 연결했다. 그렇다. 로마서는 새 피조 세계, 최고의 유월절 그리고 하나님이 베풀어 주실 속죄를 이야기한다. 우리는 창세기 22장이 들어와 이 세트를 완성하는 것에 놀라서는 안 된다.

물론, 바울은 이삭이 제물이 될 뻔했던 일을, 후대의 몇몇 유대 교사들이 설명했던 식으로 속죄로 보지는 않았다. 그러나 우리는 바울이 앞서 아브라함을 다룬 로마서 4장의 절정 부분에서 예수와 이삭을 나란히 대비하면서, 이삭의 출생을 예수의 부활과 나란히 놓아두었음을 기억한다. 이 둘은 모두 하나님이 죽음에서 건져내 생명을 주신 사건이다. 바울은 거기서 예수가 죽음에 '내줌'이 되었다고 말함으로써, 이곳과 같은 동사인 *paradidōmi*를 사용한다. 또 같은 장에서 거의 무심코 내뱉듯이, 아브라함이 '세상의 상속자'가 되는 것이 곧 그에게 주어진 약속이었음을 언급한다(4:13). 이 약속은 창세기 22:15-18에서 앞선 다양한 말들을 증폭시키며 극적으로 다시 언급되었던 것이다.[1] 이 때문에 나는 바울이 여기서 창세기 22장을, 하나님이 사랑하시는 아들의 죽음과 부활에서 아브라함 언약이 성취될 것을 에둘러 미리 가리킨 것으로 본다고 느낀다. 이는 그가 특히 로마서 1-4장에서 하나님이 언약에 신실하심을 강해한 것과 5-8장에서 하나님이 그 신실하심의 결과로 언약 가족을 안전

---

1 가령, 12:1-3; 15:18-21; 17:4-6; 18:18을 보라.

히 보호하심에 관하여 강해한 것을 결합하려 하기 때문이다.

그렇게 보면, 32절 하반절은 우리가 처음 인식했을 법한 것보다 뜻이 더 잘 통한다. 서구 전통이 따라온 읽기라면, 바울은 지금 하나님이 자신의 아들을 아끼지 않고 우리 모든 이를 위해 내어주셨으니 우리를 죄에서 구원하여 천국으로 데려가실 것이라는 말을 하고 있다고 예상할지 모르겠다. 그러나 바울은 그렇게 말하지 않고 하나님이 그와 함께(곧, 그의 아들과 함께) 모든 것을 우리에게 주신다고 이야기한다. 그가 17절에서 말했듯이, 우리는 메시아와 공동 상속자다. 따라서 이제 초점은 유업, 곧 구원받고 새로워진 온 세상에 맞추어진다. 우리가 방금 언급한 약속, 곧 아브라함이 온 세상을 유업으로 받으리라는 약속은, 약속된 땅 자체가 앞을 내다보는 표지판이었음을 의미한다. 시편의 메시아 시들이 그것을 암시한다. 예를 들어, 시편 2편을 보면 아브라함에게 주었던 약속이 메시아에게 예리한 초점을 맞춘다. 세상 모든 민족이 메시아에게 유업으로 주어질 것이며, 그의 소유가 땅 끝까지 이를 것이다. 우리가 보았듯이, 바울은 이를 8:17-27에서 그려 낸다. 메시아의 유업은 온 피조 세계, 이제 썩음의 노예였던 처지에서 풀려나 자유를 얻은 온 피조 세계이며, 온 메시아 백성이 이 유업을 공유한다. 따라서 바울이 여기서 하나님이 "모든 것을 우리에게 값없이 주[실 것]"이라고 말함은, 방금한 말을 아주 자세히 특정하여 말하는 것이다. 고린도전서 3:21-23에서 말하듯이 "다 너희의 것"이다. "너희는 그리스도의 것이요 그리스도는 하나님의 것"이기 때문이다. 또 역설의 전형이라 할 고린도후서 6:10을 보면, 사도들은 "아무것도 없는 자 같으나 모든 것을 가진 자"라고 말한다. 창세기에서 은밀히 암시했던 것이, 이제 메시아의 새 피조 세계 안으로 들어와 환하게 드러난다. 메시아의 백성은, 로마 황제가 상상하던 것처럼 폭력을 통한 정복이 아니라, 이사야서와 시편이 약속한 대로 치유하고 열매를 맺는 방법을 통해 온 세상을 유업으로 받는다. 예수 자신도 산상설교와 다른 곳에서 그것을 분명하게 천명하셨다.

바울은 이어 33절과 34절에서 이사야서로 간다. 33절은 바울이 앞서 강설한 의롭다 함을 수월하게 인용한다. 그는 8:1-11에서 그 내용을 결론지었으며 잠시 전 30절에서도 언급했다. 바울은 그가 부르시고, 의롭다 하신 이들, 곧 그가 의인 가운데 있다고 선언한 이들을 이야기한다. 그러나 하나님이 그렇게 하셨다면, 하나님의 백성을 겨눈 어떤 고소도 물리칠 수 있다(다시 하는 말이지만, 이것이 곧 하나님의 백성이 얼마든지 잘못 행동해도 좋다고 암시하는 것이 아님은 물론이다). 누가 고소하겠는가? 이 질문이 암시하는 대답은 물론 '아무도 없다'이다. 하나님이 자기 백성을 의롭다 하시고, 그 백성이 이미 의로운 사람 가운데 있다고 선언하시기 때문이다. 우리는 여기서 바울의 칭의 신학justification-theology이 실제로 얼마나 풍성한지 본다. 그에게 칭의는 단순히 죄를 처리하는 것이 아니라, 그의 백성이 세상의 본디오 빌라도 앞에 두려움 없이 당당하게 설 수 있게 해 주는 것이다. 바울은 이사야 50장을 인용한다. 만일 예수가 최고의 주의 종이라면, 그의 백성은 종인 백성이며 종이 받은 약속들을 주장할 수 있다.

이사야가 말하는 종은 고소와 폭력에 직면했으며 결국 죽음을 맞았다. 바울은 당신이 이런 일에 부닥치면 그런 본문으로 돌아가 그 본문이 제시하는 약속들을 당신 자신이 받은 약속처럼 주장하라고 말한다.

34절은 여전히 이사야 50장을 따르지만, 더 복잡하기도 하다. 이 구절은 부활하여 승천한 예수와 그 예수가 우리를 위해 계속 하고 계신 사역에 관한 바울의 견해 전체를 곧장 들여다볼 수 있는 창을 활짝 열어놓는다. 누가 정죄하겠는가? 물론, 정죄는 33절에서 말하는 기소에서 한 단계 더 나아간 것이다. 어떤 죄목을 밝혀 기소하고 그 기소 사실을 분명하게 증명하면, 2:1-16이 묘사하는 심판 장면에서 볼 수 있는 것처럼 선고(정죄)가 내려질 것이다. 그러나 그런 일은 없다. 1절은 메시아의 백성에게는 "결코 정죄함이 없다"고 선언했다. 그렇다. 하나님의 최후 심판은 정의로울 것이며, 사람에 따라 차별을 두지 않을 것이다. 그러나 메시아에게 속한 사람은 이미 그 평결을 알고 있으며, 그 평결이 그들에게 유리하게 내려졌다는 것도 알고 있다. 하나님이 예수를 죽은 자 가운데서 부활시키시면서, 그의 죽음이 진정 죄를 처리했으며 그 안에서 새 피조 세계가 이미 시작되었다고 선언하셨기 때문이다. 그런 점에서, '그 안에' 있는 이들에게 내려질 수 있는 또 다른 정죄도 모두 타당하지 않은 것으로서 제쳐 버릴 수 있다.

그러니, 누가 정죄하겠는가? 예수와 위선에 사로잡힌 사람들을 다룬 요한복음 8:1-11의 이야기를 보자(그 이야기는 보통 '간음한 여자'

로마서의
심장 속으로

이야기로 알려져 있지만, 사실 이야기의 핵심은 그게 아님을 당신도 알 것이다). 예수는 여자에게 이렇게 물으신다. "너를 정죄한 자가 없느냐?" 여자는 영문을 모른 채 놀라서 이렇게 대답한다. "없습니다." 예수가 그들을 가로막았다. 요한복음 8장이 대신 돌을 들어 예수를 치려 하는 사람들 이야기로 끝나는 것은 결코 우연이 아니다. 따라서 우리는 다시 묻는다. 누가 정죄할 수 있으랴? 우리는 예수에 관하여 생각하면서 이 본문의 바울과 함께, 메시아가 얻어 낸 속죄의 신학, 우리가 보통 상상하는 것보다 크고 더 많은 요소를 담고 있는 속죄의 신학을 어렴풋이 본다. '결코 정죄함이 없는' 이유는 분명 예수가 그의 죽음으로, 육에 지워지는 정죄를 받는 자리가 되었기 때문이요, 그렇게 되는 수단이 되었기 때문이다. 그것이 바로 바울이 8:3에서 말하는 것이다. 그러나 히브리서처럼 바울도 '속죄'를 단순히 예수의 죽음에 얽힌 문제로만 생각하지 않는다. 예수 시대는 레위기가 규정한 희생 제사를 되살렸는데, 그 희생 제사의 중점은 동물을 죽이는 일이 아니었다. 그 제사의 중점은, 동물이 죽을 때 흘리는 피가 하나님이 제공하시는 정화의 매개체가 되어 성전과 성전의 모든 집기를 죽음의 모든 자취와 그 죽음과 함께 모든 것에서, 그리고 당연히 죄 자체에서 깨끗하게 씻어 준다는 데 있었다. 그것이 이루어짐으로써 하나님의 영광이, 살아 계신 창조주의 생생한 임재가, 그의 백성과 계속 함께할 수 있었다. 따라서 바울은 여기서, 곧 지금까지 이어 온 로마서 1-8장이 절정을 맞이한 이 순간에, 히브리서와 아주 비슷하게, 예수의 죽음뿐 아니라 예수의 부활과 승천 그리고 그

8장
로마서 8:31-34

가 계속 이어 가는 중보 사역을 더 크고 풍성한 속죄의 그림으로 본다. 바울은 훨씬 앞서 로마서 3:24-26에서 예수가 희생 제물로서 흘리신 피를 언급했는데, 그 내용은 그가 이 지점에서 제시하는 생각에서 아주 동떨어져 있지 않다. 예수는 위대한 대제사장이시다. 그는 자신이 흘리신 피로 최종 정화를 제공하시며, 이를 통해 하나님이 그의 백성과 함께 거하실 수 있게 하신다. 예수 자신이 위대한 희생 제물이요 속죄제이며, 우리와 하나님이 그분의 영을 통해 확실히 하나가 되게 보증하시는 분이다. 예수는 최고의 제사장이며 중보자시다.

그렇다면 이는, 특히 우리가 위협을 느껴 완벽한 보증이 필요할 때, 그런 보증을 해 줄 풍성하고 복합적인 기초를 제공한다. 그것은 최종 구원을 받으리라는 보증일 뿐 아니라, 그 목표로 나아가는 모든 단계를 보증해 주는 것이기도 하다. 그렇다. 우리는 메시아가 우리를 위해 죽었다고 확신한다. 그러나 이 이야기가 우리 시야에서 사라질 때를 대비하여, 그가 '더더욱' 죽은 자 가운데서 부활하셨다는 사실 역시 확신하며 이 이야기를 우리 자신에게 거듭거듭 들려주어야 한다. 이 '더더욱'이라는 표현은, 십자가도 예수가 몸으로 부활했을 때만 그 의미를 가질 수 있음을 시사한다. 만일 예수가 몸으로 부활하시지 않았다면, 바울이 고린도전서 15:17에서 말하듯이, 우리는 여전히 우리 죄 안에 있을 것이다. 죽음이 격파 당한 것은 죄가 격파 당했음을 보여 주는 표징이다. 따라서 부활은 그 나름의 보증을 담고 있다. 로마서 6장이 말하듯이, 메시아와 세례 받은 그의 백성은 이미 부활이라는 땅 위에 서 있다. 우리는 죄에 대하여 죽었기 때문에, 신학적 중간 지대에 갇히지 않는다. 우리는 마지막에 있을 몸의 부활을 기다리지만, 이미 '메시아 안에' 있다. 그의 부활은 우리가 이미 누구인가를 일러 주는 진리의 일부분이다. 그것이 바로 우리가 이미 '영광'을 가지고 있는 이유다. 비록 그 영광이 역설적인 모습으로 나타날지라도 우리에게는 영광이 있다.

바로 그 때문에, 여기서 말하는 것처럼 부활은 '정죄할 이가 누가 있으랴?'라는 수사 의문문에 그 나름의 구체적인 대답을 제시한다. 메시아의 백성은 완전한 확신을 품고 이렇게 대답할 수 있다. "정죄라니, 대체 무슨 말을 하는 것인가? 그가 죽은 자 가운데서 부활하심으로, 우리도 이미 그 안에서 죽은 자 가운데서 부활했거늘." 그러나 바울은 그것을 훨씬 더 강조하기 위해 여기서 부활 자체를 지나 아예 한 걸음 더 나아가서, 승천하신 예수가 하늘에서 지금도 계속하시는 사역을 이야기한다. 여기서 수사 의문문은 '누가 우리를 정죄하랴?'라고 묻는다. 이에 예수의 백성은 이렇게 대답한다. "메시아 예수가 아버지의 오른편에 서서 우리를 위해 중보하시거늘 어찌 정죄함이 있을 수 있으리요?"

나는 오늘날 많은 그리스도인이 예수의 승천이라는 사실을 말로만 인정하고 넘어가지 않나 의심해 본다. 어떤 이들은 이 말을, 예수가 하늘에서 내려오셨다가 다시 거기로 돌아가셨으니 우리도 그분 뒤를 따를 것이라는 의미라고 대충 해석하는 것 같다. 나는 이제 이런 견해가 얼마나 부정확하며 오해를 낳을 수 있는지 분명하게 밝

8장
로마서 8:31-34

혀 두고 싶다. 그런가 하면 다른 이들은 승천이라는 것 전체가 여전히 수수께끼라고 생각한다. 우리는 예수가 우리 우주 안에 있는 다른 곳으로 떠나간 원시 우주인이 아니었음을 알고 있기 때문이다. 그러나 우리에게는 어떤 분명한 성경 형이상학이 없다. 즉 그 안에서 하늘과 땅의 겹침을 이해하고, 이를 통해 승천의 목적 가운데 이 부분을 상상해 볼 수 있는, 다시 말해 예수가 그곳에서 우리를 위해 아버지 앞에서 중보하시려 한다는 것을 상상해 볼 수 있는 성경 형이상학이 없다(이런 형이상학이 없는 것은 애초에 그런 것을 배운 적이 없기 때문이다).

분명히 말해 둘 것이 있다. 하늘과 땅이 겹친다는 것은 곧 성경이 말하는 고대 이스라엘 세계 그리고 예수와 바울이 살았던 유대 세계에서는 '하늘'이 저 멀리 떨어진 곳이 아님을 의미한다. 하늘과 땅은 협력해야 한다. 하나님의 창조에 반기를 든 어둠의 세력들과 결탁한 인간의 우상 숭배와 반역만이 하늘을 다른 식으로 보게 만들었다. 근대 세계의 많은 이가 분별없이 받아들이거나 취했던 몇몇 철학이 한 말과는 달리, 하늘은 땅에서 멀리 떨어져 있지 않다. 내가 종종 사람들이 으레 쓰는 말로 말했듯이, 하늘은 최고 경영자 사무실이다. 하늘은 '땅'을 경영하는 곳이다. 그것이 바로 지금 예수가 하시는 일이며, 예수 자신도 마태복음 28:18에서 그렇게 주장하셨다. 이미 지혜롭고 순종하는 한 인간이 온 우주를 조종하는 키를 잡고 계신다. 그것이 바로 온 피조 세계가 늘 요구했던 것이다. 우리는 그런 일이 이미 예수 안에서 진실로 이루어짐에 기뻐한다. 그런

로마서의
심장 속으로

일이 우리 안에서도 완전히 이루어질 날을 온 피조 세계가 오매불망 기다린다. 그러는 사이에 우리는 8:26-27이 말하는 슬픔과 무엇을 구할지 모르는 가운데 올리는 기도 속에서 그 시간을 내다본다.

바울은 예수가 이제 아버지 오른편에 계신다는 말을 덧붙인다. 이는 초기 그리스도인이 즐겨 가져다 쓰던 초기 본문 가운데 하나인 시편 110:1("여호와께서 내 주에게 말씀하시기를 내가 네 원수들로 네 발판이 되게 하기까지 너는 내 오른쪽에 앉아 있으라 하셨도다")을 원용한 것이다. 마가복음 14:62에 따르면, 예수 자신이 이 본문을 다니엘 7장과 결합하시는데, 다니엘 7장은 역사가 대단원의 막을 내릴 때 '인자 같은 이'가 일으킴을 받아 옛적부터 항상 계신 이의 오른편으로 인도되어 거기에 앉아 있을 것이라고 말한다. 다니엘이 묘사한 장면은, 하나님의 오른편에 계신 이가 모든 어둠의 세력과 깊은 곳에서 올라온 괴물들에 맞서 최후 승리를 거두실 것을 내다본다. 이것이 바로 인간을 향한 하나님의 목적이 성취되는 것인 동시에—다니엘 7장은 인간 같은 형체를 지닌 이가 야수들을 책임진다는 점에서 창세기 1장의 악몽 버전 같다—메시아를 향한 하나님 목적, 또 감히 이렇게 표현할 수 있다면, 하나님 자신을 향한, 하나님 자신의 두 번째 자아를 향한 하나님의 목적이 성취되는 것이기도 하다. 하나님의 형상을 지닌 인간 창조를 비롯하여 창조가 이루어진 뒤로 하나님의 목적은, 언제나 창조주가 자신이 만든 세계 안에 들어와 거기 거하시며 그곳을 자기 집으로 삼으시는 것이었다.

바울은 이미 로마서 5장에서 예수가 참된 인간이요 마지막 아담이라고 말했다. 거기서 그는 (비록 압축하여 암시하는 것처럼 말하지만) 예수가 높이 올림을 받으심으로 말미암아 하나님 나라가 승리를 거두었으며 이제는 구속받은 예수의 형제자매가 그 승리를 함께 나누고 있다고 역설한다. 다시 한번, 5장에서 8장까지 큰 호를 그리는 생각의 흐름이 눈앞에 나타난다. 이 부분 전체가 그렇게 흘러간다. 바울은 같은 주제를 고린도전서 15장에서 관점을 달리하여 제시한다. 이는 놀랍지 않다. 부활을 철두철미하게 꼼꼼히 강설한 고린도전서 15장은 장 전체가 첫 번째 아담 및 마지막 아담과 관련이 있기 때문이다. 바울은 또 이 주제를 에베소서 1장에서 그려 보이는 하늘-땅 그림 속에 엮어 넣는다.

결국 여기서 예수는 하늘에서 하나님 오른편에 있는 사람이다. 그는 거기서 어떤 일을 책임지고 계신다. "누가 정죄하랴?" 바울이 제시한 수사 의문문은 그렇게 묻는다. 바울은 그의 말을 듣는 이들이 아무도 정죄하지 못한다고 대답하리라고 기대한다. 메시아 예수가 하나님 오른편에 계신 사람이기 때문이다. 예수는 참된 인간으로서, 하나님이 인간으로 하여금 언제나 행하게 하려 하셨던 일, 곧 하나님에게 순종하는 대리인이요 하나님의 형상을 지닌 존재로 온 세상을 다스리는 일을 하고 계신다. 29절이 말하듯이, 예수가 그들의 형/오라버니임을 아는 이들은 이를 즐거워할 수 있으며, 즐거워해야 한다. 새 가족을 이끄는 우리 형/오라버니가 저기 하나님 오른편에 계신다.

더 특별한 것은, 그가 우리를 위해 중보하신다는 것이다. 이는 기

로마서의
심장 속으로

뻐하고 안도할 일이다. 이는 바로 우리 자신이 크든 작든 어떤 문제로 분명한 비난을 받고 있는 순간에 놀라운 격려를 안겨 준다. (다시 말하지만, 이것은 우리가 끔찍한 잘못을 저지를 리가 결코 없다는 말도 아니요, 꾸지람을 듣고 바른 길로 되돌아갈 필요도 없다는 말도 아니다.) "누가 정죄하랴?"라는 바울의 질문은, "아무도 정죄하지 못한다"라는 대답을 암시한다. 이는 예수가 아버지 오른편에 서서 "아버지, 이 내 아우에게 자비를 베풀어 주소서"라고 말씀하시기 때문이다. (시편 110편과 다니엘 7장 그리고 신약성경의 다른 곳을 보면, 예수는 하나님 오른편에 앉아 계신다. 그러나 사도행전 7:55-56에서 스데반의 환상을 보면, 예수는 하나님 오른편에 서서 중보하신다.)

이런 아버지와 아들 모습은 저 중세의 그림들이 풍자한 부자 관계를 무안하게 만드는 실체다. 중세의 그림을 보면, 엄하고 화가 난 아버지와 상당히 유약하고 힘이 없어 보이는 아들이 있다. 그러나 본문의 아버지와 아들 모습은 결코 그렇지 않다. 32절이 말하듯이, 아버지는 바로 그 목적을 위해 아들을 내어주셨으며, 이제 아들과 아버지는 함께 일하고 있다. 예수는 참된 인간이요 하나님의 형상을 지닌 인간이다. 그는 그와 한 가족인 사람들이 올리는 찬미와 기도 그리고 그들의 절박한 필요를 아버지의 심장 속에 되비치며, 그들을 구해 내고 보호하시는 아버지의 사랑을 그 사람들에게 되비쳐 주신다. 그는 아버지의 본성이나 목적에 어긋나는 행동을 하시도록 아버지를 설득하려 하지 않는다. 그가 아버지 오른편에 계심은, 늘 자기를 내어주는 사랑으로 나타나는 아버지의 본성과 목적을 이행하시려 함이다.

　나는 예수의 승천이 지닌 의미를 곱씹어 보며, 이 지점에서 현재의 기독교 전례력에 관한 여담을 하나 집어넣고픈 마음을 억제할수 없다. 물론 일부 독자는 전례력을 전혀 사용하지 않을 수도 있지만, 그래도 대다수 사람이 적어도 성탄절과 부활절은 여전히 주목하지 않나 생각해 본다. 그러나 내가 섬기는 교회를 비롯한 많은 교회에서, 11월 말에 찾아오는 대림절 마지막 주일에 '그리스도 왕 대축일the feast of Christ the King'이라는 이름표를 붙였다. 현대의 기호에 딱 맞춘 이런 혁신은 바울이 여기서 가르치고 있는, 대단히 중요한 진리를 훼손할 위험성을 안고 있다. 따라서 지금 벌어지고 있는 일을 세세하게 설명할 필요가 있을 것 같다.

　교황 비오 11세(Pius XI, 1857-1939, 재위 1922-1939)는 1925년에 어떤 특정 주일을 '그리스도 왕 대축일'로 부르려는, 어처구니없는 생각을 했다. 그는 당시 유럽에 명백히 존재하던 여러 이유를 내세워, 설교자와 교사가 예수 그리스도에게 충성하는 것이 다른 모든 정치와 문화에 충성하는 것보다 앞선다는 것을 강조하게 만들고 싶었다. 교황 비오 11세가 고른 날은 10월의 마지막 주일이었다. 전례력을 사용하는 이들이라면 알 듯이, 그날은 특별한 것이 없는 때요, 부활절은 말할 것도 없고 성령강림절도 한참 지난 때일 뿐 아니라, 성탄절은 물론이요 대림절도 아직 먼 때이다. 그러나 근래인 1970년에 교황 바오로 6세(Paul VI, 1897-1978, 재위 1963-1978)는 이 새로 만들어 낸 소위 '그리스도 왕 대축일'을 대림절 마지막 주일로 옮겼다. 내가 속한 교회(이 교회에서 전례에 관심이 있는 이들은 종종 로마 가톨릭의 전례를 베끼는 데 열심을 낸다)를 비롯하여 로마 가톨릭이 아닌 대다수 교회는, 그것이 초래한 영향은 지적하지 않은 채 그냥 조용히 로마 가톨릭의 결정을 따라갔다. 애초에 교황 비오 11세가 그리스도 왕 대축일을 만들 때 품었던 생각은 어떤 이야기의 일부를 이루는 것이 아니었다. 그것은 단지 따로 생각해야 할 주제였다. 그러나 그 축일을 그렇게 정하고 보니, 이제는 그것이 그리스도 이야기 전체가 어떻게 작동하는가에 관하여 뭔가를 강하게 암시하고 있다. 그리고 그것이 암시하는 것은 바울이 이 문단에서 말하고 있는 진리를 완전히 훼손한다.

나는 이 점을 《마침내 드러난 하나님 나라*Surprised by Hope*》(IVP)와 다른 곳에서 강조했지만, 로마서 8장을 다루며 특히 두 가지를 강조해야겠다. 첫째, 우리에게는 이미 그리스도 왕 대축일이 있다. 주님 승천 대축일Ascension Day이라 부르는 날이 그날이다. 전례에서는, 특히 전례력에서는 과유불급이다. 무언가를 더한다는 것은 그것을 다른 어딘가에서 빼 버림을 의미한다. 다른 날을 추가한다는 것은, 주님 승천 대축일이 오로지 예수가 이 땅을 떠나가심에만 초점을 맞출 뿐이며, 그가 하나님 오른편에 계신 사람으로서 온 세상을 다스리고 우리를 위해 중보하심에는 초점을 맞추지 않는다는 것을 은연중에 의미한다. 그러나 둘째, 이 새 '축일'을 전례력의 거의 끝에, 대림절 직전에 추가한 것은 예수가 온 세상의 진정한 주로서 높이 올림을 받으신 일이 마태복음 28장이 말하는 대로 이미 일어난 일이 아니라 사실은 아직 일어나지 않았다는 메시지를 분명하게 제시하는 것이다. 교회력은 신앙 교육에 주어진 놀라운 선물이다. 교회력을 일그러뜨린다면, 결국 다른 뭔가를 가르치는 셈이 되어 버린다. 하나님 나라는 이미 시작되었다. 예수는 이미 하나님 오른편에서 온 세상을 다스리시고 우리를 위해 중보하신다.

그건 그렇고, 33절 및 34절과 관련하여 가장 중요한 것은 바울이 이사야 50장을 가져다가 발전시키는 방식이다. 이사야 50:4-9은 이사야서에 나오는 종의 노래 가운데 세 번째 노래이자 마지막 노래 바로 앞에 나오는 노래다. 이 노래에서 종은 부당한 대우에 불만을 토로하면서도 하나님의 뜻이 앞으로 나아가리라는 것을 신뢰하는 법을 배웠다. 그것이 바로 바울이 이 본문에서 강조하고 있는 점이다. 그 종은 이렇게 말한다. "주 여호와께서 나를 도우시므로 내가 부끄러워하지 아니하고 내 얼굴을 부싯돌같이 굳게 하였으므로 내가 수치를 당하지 아니할 줄 아노라."(우리는 바울이 로마서 전체의 도입부 가운데 일부인 로마서 1:16에서 "내가 복음을 부끄러워하지 아니하노니"라고 선언한 것을 떠올린다. 그 말은 십중팔구 이 이사야서 본문을 암시하는 말일 것이다.) 그렇다면 이사야 50:8-9로 가보자.

나를 의롭다 하시는 이가 가까이 계시니
나와 다툴 자가 누구냐?
나와 함께 설지어다.
나의 대적이 누구냐?

로마서의
심장 속으로

내게 가까이 나아올지어다.

보라 주 여호와께서 나를 도우시리니

나를 정죄할 자 누구냐?

보라 그들은 다 옷과 같이 해어지며

좀이 그들을 먹으리라.

이는 영광스러운 구절이다. 이는 고난을 지나 얻기 힘든 확신과 보증으로 들어감을 말한다. 그것이 바로 로마서 8장에서 일어나는 일이다. 바울은 이 이사야서가 언급하는 말이, 그가 방금 32절에서 암시한 아브라함 이야기와 밀접하게 이어져 있음을 잘 알았을 것이다. 바울이 여기서 인용하는 본문에서 겨우 네 절 지난 이사야 51:2에서 하나님은 이렇게 말씀하신다. "너희의 조상 아브라함과 너희를 낳은 사라를 생각하여 보라. 아브라함이 혼자 있을 때에 내가 그를 부르고 그에게 복을 주어 창성하게 하였느니라." 이것이 바로 바울이 강조하는 핵심이다. 상황이 암울해 보일지도 모르지만, 하나님이 늘 어떻게 행하셨는가를 생각해 보라. 이사야 51:3은 계속해서 이렇게 말한다. "나 여호와가 시온의 모든 황폐한 곳들을 위로하여 그 사막을 에덴 같게, 그 광야를 여호와의 동산 같게 하였나니." 거기서 우리는 '약속된 땅'이라는 주제가 한 번 더 확장되는 것을 본다. 처음에 아브라함은 그 땅을 약속받았지만, 종국에는 온 세상을 약속받았다. "그 가운데에 기뻐함과 즐거워함과 감사함과 창화하는 소리가 있으리라."

바울은 이사야 51:3의 마지막 일부를 인용하지 않고, 그냥 그것을 다 인용한다. 그는 새 피조 세계를 다루는 이 8장 마지막 부분에서, 아브라함에게 주어진 약속이 고난 받고 의로움을 인정받은 종 자체를 통해 이루어진 사실을 송축하고, 그것을 통해 그 종의 백성인 메시아의 백성도 의를 인정받을 것을 확신할 수 있다는 사실을 송축한다. 메시아의 백성인 종의 백성에게는 결코 정죄함이 없다. 그 정죄가 바로 지금 일어나고 있는 것 같고 금세 일어날 것처럼 느낄 때도 종종 있겠지만, 그래도 메시아의 백성에게는 결코 정죄함이 없다. 우리가 받은 소명은 겸손과 소망 안에 서서—이사야가 말한 종의 확신에는 오만함의 흔적이 전혀 없다!—이 대목의 첫머리인 31절에 있는 말, 곧 8:1의 "결코 정죄함이 없다"는 말에 뿌리박고 있는 말을 굳게 의지하는 것이다. 하나님이 우리를 위하실진대 누가 우리를 대적하겠는가?

이 모든 내용은 로마서 8장의 마지막 절들이자 마지막 대목을 가리킨다. 이제 우리는 이 책의 마지막 장에서 그 부분을 살펴보겠다.

로마서의
심장 속으로

9장

로마서 8:34-39

어떤 것도 우리를 하나님의 사랑에서 떼어놓을 수 없다

34 죽은 이는, 아니 부활하신 이는 메시아 예수시니, 그는 하나님
   오른편에 계시며 우리를 위해 기도하시는 분이다!

35 누가 우리를 메시아의 사랑에서 떼어놓으랴? 고난이나 역경이
   나 핍박이나 기근이나 헐벗음이나 위험이나 칼이랴?

36 성경이 말하듯이,

   당신 때문에 우리가 종일 죽임을 당합니다.
   우리는 도살당할 양으로 여김을 받습니다.

37 아니, 우리는 이 모든 일에서 우리를 사랑하신 이를 통해 완전
   한 승리를 거둔다.

38 너희도 알듯이, 내가 확신하니, 죽음이나 생명이나, 천사나 통
   치자나, 현재나, 미래나, 능력이나,

39 높음이나, 깊음이나, 다른 어떤 피조물도 우리 주 메시아 예수

안에서 나타난 하나님의 사랑에서 우리를 떼어놓지 못하리라.

34 *Christos Iēsous ho apothanōn, mallon de egertheis, hos kai estin en dexia tou theou, hos kai entyngchanei hyper hēmōn.*

35 *tis hēmas chōrisei apo tēs agapēs tou Christou? thlipsis ē stenochōria ē diōgmos ē limos ē gymnotēs ē kindynos ē machaira?*

36 *kathōs gegraptai hoti*

heneken sou thanatoumetha holēn tēn hēmeran, elogisthēmen hōs probata sphagēs.

37 *all' en toutois pasin hypernikōmen dia tou agapēsantos hēmas.*

38 *pepeismai gar hoti oute thanatos oute zōē oute angeloi oute archai oute enestōta oute mellonta oute dynameis*

39 *oute hypsōma oute bathos oute tis ktisis hetera dynēsetai hēmas chōrisai apo tēs agapēs tou theou tēs en Christō Iēsou tō kyriō hēmōn.*

로마서 8장은 놀라운 확신을 담은 말로 끝난다. 나는 이를 곱씹어

로마서의
심장 속으로

보면서, 확신이 신학자뿐 아니라 철학자와 과학자에게도 오랫동안 목표였음을 깨달았다. '우리가 어떻게 알 수 있을까?'는 아주 많은 이가 품어 온 물음이었다. 어떻게 하면 그릇된 인상과 주관에 치우친 공상을 극복하고 의미 있는 믿음으로, 이어 참된 믿음으로 나아갈 수 있을까?

철학자들은 오랜 세월 그들 나름대로 이런 종류의 인식론적 확신을 찾으려고 노력했다. 데카르트는 "나는 생각한다. 고로 나는 존재한다*cogito, ergo sum*"라고 주장했다. 뒤이어 등장한 서구의 많은 사상은 그 위에 뭔가를 세워 보려고 노력했으며, (아무리 좋게 말해도) 불완전한 성공을 거두었다. 고인이 된 레슬리 뉴비긴 주교는 영국의 대형 슈퍼마켓 체인 가운데 한 곳을 둘러보고 나서, 우리 시대에는 데카르트가 천명했던 모토가 "나는 쇼핑한다. 고로 나는 존재한다*Tesco, ergo sum*"로 전락했다고 말하곤 했다. 그러나 바울이 로마서 8장의 이 마지막 절들에서 큰 소리로 분명하게 제시하는 대답은 훨씬 심오하다. "나는 사랑받고 있다. 고로 나는 존재한다*amor, ergo sum*."

나는 다른 곳에서 복음이 우리에게 사랑의 인식론an epistemology of love을 강권한다고 주장했었다. 내가 여기서 말하는 '사랑'은 그저 어떤 느낌을 의미하지 않는다. 그런 느낌은 외부 세계를 자신의 욕망 속에 함몰시키는 경향이 있다. 나는 초기 그리스도인들이 사랑을 알게 되었던 '아가페'*agapē*의 의미에서 내가 말하려는 사랑의 의미를 찾는다. 이 사랑은 너그러이 자신을 내어주는 것이다. 이렇게

9장
로마서 8:34-39

자신을 내어줌은, 알고 사랑하는 것의 실체에 기꺼이 다가가 그 실체를 인정하는 것이다. 이곳은 그 의미를 더 자세히 펼쳐 보이는 곳은 아니다.[1] 그러나 바울은 38절에서 "내가 확신하니*pepeismai*"라고 말할 때, 5-8장에서 그리고 로마서 전체에서 여기까지 자세히 전개한 논지를 요약할 뿐만 아니라, 고대 지성인이 살아가던 세계를 두루 내다보는 것 같다. 그는 지금 정치계와 종교계의 기성 인사뿐 아니라 철학자들에게도 "이곳이 너희가 서 있을 수 있는 곳이다"라고 말한다.

그가 이 본문에서 이야기하는 사랑은 물론 예수에게 닻을 내린 창조주 하나님의 사랑이다. 바울은 35절에서 우리에게 닥칠 수도 있는 험한 일들을 열거하고, 38-39절 상반절에서는 우리를 대적하는 세력들을 열거한다. 그것들은 대다수 사람의 확신을 충분히 흔들어 놓을 것이다. 그러나 복음 자체, 곧 예수가 십자가에 달리셨다가 부활하셨고 승천하여 우리를 위해 중보하신다는 것을 전하는 메시지는 그 모든 것에도 불구하고 우리가 흔들리지 않게 잡아 준다. 우리 주 메시아 예수 안에서 나타난 하나님의 사랑이 우리를 붙잡아 준다.

그것은 로마서의 이 마지막 다섯 절을 분명하게 분석한 첫 결과를 제시한다. 이 절들은 하나님의 사랑으로 시작하여 하나님의 사랑으로 끝난다. "누가 우리를 메시아의 사랑에서 떼어놓으랴?" 바

---

1 내가 쓴 *HE*, 특히 3, 6, 8장을 보라. 《역사와 종말론》(IVP).

울은 35절에서 던진 이 질문에 39절에서 확장한 말로 대답한다. 온 피조 세계 안에 있는 어떤 것도 우리를 우리 주 메시아 예수 안에서 나타난 하나님의 사랑에서 떼어놓지 못한다.

바울은 31-34절에서도 그랬지만 여기에서도, 문단의 처음부터 끝까지 우리가 8장 앞부분에서 보았던 것 같은 꼼꼼하게 형식을 갖춘 논증을 펼치지 않고, 무언가를 열거한 목록이라는 수사 도구를 활용한다. 35절에서는 닥칠 수 있거나 실제로 닥친 일곱 가지 위협을 제시하고, 38-39절 상반절에서는 더 큰 열 가지 세력을 제시한다. 그는 36절에서 시편 44편을 인용함으로써 첫 번째 목록을 성경이 예상하는 지도 위에 배치한 뒤, "우리를 사랑하신 이"(37절) 덕택에 우리가 그것들에게 승리를 거둘 뿐 아니라 훨씬 더 큰 승리를 거둘 수 있다고 주장한다. 38절은 이것을 이 본문에서 유일하게 등장하는 *gar*('이는…때문이다')를 사용하여 바울의 확신을 통해 설명한다. 바울은 메시아 안에서 나타난 하나님의 사랑을 든든한 기초로 삼아, 땅이나 하늘에 있는 어떤 세력도 우리를 그 하나님의 사랑에서 떼어놓을 수 없다고 확신한다. 따라서 이 본문은 분명한 한 덩어리를 형성하면서, 로마서 5:1-5에 있는 단락 전체의 도입부를 한 번 더 되돌아본다. 우리는 각 장에서 주해와 관련하여 으레 세 가지 질문을 제시했는데, 그 중 두 가지는(각 본문의 처음과 끝, 그리고 그 구절들을 이어 주는 연결어를 묻는 질문) 방금 말한 내용으로 수월하게 답한 셈이다.

우리가 으레 던지는 세 번째 질문은 바울의 청중이 이 메시지를 받았을 때 속해 있던 더 넓은 세계가 어떤 세계인지 묻는 것인데,

이 질문 역시 상당히 명쾌하다. 확신이라는 문제는 로마에 있던 바울의 청중에게 대단히 중요했다. 물론 그것은 오늘날 예수를 따르는 많은 이에게도 대단히 중요한 문제다. 여기서 바울이 제시하는 질문은 단순히 하나님이 그 백성이 죽은 뒤에도 그들을 보살펴 주시는가가 아니다. 물론 하나님은 보살펴 주실 것이다. 그는 이미 그점을 인정하셨다. 아울러 바울이 지금 던지는 질문은, 그저 우리가 좋지 않은 일이 일어날 때도 예수를 믿고 의지할 수 있는가가 아니다. 물론 그 질문 역시 과거나 지금이나 중요하지만 그래도 바울의 질문은 그게 아니다. 바울이 던지는 질문에는 더 미묘한 문제가 들어 있었다. 즉, 오늘날도 그렇지만 바울이 살아가던 문화 속의 사람들도 하나님의 백성에게 일어나는 나쁜 일을 하나님이 그들에게 노하셨음을 보여 주는 징표로, 그들이 뭔가 잘못했음을 보여 주는 징표로 해석했을 수 있다. 우리 시대에도 많은 사람이 그렇게 생각하지만, 욥을 위로하던 이들도, 그리고 바울 시대에 살았던 많은 사람도, 하나님의 뜻대로 사는 사람에게는 어떤 문제도 일어나지 않으리라고 생각했다. 이 때문에 과거나 지금이나 누가 봐도 재앙이요 문제인 일이 닥치면, 그것은 필시 그에 관련된 사람들이, 아니면 사람들의 모든 움직임이 분명 제 궤도를 벗어났음을 의미한다고 생각한다.

서구 세계는 근래 몇 년 사이에 이 질문을 생생하게 목격했다. 코로나 바이러스의 대유행으로 많은 사람이 새로운 시각에서 이 질문을 제시했다. 물론 이런 도전은 질병에 걸린 인간이 있는 한, 늘 이런저런 형태로 존재했었지만, 이번에는 달랐다. 이제 새로운 지정학 상황도, 그 초점이 러시아와 동유럽에 있든 아니면 중국과 그 이웃들에게 있든, 그 질문을 다시 불러일으켰다. 상당히 근래까지만 해도, 서구의 정치가와 사상가는 이 세계가 제법 잘 돌아가고 있으며, 자유민주주의가 분명 온 세상이 믿는다고 고백하는 신조가 되었기에 어쨌든 세상 일이 순조롭게 이루어지고 있다고 생각했다. (물론, 북한과 대만 그리고 유럽에서 멀리 떨어져 있는 다른 몇 곳은 말할 것도 없고, 아프가니스탄, 예멘, 수단, 시리아의 상황은 아주 좋지 않다. 그러나 서구의 오만함은 이런 심각한 상황이 별로 중요하지 않다며 가벼이 여겼다.) 그렇다면 우리는 이렇게 혼란스러운 세계를 어떻게 봐야 할까?

바울이 살았던 세계의 진지한 사상가들도 틀림없이 비슷한 질문을 던졌을 것이다. 전쟁과 전쟁의 소문이 이어졌다. 율리우스 카이사르가 암살당한 그 세기에 완전히 새로운 로마제국이 난공불락이요 자애롭기까지 한 모습으로 온 세상에 '구원'과 평화와 번영을 가져다주는 존재로서 등장했다. 그러나 대다수 사람은 그런 수사에 우롱당하지 않았다. 유대 세계는 염려할 이유가 있었는데, 가이우스 칼리굴라 황제(12-41년, 재위 37-41년)가 거대한 자기 입상立像을 예루살렘 성전에 세울 뻔했던 일이 있은 뒤에는 특히 그 염려가 더 커졌다. 비슷한 일들이 그 전에도 일어났었다. 암울하게도 반反유대인 폭동이 도처에서 일어났다. 이는 특히 유대인이 로마에게서 각 지역에서 보통 시행하던 제의에 참여하지 않아도 된다는 허락을 얻었던 것이 그 원인이었다. 이를 보면서, 유대인은 그들이 속한 공동체

9장
로마서 8:34-39

에 충성하지 않는다고 의심하는 이가 많았으며, 화재나 홍수나 패전처럼 나쁜 일이 일어났을 때 유대인 때문이라고 비난하는 이도 많았다. 마찬가지로, 바벨론 포로기가 시작될 때부터 마침내 하늘이 하나님의 백성의 정당성을 확인해 줄 때까지 490년 세월에 관하여 다니엘이 한 예언을 잘 알고 있던 많은 유대인은, 설령 사정이 아주 안 좋아지거나 위험해질지라도, 하나님이 단번에 개입하셔서 행동에 나서실 것이라고 기대했다. 이 모든 이유로, 여러 위험과 적대 세력을 열거한 목록은 바울의 청중에게 실제로 현존하는 위협을 보여 주었을 것이다.

이렇게 더 크게 우려할 일들이 존재하는 가운데, 우리가 더 넓은 세계에서 볼 수 있는 혼란이 우리 자신이 속한 공동체와 우리 개인의 삶에서 그대로 되비치거나 실제로 나타나는 것처럼 보일 때 무슨 일이 일어나는가? 바울도 그런 도전에 직면했다. 고린도의 일부 사람들이 그의 별난 생활 방식, 그중에서도 특히 그가 견뎌 낸 많은 핍박과 위험을 마뜩치 않은 눈으로 쳐다보면서, 하나님이 진짜 사도에게도 이런 일이 일어나게 하실까 하는 의문을 제기할 때가 그때였다. 고린도후서는 영광스러우면서도 아이러니한 반박을 제시한다. 바울은 자신이 매를 맞고 옥에 갇히며 난파를 당한 일 같은 것들이, 사실은 그가 진정한 사도임을 정의해 주는 표지라고 강조했다. 로마서는 고린도후서를 쓰고 얼마 지나지 않아 쓴 서신이다. 바울은 로마의 취약한 그리스도인 그룹에 속한 일부 지체들이 비슷한 고난을 겪었을지도 모른다는 것을 잘 알았을 것이다. 그런 그리스

로마서의
심장 속으로

도인 가운데는 어쩌면 클라우디우스 황제 때 추방되었다가 네로 황제 때 돌아온 유대인 그리스도인들도 있었을 것이다. 그 사이, 그 유대인이 로마를 떠나고 난 뒤에 정착한 이방인 그리스도인을 포함한 다른 그리스도인들은 그들 스스로 '욥을 위로하러 왔던 이들'이 되어 문제의 유대인 그리스도인들을 분명 하나님이 기뻐하시지 않는 이들로 여겼을지도 모른다. (이것이 분명 바울이 11장에서 다루고 있고 이어 14장과 15장에서 다시 다루는 상황의 일부다.)

따라서 나는 바울이 이 본문에서 단순히 '최종 구원에 관한 보증'—메시아 예수 안에서 나타난 하나님의 사랑이 우리를 강력하게 붙잡고 있음은 죽음 자체도 결코 끊지 못한다는 좋은 소식—만 이야기하는 것은 아니지 않나 하는 생각이 든다. 바울은 동시에 마지막 보증 바로 앞의penultimate 보증이라는 이슈도 다루고 있다. 이 이슈 역시 칭의론의 일부다. 이는 모든 그리스도인 그룹과 개인이 다른 모든 그룹과 개인에게 주어야 하는 보증이다. 우리는 다른 이의 불행과 슬픔을, 하나님이 그를 불쾌하게 여기심을 보여 주는 표지나 우리 자신이 그들보다 우월한 덕목이나 영성을 가지고 있음을 보여 주는 표지가 아니라, 오히려 '메시아와 관련된 재앙'에 동참하라는 부름의 일부로 봐야 한다. 26절과 27절이 말하듯이, 영은 이런 재앙 가운데서 아파하고 당혹해하는 마음을 품고 아버지께 호소한다.

물론 내가 앞서 말했듯이, 이것은 그리스도인 공동체와 개인이 이제는 잘못을 저지르고 올바른 궤도에서 벗어나는 일이 있을 수 없음을 의미하지 않는다. 슬프지만, 우리는 여전히 죄에 빠질 수 있고, 어리석은 결정을 할 수 있으며, 이단을 받아들일 수도 있다. 때로는 그것이 모든 이가 알아볼 수 있는 재앙을 만들어 내지만, 사실은 더 편하게 살아가는 삶을 만들어 낼 때가 더 자주 있다. 세상에 취한 교회는 교회가 속한 더 큰 공동체 안에서 더 이상 도전을 던지지 못한다. 세상과 타협한 그리스도인은 당연히 소명이라는 가파른 사다리에서 내려와 더 편하고 쉽게 올라갈 길에 정착할지도 모른다. 그러나 그렇게 세상의 사고방식 속으로 미끄러져 들어가기를 거부한 이들은 당연히 이런저런 어려움에 부닥칠 수도 있다.

바울은 이 점을 시편 44편에서 인용한 말로 36절에 단단히 박아 놓았다. 시편 44편은 시편의 위대한 불평시 가운데 하나로서, 거푸 슬픔을 토해 낸 시편 42편과 43편을 열심히 따라간다. 시인은 시편 44편에서 하나님의 위대한 약속들을 송축하지만, 그 약속들이 이루어지지 않았음에 불만을 토로한다. 사실 고난 받는 하나님의 백성이 언약에 신실하지 않은 것도 아닌데, 모든 것이 잘못되었다. 하나님의 백성은 우상에게 예배하지 않았다. 그들은 신실했다. 그런데도 이 모든 일이 그들에게 닥쳤다. 이 때문에 그 시인은 이 모든 것이 '당신 때문에' 일어나고 있다고 극적인 결론을 짓는다. 그것은 "주님 때문입니다"(44:22, 새번역). 그는 잠시라도 하나님에게 책임이 있을 수 없다고 생각하지 않는다. 그는 겉으로 드러난 것보다 이상하고 어두우며 심오한 일들이 틀림없이 존재한다고 인식한다.

바울은 이미 로마서 8:27에서 시편 44편을 암시했다. 거기서 그는 시편 44:21이 강조하는 말, 곧 하나님이 '마음의 비밀을 아시[기

로마서의
심장 속으로

에]' 그의 백성이 계속하여 충성할 것도 잘 아신다는 말을 되울려 준다. 바울은 그 앞선 본문에서 하나님을, 마음을 살펴보시는 분이라고 이야기했다. 이 하나님은, 그의 백성이 그들의 기도가 그들 자신의 고통과 온 세상의 고통 속에서 말할 수 없는 탄식으로 이루어져 있음을 발견할 때 영이 어떤 생각을 하는지 아시는 분이다. 따라서 로마서 8:17-27을 이미 (우리가 본 그대로) 제시한 바울은 이제 그 시편의 다음 절을 인용하여, 하나님의 백성이 겪는 혹독한 어려움이 어쨌든 '하나님을 위한 것'이라는 믿음을 가리킨다. 17-30절에서 내내 보았듯이, 바울이 강조하고자 하는 점은 이런 혹독한 어려움에 직면한 이들이 결국 메시아가 현재 우리를 구속하시며 겪는 고난에 동참하고 있다는 것 같다. 이것이 우리가 곧 다시 살펴볼 점이다.

여기서 우리는 바울이 그저 "모든 것이 잘 되고 있으며, 실제로 다른 어떤 문제도 없다"고 말하고 있는 것처럼 여기면서 이 영광스럽고 수사로 가득한 문단이 우리를 엄습하게 해서는 안 된다. 물론 어떤 의미에서 보면 바울은 지금 그렇게 말하고 있다. 그러나 바울이 지금 이런 말을 하고 있는 곳은, (재차 강조하는 말이지만) 불행과 재앙을 언제나 신이 탐탁지 않게 여김을 보여 주는 징표로 받아들이곤 했던 세계다. 따라서 바울이 지금 하는 말은 그것이 아니라 이것이다. 그것은 우리의 소명 가운데 일부라는 것이다. 그것은 그저 우리가 우리 자신의 구원에 이르고자 통과해야 할 것이 아니다. 바울이 이미 18-30절에서 천명하듯이, 우리는 영 안에서 세상의 고통을 담당하고, 하나님의 영이 바로 거기서 탄식할 수 있도록 거기 서 있어야 할 소명을 받았다. 다시 말해, 이것은 우리가 이 세상 속에서 그리고 이 세상을 위해 펼치는 구원 사역의 일부다. 바울은 말하자면, 예수가 당하신 십자가형이라는 유일무이한 사실을, 26절과 27절이 말하는 것처럼 고난을 겪는 이 세상의 중심에 서서 기도하는 예수의 백성이 현재 당하는 고난에 적용하고 있다. 바울은 골로새서 1:24에서 그랬던 것처럼 여기에서도, 고난을 겪는 하나님의 백성이 메시아와 관련된 재앙을 함께 받음으로써, 예수에게 승리를 안겨 준 그의 죽음을 이 세상에 적용하는 방편이 된다고 암시한다. 그것은 단지 고난과 역경을, 결국 새 피조 세계 안에서 일어나는 부활로 극복할 수 있으며 극복하게 되리라는 것만을 말하는 게 아니다. 바울이 강조하는 요점은, 우리가 우리 안에서 탄식하는 영과 함께, 온 세상을 향한 하나님의 구원 계획에 동참하도록 부름 받았다는 것이다.

여기서 이 본문이 어떻게 흘러가는지 되새겨 보자. 앞 장에서 말했듯이, 마지막 다섯 절은 무언가를 시사하는 연결어를 많이 가지고 있지 않다. 37절 첫머리에 나오는 *alla*는, 35절이 암시할 법한 것과 반대로, 이런 역경들이 단순히 우리가 통과해야 할 불쾌한 것에 그치지 않고, 사실은 우리가 상상할 수 있는 것보다 큰 승리가 들어설 자리라는 것을 시사한다. 이는 마치 메시아의 십자가가 그냥 용감하게 감당해야 할 끔찍한 사건에 그치지 않고, 사실은 그가 왕으로서 모든 세력에 거둔 승리를 의미함과 같다. 그렇다. 36절이

로마서의
심장 속으로

말하듯이, 이곳은 심히 불쾌한 곳이다. 그러나*alla* 우리는 이 모든 일에서 정복자보다 우월한 이들이다. 이어 38절 첫머리의 *gar*는 우리를 대적하던 모든 것이 격파 당할 뿐 아니라 완전히 씻겨 나갈 더 큰 승리를 설명해 준다. 37절이 말하는 어마어마한 승리는 우리의 상식에 어긋나는 것처럼 보인다. 그러나 그 승리는 결코 끊을 수 없는 하나님 바로 그분의 사랑, 바울 자신이 철저히 확신했던 그 사랑에 기초한다.

따라서 우리가 본 그대로 사랑이 이 다섯 절의 틀이다. 이 다섯 절은 35절에서 시작하는데, 35절은 '메시아의 사랑'을 강조한다. 그리고 '우리 주 메시아 예수 안에서 나타난 하나님의 사랑'을 말하는 39절에서 끝난다. 37절은 35-36절과 38-39절 사이에서 중간 지점을 알려 주는 일종의 표지판을 이루며, '우리를 사랑하신 이를 통해'라는 말로 35절을 되짚어 가리키는 것 같다. 아울러 이 서신의 주요 부분인 5-8장은, 이 다섯 절을 통해 처음 시작했던 곳으로 되돌아간다. 로마서 5:6-11은 하나님의 사랑이 예수의 죽음에서 행동으로 나타난다고 말하면서, 영이 하나님의 사랑을 우리 마음에 붓는다고 말하는 5:1-5과 결합한다. 그 사랑은 우리가 고난을 겪을 때 인내를 만들어 내며, 이 인내는 다시 실망하지 않는 소망을 만들어 낸다. 이것이 결국 바울이 지금 자신이 걸어온 길을 되돌아보며 만들어 낸 위대한 말이다.

이리하여 바울은 여기서 주목할 만한(그러나 그야말로 바울다운!) 목록을 두 가지 제시하는데, 이는 높은 차원에 이른 바울의 수사 일부를 보여 준다. 바울은 35절에서 편지를 받는 이들에게 일어날 법한 좋지 않은 일을 일곱 가지 열거한다. 이어 38절과 39절에서 그들을 엄습할 수 있는 권력 구조를 적어도 열 가지 열거한다. 이 '일곱 더하기 열'은, 고대의 수사가 따랐던 가정을 고려해 볼 때 일종의 완전함을 암시한다. 이 역경과 위협은 이 세상과 육과 마귀가 그들에게 던질 법한 모든 것을 대표한다.

사실 31-39절은 성경 전체, 인간의 모든 경험, 우리를 대적하는 온 세상, 그리고 승리를 안겨 주는 복음 전체를 한데 모으고 있다. 여기서 강조하는 핵심은 이 가운데 어느 것도, 35절이 말하는 어떤 사건도, 38절과 39절이 말하는 어떤 세력과 힘도, '우리를' 메시아 형체로 나타난 하나님의 사랑에서 떼어놓지 못한다는 것이다. 다시 말하지만, 여기서 말하는 '우리'는 '메시아 안에 있는' 이들이요, 영이 그들 마음속에서 그들이 하나님의 자녀임을 증언하는 사람들이며, 역시 영이 그들 마음속에서 세상의 컴컴한 심연에 갇힌 채 아파하는 하나님의 자녀들의 고통을 부여안고 탄식하는 사람들을 말한다. 바울은 드디어 5:6-10 이후 처음으로 이것이 사랑의 모든 것임을 분명하게 밝힌다.

나는 우리가 이것이 무엇을 의미하는지 충분히 생각하지 않고 있다는 의심을 해 본다. '사람들이 보통 말하는' 복음을 늘 설교하거나 그런 복음을 듣는 이들은 '하나님이 세상을 아주 사랑하셨다'는 것을 잘 알고 있다. 우리는 이것을 당연하게 받아들일 뿐 아니라, 그 '사랑'을 자애 같은 일반적인 의미로 축소해 버릴 위험이 늘 존재한다. 그런 생각을 좀 흔들어 놓을 필요가 있다. 그렇게 하는 방법 가운데 하나는 이 시대 서구 기독교의 레이더에는 보통 잡히지 않는 두 가지를 살펴보는 것이다.

첫째, 바울 시대에 살았던 많은 사람은 로마라는 도시가 비밀스러운 이름을 가지고 있다고 믿었다. 누구도 그 이름을 입 밖에 내지 말아야 했다. 그 비밀이 드러나기라도 하는 날에는 로마가 적대 세력의 공격에 노출될 수도 있었다. 그것은 뭔가 '해리 포터'에서 나오는 이야기처럼 들린다. 그러나 사실 해리 포터의 상당 부분, 특히 거기 나오는 주문들은 고전 세계에 뿌리를 두고 있다. 많은 이가 로마에게는 어떤 비밀스러운 이름이 있다고 생각했을 뿐 아니라 문제의 그 이름이 사실은 '로마'를 거꾸로 적은 것이라고 믿었다는 그럴듯한 증거가 있다. 로마는 라틴어로 *Roma*다. 이를 거꾸로 적으면, *Amor*가 된다. *Amor*는 라틴어로 '사랑'을 의미한다.

알다시피, 로마 사람들은 자신들이, 베르길리우스의 서사시 〈아이네이스〉에서 말하는 것처럼 트로이에서 탈출한 아이네이아스 Aeneas의 후손이라고 믿었다(그들 스스로 그렇게 말하곤 했다. 그러나 실제로 얼마나 많은 이가 그렇게 믿었는지는 알기 어렵다). 아이네이아스는 사랑의 여신인 베누스의 아들이라는 말이 있었다. 따라서 바울은 이제 그의 신학 수사의 정점에 이르러 라틴어와 그리스어에 모두 능통한 사람들에게 서신을 써 보내면서, 그리스어로 *agapē*, 라틴어로 *Amor*인 사랑을 로마라는 이교 도시의 비밀 이름이 아니라 창조주 하나님에 관한 지극히 깊은 진리로서 되찾고 싶어 했을 수 있다. 바울이 이 서신을 시작할 때 그 체제를 뒤집어엎다시피 하며 시작했던 것을 기억하라. 그는 하나님의 복음, 곧 '좋은 소식'에 관하여 이야기했다. 그런데 당시 '좋은 소식'은, 신이요 주*kyrios*인 율리우스 카이사르의 아들로 숭앙받던 카이사르 아우구스투스가 이룬 업적과 연계하여 쓰던 말이었다. 그러나 바울이 전한 좋은 소식은 진짜다. 이 소식은 진짜 '하나님의 아들'이신 예수를 통해 왔다. 예수는 그의 부활을 통해 하나님의 아들이요 온 세상의 주로서 인정받았다. 당시 로마제국의 수사는, 카이사르가 '구조'와 '구원'과 '정의'와 '평화'를 제공한다고 늘 이야기했다. 반면, 바울은 예수의 복음에서 하나님의 진짜 정의가 나타났으며, 그것이 진정한 구원을 가져오고 진정한 평화를 만들어 낸다고 선언한다. 하나도 그르지 않은 말이다. 바울은 로마서 전반부의 절정인 이곳에서 최고의 실체를 향해 나아간다. 그 실체는 로마도 아니요, 라틴어 *Amor*도 아니다. 그것은 그 누구도 정복할 수 없고 그 누구도 부술 수 없는 유일하신 참 하나님의 사랑이다.

바울 시대 통치자들과 권위자들이 그들이 쓸 수 있는 모든 방법을 동원하여 반격한 것은 전혀 놀라운 일이 아니다. 그것이 바로 이 마지막 본문이 나오게 된 맥락이다.

따라서 바울이 '사랑'을 강조한 것과 관련하여 우리가 맨 처음 검토해야 할 것은, 그것이 로마가 주창한 이데올로기와 정면으로 충돌한다는 점이다. 그러나 둘째로 고려해야 할 것은, 바울이 35절과 37절에서 메시아의 사랑, 곧 여러 역본이 보통 '그리스도의 사랑'으

로마서의
심장 속으로

로 번역해 놓은 그 사랑을 이야기한다는 점이다. 이 말은 놀라울 정도로 드물게 등장한다. 바울은 고린도후서 5장에서 이렇게 말한다. "메시아의 사랑이 우리에게 아무런 선택의 여지를 남겨 놓지 않았으니, 이는 한 사람이 모든 이를 위해 죽었으면 모든 이가 죽은 것이기 때문이다." 그는 또 갈라디아서 2장에서 하나님의 아들이 "나를 사랑하사 나를 위해 자신을 내어주셨다"고 말한다. 아울러 에베소서 3장에서는 메시아의 사랑을 아는 것이 어떤 지식보다 뛰어나다고 말한다. 에베소서 5:2에서는 자신을 내어주는 메시아의 사랑을 공동체 안에서 행해야 할 사랑의 본보기로 제시하고, 5:25에서는 더 자세히 이 사랑을 아내를 위한 남편의 사랑으로 이야기한다. (하나 더 언급할 것이 있다. 바울은 데살로니가후서 2:13에서 그 교회를 '주께서 사랑하시는 형제들'이라 이야기한다.) 이게 끝이다. 그러나 바울은 아버지 하나님의 사랑, 아들을 보내 죽게 하신 사랑은 상당히 더 흔하게 언급한다. 또 은혜를 이야기할 때, 메시아의 은혜를 이야기하지 않고 '주 예수의 은혜'를 이야기한다. 그렇다면 바울은 왜 여기서 메시아의 사랑에 관하여 이야기한 다음, 그것을 마지막 문장에서는 하나님의 사랑과 결합해 놓았을까?('메시아 예수 안에서 나타난 하나님의 사랑')

메시아의 사랑이라는 특별한 개념은 바울이 보았던 성경에서 비롯되지도 않았으며, 우리가 아는 후대 유대교 문서에서 비롯되지도 않았다. 우리는 창세기에서 말라기까지 샅샅이 찾아볼 수 있으며, 쿰란 문서나 솔로몬의 시편 같은 신구약 중간기 문서도 찾아볼 수 있다. 그러면 메시아 그리고 메시아가 와서 행할 일에 관하여 많은

9장
로마서 8:34-39

것을 발견할 것이다. 그는 이교도를 물리치고, 성전을 지으며, 정의롭고 지혜로우며 평화로운 통치를 확립하고, 다른 여러 일을 해야 할 임무를 가지고 있다. 그러나 시편이나 이사야서나 다른 어떤 문서든 모조리 살펴봐도, 메시아가 등장하면 사랑으로 행하리라고 일러주는 말이 전혀 없다.

가장 비슷한 말을 일러 주는 곳이 시편 72편 같은 본문이 아닌가 싶다. 이 본문은 '사랑'을 언급하지는 않지만, 그래도 오시는 왕이 가난한 이와 궁핍한 이를 위해 정의를 행할 것이라고 말한다. 이사야서에 나오는 종은 잔인하게 죽겠지만, 그 죽음으로 구속을 가져다 줄 것이다. 그러나 예언자 이사야는 그 종이 사랑으로 행하리라고 말하지 않는다. 다니엘도 인자가 높이 올림을 받아 옛적부터 계신 이 옆에 앉을 때, 괴물들을 다스리고 죽음을 몰고 오는 그들의 체제를 파멸시키겠지만, 결코 이것이 그의 사랑에서 나온 결과라고 말하지 않는다. 그런데 오늘 우리가 보는 본문의 핵심에는 메시아의 사랑이 자리하고 있으며, 따라서 그 사랑은 로마서가 지금까지 펼쳐 온 수사의 정점에 있다. 그렇다면 이런 개념은 어디에서 왔는가?

가장 주목할 만한 답은 틀림없이 이스라엘의 하나님이요 창조주이신 야훼 바로 그분의 사랑이라는 성경의 위대한 주제일 것이다. 메시아의 사랑을 그렇게 성경의 풍성한 맥락 속에 놓고 살펴보면, 그 사랑은 분명 (5:6-11에서 말하는 것처럼) 메시아 자신이 이스라엘의 하나님을 체현한 분임을 나타낸다. 야훼는 그의 백성을 사랑하시고, 메시아는 인간의 살과 피를 입고 그 사랑을 옷처럼 입으신다. 자기

로마서의
심장 속으로

백성을 향한 야훼의 사랑이라는 이 주제는 구약성경의 많은 부분에 스며 있다. 신명기를 생각해 보라. 신명기는 야훼가 이스라엘을 부르시고 보호하시며 노예살이에서 구해 내신 이유가, 이스라엘이 다른 민족보다 크거나 인구가 많거나 강하기 때문이 아니라 그저 하나님이 이스라엘을 사랑하시기 때문이라고 말한다. 이어 우리는 특히 호세아서에서, 뒤이어 (우리가 추측했을 법한 대로!) 이사야 40-55장에서, 이스라엘의 심판과 구조라는 주제와 함께 그 주제를 발견한다. 바로 그곳에서 하나님의 강력한 사랑이 이스라엘을 바벨론에서 구해 낸다. 이어 시편의 위대한 몇몇 시는 이 주제를 여러 각도에서 되풀이해서 드러낸다. 이 시들은 하나님의 *hesed*(한 마디로 정의하기 어렵지만, 자애, 자비, 너그러움의 의미를 함축하고 있다—옮긴이), 그의 신실하고 견고한 사랑이 영원히 이어지리라고 말한다. 신명기, 이사야, 시편에서 하나님의 사랑에 관하여 이야기함은, 곧 언약에 관하여 이야기하는 것이다. 자기 백성을 향한 하나님의 성실하심은 그 무엇도 깰 수 없으며, 하나님은 그런 언약을 메시아를 통해 갱신하신다.

그런데 일부 독자도 알 법하지만, 학자들은 때로 근대의 범주를 거꾸로 바울에게 투사했다. 독일 철학자 헤겔 이후로 유럽의 사상은, 이 세계가 끊임없는 진화를 통해 계속 앞으로 나아간다고 생각하는 이들과, 그런 순조로운 내러티브 속으로 뚫고 들어온 갑작스러운 혁명들로 말미암아 여러 중요한 사건이 일어났다고 생각하는 이들로 나뉘었다. 사람들은 19세기의 반대 명제를 시대를 거슬러 투사하면서—사실 우스꽝스러운 생각이지만, 실제로 이런 일이 일

345   9장
로마서 8:34-39

어났다―지난 세대 무렵 바울의 신학은 '언약적covenantal'인 동시에 '묵시적apocalyptic'일 수는 없다고 선언하며, 어처구니없게도 '언약적'이라는 말을 '진화적evolutionary'이라는 의미로, '묵시적'이라는 말을 '혁명적'이라는 의미로 다루었다. 이런 근대의 범주들은 이제 학자들이 바울을 분석할 때 사용해 온 다른 범주들, 예를 들어 '법정에 속한'이라는 의미를 지닌 '법정적forensic' 같은 범주들에 합해졌다.[2] 그러나 우리는 로마서 8장과 다른 많은 곳에서 이제는 메시아에 초점을 맞춘 하나님과 이스라엘의 언약을 발견하며, 그와 동시에 메시아가 가져온 새 출애굽 안에서 자기 백성을 구해 내시는 하나님의 강력한 사랑이 갑자기 뚫고 들어옴을 발견한다. 어쨌든 최초의 출애굽 자체도, 여러 세대에 걸친 노예 생활 뒤에 뚫고 들어온 새로운 사건이었지만, 그 출애굽이 일어난 것은 하나님이 아브라함, 이삭, 야곱과 맺은 언약을 기억하셨기 때문이다(출 2:23-25). 19세기 철학은 '묵시적'이라는 말과 '언약에 신실함covenant faithfulness'이라는 말을 따로 떼어놓았지만, 고대 이스라엘과 유대 사상에서는 이 둘이 단단하게 결합해 있었다. 바울의 세계에서 이 모든 것을 말하는 방법 가운데 하나는, 그가 로마서 1:15-17에서 말하는 것처럼, 하나님의 정의가 온 세상에 드러났다고 말하는 것이다(드러냄은 그리스어로 *apokalypsis*다). 이 때문에 나는 때로 바울이 사용하는 핵심 용어 *dikaiosynē*를, 상당히 근래의 신학에서도 오해받

---

2 이 모든 것에 관하여 알아보려면, 내가 쓴 *PRI*, 3, 4, 6, 7, 8장을 보라.

아 온 역사를 가지고 있는 '의righteousness'로 번역하지 않고, '언약의 정의covenant justice'로 번역했다. 이 말은 '언약적'이라는 범주와 '법정적'이라는 범주를 하나로 묶어, 보통 70인역의 *dikaiosynē* 용법을 지지하는 히브리어 *tsedaqah*와 긴밀하게 연결된다. 앞서 말했듯이, 우리는 우리가 따르는 근대의 범주들을 잊어버려야 한다. 이런 근대의 범주들은 언제나 계몽주의가 등장한 뒤의 이런저런 철학들을 반영하기 때문이다. 아울러 16세기의 질문에 19세기의 대답을 제시하는 것도 그만두어야 하며, 1세기의 질문에 21세기의 대답을 제시하기를 시작해야 한다. 우리는 1세기에 살았던 유대인처럼, 성경에 푹 잠겨 있고 메시아에게 초점을 맞추었던 유대인처럼 생각하는 법을 배워야 한다. 어떤 이들에게는 놀라운 일이겠지만, 그것이 우리가 우리 자신이 살아가고 있는 새 세계를 이해하고 이 세계를 상대로 이야기를 건넬 수 있는 견고한 기초다.

그렇다면 바울이 지금 아주 열심히 이야기하는 이 '사랑'은 정확히 무엇인가? 사람들은 *agapē*라는 말이 '기독교'가 이야기하는 특별한 종류의 사랑을 가리킨다고 말하곤 했다. 그렇지 않다. 70인역은 이 말을, 이스라엘을 향한 하나님의 사랑부터 파멸을 몰고 왔던, 다말을 향한 암논의 정욕[3]에 이르기까지 모든 것을 가리키는 말로 사용한다. 그렇다면 왜 초기 그리스도인은 특히 ('자비', '사랑이 담긴 친절함', '관용' 등을 의미하는) 히브리어 *hesed*를 (언어 현상 정도로 받아들이

---

3   삼하 13:1, 4, 15.

는 차원을 넘어) 하나의 주제로 골라 쓰면서, *agapē*에 초점을 맞추었을까? 그들 특히 요한과 바울은, 하나님이 값없이 베풀어 주시는 사랑, 하나님이 언약에 신실하심, 이 세상을 위해 언약의 목적을 관철하시겠다는 하나님의 결단이라는 성경의 주제를 일러 주려고 그 말을 사용한다. 그리고 그런 언약의 목적이 예수 안에서 이루어졌다는 그들의 강한 인식을 나타내는 데 그 말을 사용한다.

그러나 되풀이하는 말이지만, 성경과 유대 사상은 결코 이것을 메시아 그리고 메시아가 담당하리라 예상했던 임무와 연계하지 않는다. 그나마 그와 가장 비슷한 사례가 이사야 40-55장이 아닐까 싶다. 이 이사야 본문을 보면, 예언자가 자기 백성을 구하시는 야훼의 강력한 사랑을 이야기한 뒤, 그 사랑과 나란히 '야훼의 팔'을 이야기한다. 그런데 이사야 53장은 이 '야훼의 팔'을 종the Servant과 동일시하는 것 같다. 그래도 이는 여전히 모호하며 명백하지 않다. 그러나 우리는 그 종의 고난이 하나님의 행동하시는 사랑을 드러내었다고, 그것도 일찍이 선례가 없어서 그야말로 충격을 안겨 준 방식으로 드러내었다고 제시해 볼 수 있겠다.

하지만 바울이 왜 특히 메시아의 사랑에 관하여 이야기하는가라는 질문에 관하여 하나로 수렴되는 세 가지 대답이 더 있다.

첫째, 초기 기독교 사상은 십자가에 달려 돌아가신 예수의 부활을 곱씹으면서 시작되었다. 첫 예수 따르미들은 예수의 부활을 사람들이 오랫동안 기다려 온 새 출애굽과 새 창조의 시작으로, 아주 명명백백하고 그 누구도 부인할 수 없는 시작으로 보았다. 이 때문

로마서의
심장 속으로

에 그들은 십자가와 부활이라는 이 사건 전체를 하나님이 오랫동안 약속해 오신 사랑이 행동으로 나타난 것으로 해석할 수밖에 없었다. 이것이 새 출애굽이라면, 그것은 틀림없이 창조주이신 이스라엘의 하나님이 마침내 그가 오래 전부터 약속하셨던 자비를 기억하셨기 때문일 것이다. 아니면 이렇게도 말할 수 있을 것 같다. 즉 만일 하나님의 새 창조가 시작되었다면, 죄가 틀림없이 격파된 것이며, 따라서 자기 백성을 구하시는 하나님의 사랑이 마침내 이런 모양으로 나타난 것이다. 바울이 고린도후서 5장에서 선언하듯이, 하나님은 메시아 안에서 세상을 자신과 화해시키셨다. 하나님은 이렇게 화해시키는 사랑으로 행하겠다고 약속하셨으며, 실제로 그렇게 행하셨고, 이스라엘의 메시아 예수로서 그리고 그 예수를 통해 그렇게 행하고 계셨다. 초기 기독론의 심장부에는, 그의 자아를 향한 하나님의 계획과 하나님이 이스라엘의 메시아에 관하여 성경에서 제시하신 청사진이 하나로 수렴한다는 관념이 존재한다. 그것은 그 시대 유대인의 성경 읽기에서는 분명하게 드러나지 않지만 예수에 비춰 보면 명백히 드러난다. 따라서 메시아 자신이 십자가로 나아갔던 동기는, 신명기와 이사야서가 말하는 *hesed Adonai*, 곧 야훼 바로 그분의 사랑이 담긴 자애에 비추어 이야기할 수 있다고 보는 것이 적절할 것이며, 폭발력도 발휘할 것이다. 학자들은 때로 바울이 교회와 예수의 관계를 이야기할 때 성경이 묘사하는 이스라엘과 야훼의 관계를 모델로 삼았다고 언급했다.[4] 이는 35절에서 최고조에 이르는데, 여기서 바울은 성경이 야훼의 사랑에 관하여 제시하는 가르침을 새로이 계시된 실체인 메시아의 사랑으로 바꿔 제시한다.

우리가 던진 질문에 대한 신학적 대답은 예수의 인격과 더 관련이 있는 두 가지 대답으로도 구체화할 수 있겠다.

그렇다면 두 번째 대답은 첫 예수 따르미들이 예수의 부활과 죽기 직전의 예수에 관한 그들의 기억을 분리하지 않았다는 것이다. 복음서는 부유한 청년 관원을 사랑을 품고 바라보시는 예수, 부정한 자를 어루만져 치유하시고 그에게 소망을 주신 예수, 나사로가 묻힌 무덤을 보고 우시는 예수에 관하여, 그리고 그가 행하신 허다한 일에서 나타나는 주권자의 자애로움이라 할 만한 것에 관하여 이야기한다. 예수를 가장 가까이에서 따랐던 이들은 그가 어떤 사람인지 알았다. 부활이 곧 그의 죽음을 새 출애굽이라는 위대한 구조 행동으로 봐야 한다는 것을 드러냈을 때(예수는 이를 마지막 만찬 때 귀띔하려 했다!), 그들은 자연히 예수가 십자가에서 돌아가심 자체를 지고한 사랑을 드러낸 행동이라 이야기했다. 요한은 이렇게 말한다. "[그가] 세상에 있는 자기 사람들을 사랑하시되 끝까지 사랑하시니라"(13:1). 그렇다면 이런 기억은 예수의 죽음에 관한 그들의 해석에 색을 입혔다.

세 번째 대답은 예수 바로 그분의 인격에 관하여 교회가 현재 가

---

4 가령, C. Tilling, *Paul's Divine Christology*, 2nd edn [Grand Rapids, MI: Eerdmans, 2015 (2012)].

로마서의
심장 속으로

지고 있는 인식과 관련이 있다. 때로는 파악하기 어렵고 때로는 걱정스러울 만큼 강력하며 도전을 안겨 주었던 그 이상한 임재는 늘 사랑을 담고 있었다. 그는 교회가 그의 이야기를 들려줄 때 임재하셨다. 우리가 빵을 뗄 때 그가 약속대로 임재하며 우리는 그의 임재를 체험한다. 그들은 또 가난한 이들을 위해 사역할 때 그의 신비로운 임재를 마주했다. 이 모든 것은 그가 주권자이시면서도 자신을 내어주는 사랑을 베푸시는 벗이라는 느낌을 주었다. 예수가 십자가에 달려 돌아가시기 전에 사람들이 체험했던 예수는, 그를 가까이에서 따르며 기도하던 이들의 삶 속에서 사랑을 베풀어 주시는 주로 친근하게 알려져 있었다. 바울은 이 모든 것을 종합하여 이렇게 말한다. "하나님의 아들이 나를 사랑하사 나를 위해 자신을 내어주셨다." 이런 기억과 체험은 야훼가 자기 백성을 구해 내는 사랑을 베풀어 주시리라던 성경의 약속과 일치하며, 예수가 돌아가시고 나서 25년도 지나지 않아 메시아가 친히 자신을 내어주시는 사랑을 베풀어 주셨다는 이 놀라운 주제를 만들어 냈다.

따라서 우리는 여기서 유대 메시아 사상의 철저한 혁신을 목격한다. 나는 첫 예수 따르미들이 예수를 메시아로, 이스라엘의 하나님을 체현한 인간으로 보게 되었던 것이 그런 혁신을 설명할 수 있는 유일한 길이라고 제시한다. 신명기가 말하는 선택, 그리고 뒤이어 이사야가 말하는 구조에서 나타난 하나님의 사랑이 이스라엘의 메시아 안에서 하나가 되었다. 물론 이 본문은 위로와 확신을 주려고 쓴 것이다. 그러나 그 아래에는 혁명이라 할 바울의 성육신 신학이

351   9장
로마서 8:34-39

자리하고 있다. 그 성육신 신학을 앞서 로마서 8장이 제시한 성령론과 결합해 보면, 8장 전체는 기독교 역사의 어느 지점에서 삼위일체 사상을 가장 훌륭히 설파한 강해 가운데 하나다. 진정한 삼위일체 신학이 모두 그러하듯이, 그것은 차가운 이론의 형태가 아니라, 감사와 충성, 믿음과 소망 그리고 응답하는 사랑이라는 형태를 띤다. 그것은 찬송의 외침이요 기쁨의 노래다.

따라서 우리는 마침내 이 절들을 따라 걸으면서 이 절들이 어떻게 흘러가는지 볼 수 있다. 바울은 35절 하반절에서 물리적 위험과 위협을 열거한다. 이는 그 자신이 맞닥뜨렸고—칼의 위험 같은 경우는 장차 마주하리라 예상하는 위험이다—그의 청중 역시, 이미 맞닥뜨리지는 않았더라도 머지않아 맞닥뜨릴 법한 것들이다. 바울은 한 음절로 이루어진 그리스어 단어로서 우리가 보통 '또는'으로 번역하는 ē를 되풀이한다. 이는 바울이 열거하는 목록에 귀로 들을 수 있는 또 다른 강조음을 제공하는데, 영역 성경에서는 'or'를 반복해도 그런 강조음을 쉬이 잡아 낼 수 없다. *thlipsis ē stenochōria ē diōgmos ē limos ē gymnotēs ē kindynos ē machaira.* "고난이나 역경이나 핍박이나 기근이나 헐벗음이나 위험이나 칼." 이는 덜 날카롭게 표현해도 엄청난 목록이다.

첫 두 항목인 '고난'과 '역경'은 넓은 의미를 지닌 말이다. 고난은 물리적 고통을 가리키며, 역경은 직업이나 집을 잃어버리는 것처럼 사회와 문화 면에서 부닥치는 도전을 가리킨다. 이어 핍박이 있다. 바울은 많은 핍박을 겪었다. 그는 이제 로마에 있는 공동체에도 그런 핍박이 지척에 다가와 있음을 알았다. 다음 항목인 기근은, 바울이 살던 세계에서는 시시때때로 일어나던 일이었다. 바울이 안디옥에 있었던 40년대 중반이나 조금 뒤 그가 고린도에 서신을 써 보낼 때도 기근이 있었다. 편안하게 살아가는 서구인은 정말 먹을 것이 부족하다는 것이 무엇인지 거의 겪어 본 적이 없지만, 우리가 사는 세계에는 늘 식량 부족에 시달리는 사람이 아주 많다. 이런 식량 부족은 전쟁 같은 것이 식량의 정상 공급을 방해하여 생기기도 하고, 한두 가지 필수 작물의 농사가 실패하여 생기기도 한다. 이 목록에서 다음으로 제시하는 항목인 '헐벗음'은 아마도 배가 난파하거나 사람들 앞에서 매질을 당한 뒤에 겪은 일이 아닐까 싶다. 필시 바로 그런 이유로 이것을 '위험'과 함께 제시하지 않았나 싶다. 바울은 고린도후서 11장에서도 주목할 만한 그의 여행에서 겪은 굴욕스러운 숱한 위험을 열거한다. 여기서 '칼'로 번역한 그리스어 *machaira*는 군사 작전에서 사용하는 장검*xiphos*이라기보다 처형에 사용하는 단검을 가리킨다. 이 경우 '칼'을 마주한다는 것은 죽임 당함을 의미한다. 그것은 전장에서 싸우다가 이름 모를 이의 칼에 찔려 당하는 죽음이 아니라, 처형을 담당하는 관원의 손에 당하는 죽음을 의미한다.

그렇다면 이런 어려움들을 어떻게 해석해야 할까? 바울 시대에 살았던 많은 이는 이런 것들이 하나님 혹은 신들이 노했다는 징표라고 주저없이 말했을 것이다. 틀림없이 뭔가 지독한 잘못을 저질렀기에 그런 일을 당한다는 말이다. 사람들은 오늘날에도 가끔 그

9장
로마서 8:34-39

런 말을 하면서, 아모스서, 나아가 신명기를 인용한다. 그들은 이런 책들을 근거 삼아 지금 사람들에게 나쁜 일이 일어난다는 것은 그 사람들이 틀림없이 죄를 지었기 때문이라고 말한다. 그러나 바울은 다른 견해를 가지고 있다. 그는 36절에서 시편 44:22을 인용하면서, 이런 어려움들이 하나님의 불쾌감을 보여 주는 징표일 수 있다는 어떤 주장도 물리치며 바로잡으려 한다. 오히려 그 반대로, 시편의 시인은 이렇게 선언한다. "이 모든 일이 우리에게 임하였으나 우리가 주를 잊지 아니하며 주의 언약을 어기지 아니하였나이다." 우리는 로마서 8장의 이 단계에 이르러 시편의 저 이상한 구절을 한 번 쓰고 내버릴 증거 본문으로 다루고 싶은 유혹을 받을지도 모르지만, 여기서 이것은 분명 그런 본문이 아니다. 바울이 17절과 18절에서 일러 주듯이, 이스라엘 그리고 이제 예수를 따르는 이들은 메시아의 고난에 동참하고 있다. 그가 여기서 인용하는 구절에 나오는 *heneken sou*는 대단히 중요하다. 이는 '당신 때문에'라는 의미다. 시인은 대담하게도 우리가 '도살당할 양으로 여김을' 받는 것은 '당신 때문'이라고 말하고. 바울은 이제 그 시인의 말을 되울려 준다. 바울이 특히 이 본문을 고른 이유는, 이런 고난이 하늘이 보낸 분노의 징표가 아니라 사실은 로마서 8:18-27이 묘사했던 목적이 만들어 낸 결과임을 그 본문이 강조하기 때문이다.

더욱이, 이 구절은 70인역 이사야서가 제시하는 종의 역경과 아주 흡사하다. 여기서 인용한 시편 44:22은 우리가 *bōs probata sphagēs*로, 곧 '도살당할 양'으로 여김을 받았다고 말한다. 이사야

로마서의
심장 속으로

서로 건너가 이사야 53:7을 살펴보면, 그 종이 어린 양처럼 도살장으로 끌려갔다는 *hos probaton epi sphagēn* 말을 볼 수 있다. 따라서 바울이 언급하는 고난은 메시아가 겪는 고초로 볼 수 있다. 그 고초는 그냥 '통과해야 할 싫은 일'이 아니다. 8:17-18이 말하듯이, 그 고초는 메시아가 받아들여야 할 구속의 소명 가운데 일부다. 메시아가 그것을 받아들여야 메시아의 사랑과 영의 기도가 이 땅의 어두운 곳에 있는 이들에게 알려질 수 있기 때문이다. 바로 이곳에서 예수의 상처와 세상의 상처가 만난다. 쉽고 편안한 설교와 가르침은 때로 그리스도인을 속여 우리가 이런 상황에 빠지는 것을 피할 수 있다고 생각하게 만들지만, 예수 자신은 그를 따르기로 결심한 이들에게는 바로 그런 일이 일어나리라고 말씀하셨다.

바울은 여기서 '여김을 받다regarded'라는 말을 사용하는데, 이 말은 때로 '간주되었다reckoned'로 번역하기도 한다. 로마서를 아는 사람은 바울이 쓴 이 말을 보며 로마서 4장 및 6장을 떠올릴 것이다. 거기서 바울은 믿음으로 '의롭다고 간주되었다', 세례를 받음으로 메시아와 '함께 죽었다가 함께 부활한 이로 간주되었다'라고 말한다. 그리고 이제 '메시아 안에 있는' 이들은 '도살당할 운명에 처한 양으로 간주된다.' 우리가 의롭다 함을 받고 세례를 받을 때 하나님이 하시는 선언에는, 우리가 도살당할 양이 되리라는 선언도 들어 있다.

그러나 어둠과 탄식은 끝이 아니다. 우리가 언급했듯이, 37절은 *alla*, 곧 '그러나'로 시작한다. 다시 말해, 그 모든 일이 너희 지평을 지배하지 못하게 하라는 말로 시작한다. 우리는 이 모든 일에서 가장 뛰어난 정복자*hypernikōmen*다. 전쟁이라는 맥락에서 보면, 이 말은 그저 으레 거두는 평범한 승리가 아니라, 적을 완전히 쓸어버리는 승리를 묘사할 수 있다. 나는 바울이 지금 우리 그리스도인이 '그것을 극복할' 수 있는 차원을 넘어, 이렇게 이사야가 말한 그 종의 사역에, 메시아의 고난에 동참함으로써, '결국은 모든 것을 잘 이겨낼' 이로 부름 받은 것에서 더 나아가, 온 세상의 고통과 분노를 다 없애고 이겨낼 방편으로 부름 받았다는 말을 하고 있는 게 아닌가 하는 생각을 해 본다. 우리 자신의 어둠, 투쟁 그리고 말할 수 없으나 간절한 기도를 담은 탄식은 다 그것과 관련이 있을 것이다. 결국 예수는 그저 자신을 고문하는 이들에게 저항하고 그들을 위해 기도하심으로 그의 고난을 정복하신 게 아니었다. 그는 그의 사랑을 드러낸 지극히 고결한 행동인 죽음으로 죽음 자체를 정복하셨다. 우리는 '우리를 사랑하신 이를 통해' 가장 뛰어난 정복자로 부름 받았다.

이런 말은 '내게 능력 주시는 자 안에서*en tō endynamounti me*' 모든 것을 할 힘을 가지고 있다고 말하는 빌립보서 4:13과 유사한 것 같다. 빌립보에서는 메시아의 능력이지만, 로마에서는 메시아의 사랑이다. 힘은 일어나는 일에 잘 대처할 수 있지만, 사랑은 기도하며 기꺼이 어두운 곳으로 가서 바로 그곳에 하나님의 빛을 비추고 그곳을 치유한다.

이렇게 특이한 분석을 제시하고 이 본문이 어떻게 흘러가는가에 관하여 이렇게 특이한 확신을 제시하는 이유는, 38절의 *pepeismai gar*, 곧 '내가 확신하니'에 등장하는 *gar* 때문이다. 내 미국 친구들이 말하듯이, 바울은 '수학을 했다.' 그는 계산을 했다. 바울은 35절에서 있을 수 있는 공격이나 재앙을 일곱 가지 열거한 뒤, 이제 그런 공격의 원천일 수 있는 곳을 열 가지 열거한다. 그리고 그 가운데 어떤 것도 메시아 예수 안에서 나타난 하나님의 사랑과 신자 사이에 끼어들 수 없다고 선언한다.

열 개를 담은 이 목록은 주로 짝을 지어 열거하고 있는데, 이상한 것 하나인 '능력'이라는 말은 예외이며, 모든 것을 아우르는 문구인 '다른 어떤 피조물'이 그 말과 균형을 이루고 있다. 첫 세 쌍은 '죽음과 생명', '천사와 통치자', '현재와 미래'다. 이어 바울은 '능력'을 집어넣으며, 이 말 뒤에 '높음과 깊음'이라는 쌍을 하나 더 제시한다. 그 다음 마지막으로 '다른 어떤 피조물'이 두드러진다. 이 모든 것은 '동서남북'을 말하는 것같이 온 우주를 아우른다. 바울은 정말 말 그대로 모든 것을 철저히 대비한다.

그렇다면 이것들은 무슨 의미인가? '죽음과 생명'은 우리가 처할 수 있는 두 가지 기본 상태이며, 죽음과 생명의 신비한 능력이 그 뒤에 자리하고 있다. 천사와 통치자는 하늘과 땅에 실제로 존재하는 능력들이다. 현재와 미래는 우리가 마주하는 두 시간대다. 하나님은 과거를 이미 십자가에서 처리하셨지만, 현재는 위험하며, 미래는 불확실하다. '능력'은 '천사와 통치자' 뒤에 남겨진 다른 어떤 세력일지도 모른다. '깊음과 높음'은 필시 우주가 다다르는 곳, 어떤

9장
로마서 8:34-39

별이나 행성이 다다를 수 있는 가장 높은 곳과 가장 낮은 곳을 가리키는 것 같다. 그것들은 바로 그런 곳에서 악한 영향력을 행사하고 있을 것이다.

바울이 강조하는 핵심의 일부는, 사실 이것이 모두 피조물이요 하나님이 지으신 세계의 일부라는 것이다. 이를 일러 주는 것이 '다른 어떤 피조물'이라는 말 같다. 반면, 복음은 몸소 육이 되신 창조주 바로 그분의 사랑에 관한 것이다. 물론 피조 세계의 일부인 이 요소들은, 그들 스스로 또는 그들 자신보다 어두운 세력들에게 넘겨지거나 그 세력들에게 이용당함으로써, 실제로 지금이나 이후에 우리를 하나님과 메시아의 사랑에서 떼어놓으려 할지도 모른다. 그것이 '피조 세계가 토해 내는 탄식'의 일부요, 인간의 오랜 우상 숭배와 불의에 따른 결과의 일부인 하나님의 선한 피조 세계에 일어난 와해다(롬 1:18). 로마서 8장은, 하나님의 백성이 죽은 자 가운데서 부활함을 전제로, 19-25절에서 온 피조 세계가 썩음의 노예 노릇에서 구조 받음에 관하여 이야기하면서, 그 문제에 대한 최종 대답을 제시하고, 이를 통해 결국 이 중간기에 여전히 존재하고 있는 '피조물'에게서 발생할 수 있는 모든 문제에도 대답을 제시한다.

바울은 현세에 존재하는 여러 힘이 여러 방법으로 우리를 하나님의 사랑에서 떼어놓으려 함을 직접 체험했다. 우리는 특히 그가 에베소에서 겪은 어려움, 곧 그가 고린도후서 1장에서 암시하는 어려움을 생각한다. 그러나 만일 그것이 이 세력들이 하려 하는 일이라면, 그들은 실패하고 말 것이다. 어떤 것도 우리를 하나님의 사랑에서 떼어놓을 수 없으며 떼어놓지 못할 것이다. 인간의 사랑에는 으레 헤어짐이 따른다. 여행이나 일 때문에 헤어질 수도 있고, 결국 죽음 때문에 헤어짐을 겪는다. 우리는 그런 인간이기에 영원히 깨질 수 없다고 보증하는 사랑을 상상하기가 힘들 수도 있다. 그러나 복음은 그런 사랑을 제공한다.

우리는 바울이 제시하는 논지의 가닥들을 결합하면서, 그가 십자가에 못 박히신 하나님의 아들의 부활 때문에 이 모든 것을 확신했고 우리도 그래야 한다는 것을 강조해야 할 것 같다. 어떤 이들은 모든 것을 십자가에 달려 있는 것으로 만들려고 애썼다. 그런 일이 벌어진 것은 여러 이유가 있겠지만, 예전의 자유주의가 부활을 그 그림 속에 담고 싶어 하지 않았던 것도 한 이유다. 아울러 나는 일부 설교자와 교사가 아주 좁은 시각으로 속죄론이라는 특정 교리에만 초점을 맞추었기 때문에 그런 일이 벌어진 것은 아닌지 저어한다. 속죄론에만 초점을 맞추면 부활은 때로 필요 없어 보이기 때문이다. 그러나 우리가 보았듯이, 십자가가 승리라고, 정말 유일무이한 승리라고 선언하는 것은 바로 부활이다. 창조주 하나님은 바로 부활을 통해, 십자가에 못 박혔다가 부활하신 예수가 진정 자신의 아들이요 이스라엘의 메시아이며 온 세상의 주임을 사람들 앞에 선언하셨다.

결국 로마서는 거기서 시작했다(1:3-5). 우리가 로마서의 중간 지점이요 이 서신에서 가장 심오한 논증의 결론 부분인 8장 끝에 이르렀으니, 그런 커다란 사고의 윤곽을 생각해 보는 것도 좋을 것 같

9장
로마서 8:34-39

다. 로마서 시작 부분은 하나님의 복음을 천명하면서, 결국 하나님이 언약에 신실하심을 드러낸다(1:16-17). 이처럼 하나님이 언약에 신실하시기에, 복음이 바로 구원을 베풀어 주시는 하나님의 능력이다. 이어 서신은 그 주된 논지를 활짝 연다. 인간은 우상 숭배와 정의롭지 못함으로 말미암아 온 피조 세계 안에서 하나님의 형상을 지닌 존재요 하나님을 반영하는 이가 되어야 할 소명을 이루지 못하고 말았다(1:18-2:16). 이스라엘도 실패했다. 예언자들은 계속하여 그 점을 지적했으며(2:17-29), 온 인류는 자신들을 변호할 말도 없이 재판을 받아야 하는 처지가 되어 버렸다(3:10-20). 그러나 하나님은 여전히 신실하셨으며(3:1-9), 메시아라는 인격체로 그리고 신실한 이스라엘 사람으로 오셔서, 과거 이스라엘의 소명이었으나 성경이 증언하듯이 이스라엘은 실패하고 말았던 순종을 하나님께 드렸다. 그 결과, 복음을 통해 유대인과 이방인을 아울러 용서받은 죄인들로 구성된 단일 가족이 만들어졌으며, 예수 자신의 신실하심과 공명하는 믿음이 이 가족의 표지가 되었다. 하나님은 예수의 죽음을 근거로 삼아 이 가족 구성원들이 이미 의로운 이들 가운데 들어 있다고 선언하셨다. 그들의 죄는 처리되었으며, 이제 그들은 아브라함의 가족 구성원이 되었다(3:21-4:25).

이렇게 하여 바울은 로마서 5-8장에서 하나님의 목적을 담은 지도를 펼쳐 놓는다. 로마서 5장 전반부와 후반부(1-11절과 12-21절)는 바울 자신의 논증이 어디로 향하는지 미리 큰 그림으로 보여 준다. 6-8장은 이제 하나님이 예수와 영을 통해 이루신 새 출애굽에 비추어 출애굽 이야기를 다시 들려준다. 8장은 한 바퀴를 돌아 5:1-11의 도입부로 되돌아온다. 칭의는 영광으로 이어지는데, 이 영광의 특징은 고난과 소망의 길이며, 영이 주는 하나님의 사랑이 그것을 지탱해 준다(5:1-5, 8:1-30을 가리키며). 이 자체는 메시아 안에서 자신을 내어주는 지극한 사랑을 보여 주신 하나님의 행위에 뿌리박고 있다(5:6-11, 8:31-39를 가리키며). 바로 그곳이 이 로마서 전반부가 결론을 맺는 곳이다.

언약에 기초한 하나님의 사랑이 승리를 거두었다. 이 사랑은 생각이 흐릿한 설교자들이 때로 말하는 어떤 경건한 느낌이나 막연한 '초월의식' 또는 그 비슷한 어떤 것을 훨씬 뛰어넘는 것이다. 바울은 '보증'에 관하여 말할 때, '무언가를 확신한다'고 말할 때, 그것을 믿으려면 눈을 감고 불편한 실체를 무시해야 한다고 제시하지 않는다. 확신한다는 그의 말은 그런 것이 아니다. 또 그는 모든 일이 분명 좋지 않을 때도 앞으로는 언제나 모든 것이 좋은 것처럼 행세하겠다고 말하지도 않는다. 그가 품은 확신, 그가 제시하는 설득, 그가 내놓은 보증은 모두 예수의 부활이라는 가장 중요한 '복음' 사건에서 비롯된 것이다. 하나님이 정녕 메시아 예수를 죽은 자 가운데서 살리셨다면…모든 일은 바로 거기서 비롯된다.

나는 몇 년 전에 한 놀라운 상황에서 그 점이 장엄하게 천명되는 것을 들었다. 우리는 로마서를 한 대도시로 생각하고 우리 자신을 우리가 다녀야 할 그 대도시 전역의 길을 익혀야 하는 택시 운전사로 생각하며 로마서 8장을 여행하는 일을 시작했다. 그 즈음 실제로 한 택시 운전사가 내가 런던에서 기차를 탈 수 있게 데려다주었다. 나는 교회 모임을 마치고 나온 터였고, 내 성직자용 칼라dog collar 를 여전히 착용하고 있었다. 천성이 유쾌했던 그 운전사는 나를 쓰 윽 살펴보더니, 당시 교회가 벌이고 있던 논쟁의 쟁점 중 하나에 관 하여 물었다. 이어 그는 핵심을 정확히 짚으며 이렇게 말했다. "저 는 늘 이렇게 말해요. 하나님이 예수 그리스도를 죽은 자 가운데서 살리셨다면, 다른 것은 다 그냥 로큰롤rock 'n' roll이죠. 안 그래요?" 이것이 바로 바울이 보증에 관하여 제시하는 가르침의 요체다. 온 피조 세계 안에 있는 다른 어떤 것도 우리를 우리 주 예수 메시아 안에서 나타난 하나님의 사랑에서 떼어놓을 수 없다.

로마서의
심장 속으로

로마에서 시작된 종말론:
황금시대(사투르누스 시대)의 귀환

베르길리우스, 〈목가집*Eclogue*〉 4.11-41 (p. 51)

그러나 자녀인 네게, 갈지 않은 땅이 아름다운 첫 소산을 내어주리라.…네가 청하지 않아도 그 땅이 스스로 너를 위해 웃음 짓는 꽃 요람을 내어주리라. 네가 청하지 않아도, 염소들이 젖으로 부푼 그 젖통을 생생히 보여 줄 것이요, 소들은 큰 사자들을 두려워하지 않으리라. 뱀 역시 멸망할 것이요, 그 독을 숨기고 있는 식물도 죽으리라.…땅은 써레질을 당하지 않고 포도나무는 가지치기를 당하지 않으리라. 밭 가는 튼튼한 이도 이제 그 소에게서 멍에를 벗기리라.

베르길리우스, 〈아이네이스*Aeneid*〉 6.789-794 (p. 589)

이 이가 진실로 네가 네게 약속된 이라고 허다히 들었던 그 사람, 아우구스투스 카이사르다. 그는 신의 아들이요, 한때 사투르누스가 다스린 지역 한가운데 있는 라티움Latium에 황금시대를 다시 세울 이다. 그는 그의 제국을…우리가 보는 별 너머에 있는 땅까지, 해와

태양의 길path of year and sun 너머에 이르기까지…뻗어나가게 할
것이다.

칼푸르니우스 시쿨루스, 〈목가집*Eclogue*〉 1.33-99

오 내 백성이여, 기뻐하라.…아무 고통이 없는 황금시대가 다시 태
어났도다.…그 어머니 품 안에 있을 때 승리를 거둔 한 청년[곧 네
로]이 그 행복한 시대를 다스리도다. 그가 신으로서 다스리면…평
화가 나타날 것이며…자비가 미친 무기들을 산산조각 내리라. 완전
한 평화가 우리에게 이르리니, 다시 사투르누스가 다스리는 시대로
데려갈 평화로다.

출처

Minor Latin Poets, vol. 1, trans. by J. W. Duff and A. M. Duff, Loeb
    Classical Library (Cambridge, MA: Harvard University Press, 1968).

Virgil, *Eclogues*; *Georgics*; *Aeneid I-VI*, trans. by H. R. Fairclough, rev. by
    G. P. Goold, Loeb Classical Library (Cambridge, MA: Harvard University Press,
    1999).

로마서의
심장 속으로

히브리 종말론:
메시아 시대 그리고/또는 하나님의 영광이 돌아옴

이사야 11:1-10

이새의 줄기에서 한 싹이 나며 그 뿌리에서 한 가지가 나서 결실할 것이요 그의 위에 여호와의 영…이 강림하시리니…이리가 어린 양과 함께 살며 표범이 어린 염소와 함께 누우며 송아지와 어린 사자와 살진 짐승이 함께 있어…내 거룩한 산 모든 곳에서 해 됨도 없고 상함도 없을 것이니 이는 물이 바다를 덮음같이 여호와를 아는 지식이 세상에 충만할 것임이니라. 그날에 이새의 뿌리에서 한 싹이 나서 만민의 기치로 설 것이요[70인역, *ho anistamenos archein ethnōn*, 롬 15:12에서도 이렇게 말한다] 열방이 그에게로 돌아오리니 **그가 거한 곳이 영화로우리라**[마소라 본문, *kabod*; 70인역, *timē*].

이사야 35:1-6

광야와 메마른 땅이 기뻐하며 사막이…그것들이 **여호와의 영광** 곧 우리 하나님의 아름다움을 보리로다. 너희는 약한 손을 강하게 하며 떨리는 무릎을 굳게 하며 겁내는 자들에게 이르기를 굳세어라, 두려워하지 말라, **보라 너희 하나님**이 오사 보복하시며 갚아 주실 것이라, 하나님이 오사 너희를 구하시리라 하라. 그 때에 맹인의 눈이 밝을 것이며.

이사야 40:4-5, 10

골짜기마다 돋우어지며 산마다, 언덕마다 낮아지며…**여호와의 영광**이 나타나고 모든 육체가 그것을 함께 보리라. 이는 여호와의 입이 말씀하셨느니라.…보라 주 여호와께서 장차 강한 자로 임하실 것이요 친히 그의 팔로 다스리실 것이라. 보라 상급이 그에게 있고 보응이 그의 앞에 있으며.

이사야 60:1-3, 19

일어나라. 빛을 발하라. 이는 네 빛이 이르렀고 **여호와의 영광**이 네 위에 임하였음이니라. 보라 어둠이 땅을 덮을 것이며 캄캄함이 만민을 가리려니와 오직 여호와께서 네 위에 임하실 것이며 **그의 영광이 네 위에 나타나리니** 나라들은 네 빛으로, 왕들은 비치는 네 광명으로 나아오리라.…다시는 낮에 해가 네 빛이 되지 아니하며 달도 네게 빛을 비추지 않을 것이요 오직 여호와가 네게 영원한 빛이 되며 **네 하나님이 네 영광이 되리니.**

　[아울러 가령, 시 96편; 98편; 사 2:2-4; 55:1-13; 미 4:1-5(피조 세

로마서의
심장 속으로

계의 새로워짐); 시 72편(정의를 가져오는 참된 왕 아래서 온 세계가 새로워짐);
겔 43장(하나님의 **영광**이 성전으로 돌아옴)을 함께 보라.]

시편 8:1, 4-6

여호와 우리 주여 주의 이름이 온 땅에 어찌 그리 아름다운지요!…
사람이 무엇이기에 주께서 그를 생각하시며 인자가 무엇이기에 주
께서 그를 돌보시나이까? 그를 하나님[혹은 천사들]보다 조금 못하
게 하시고 **영화**와 존귀로[70인역, *doxa kai timē*] 관을 씌우셨나
이다. 주의 손으로 만드신 것을 다스리게 하시고 만물을 그의 발아
래 두셨으니.

　　[더 나아가 고전 15:27; 엡 1:22; 빌 3:21을 보라. 바울은 이를 시
110:1, 단 7:27과 긴밀하게 연계한다.]

1. 본문이 언급한 작품

P. Brown, *The Ransom of the Soul: Afterlife and wealth in early western Christianity* (Cambridge, MA: Harvard University Press, 2015)

H. G. Jacob, *Conformed to the Image of His Son* (Downers Grove, IL: IVP Academic, 2018)

S. Keesmaat and B. Walsh, *Romans Disarmed* (Grand Rapids, MI: Brazos Press, 2019) 《로마서를 무장해제 하다》(새물결플러스)

C. Kugler, *Paul and the Image of God* (Lanham, MD: Lexington Books/Fortress Academic, 2020)

C. C. Newman, *Paul's Glory-Christology: Tradition and rhetoric* (Leiden: Brill, 1992)

C. Tilling, *Paul's Divine Christology*, 2nd edn [Grand Rapids, MI: Eerdmans, 2015 (2012)]

2. N. T. 라이트가 쓴 관련 작품

2021 *Galatians, Christian Formation Commentaries* (Grand Rapids, MI: Eerdmans) 《N.T. 라이트 갈라디아서 주석》(복있는사람)

2020 *Interpreting Paul: Essays on the apostle and his letters* (London: SPCK; Grand Rapids, MI: Zondervan)

로마서의
심장 속으로

2019 *History and Eschatology: Jesus and the promise of natural theology* (*HE*), Gifford Lectures 2018 (Waco, TX: Baylor University Press; London: SPCK)《역사와 종말론》(IVP)

2018 *Paul: A biography* (San Francisco, CA: HarperOne; London: SPCK)《바울 평전》(비아토르)

2016 *The Day the Revolution Began: Reconsidering the meaning of Jesus' crucifixion* (*DRB*) (San Francisco, CA: HarperOne; London: SPCK)《혁명이 시작된 날》(비아토르)

2015 *Paul and His Recent Interpreters* (*PRI*) (London: SPCK; Minneapolis, MN: Fortress)《바울과 그 해석자들》(IVP)

2013 *Paul and the Faithfulness of God* (*PFG*), Christian Origins and the Question of God 4 (London: SPCK; Minneapolis, MN: Fortress)《바울과 하나님의 신실하심》(CH북스)

2013 *Pauline Perspectives* (London: SPCK; Minneapolis, MN: Fortress)

2007 *Surprised by Hope* (*SH*) [London: SPCK; San Francisco, CA: HarperOne (US edn, 2008, subtitle Rethinking heaven, resurrection and the mission of the church)]《마침내 드러난 하나님 나라》(IVP)

2005 *Paul: Fresh perspectives* [London: SPCK; Minneapolis, MN: Fortress [US edn, title Paul in Fresh Perspective)]《톰 라이트의 바울》(죠이북스)

2004 *Paul for Everyone: Romans*, 2 vols (London: SPCK; Louisville, KY: Westminster John Knox)《모든 사람을 위한 로마서 I, II》(IVP)

2003 *The Resurrection of the Son of God* (*RSG*), Christian Origins and the Question of God 3 (London: SPCK; Minneapolis, MN: Fortress)《하나님의 아들의 부활》(CH북스)

2002 'Romans', in *the New Interpreter's Bible*, ed. by L. E. Keck et al. (Nashville, TN: Abingdon), vol. X, pp. 393-770《로마서-NIB 주석 시리즈》(에클레시아북스)

1991 *The Climax of the Covenant: Christ and the law in Pauline theology* (*CC*) [Edinburgh: T&T Clark; Minneapolis, MN: Fortress (US edn, 1992)]

롬 8장을 언급한 곳은 포함시키지 않았다.

구약 성경

창세기
1장 99, 104, 172, 204-205, 279,
   280, 317
1-2장 204-205, 212
1:2 248
1:26 43
3장 76, 104, 212
3-11장 50
12장 172
12:1-3 309
15:18-21 309
17:4-6 309
18:18 309
22장 306-309
22:15-18 309

출애굽기
2장 241

2:23-25 250, 296, 346
4:22 99, 157, 162, 165, 279
16:3 167
19:6 157
19:5-6 269
40장 32, 50, 55, 106

민수기
14장 167-168
14:20-22 168
16:22 143
20:3-5 167
25:12 130

신명기
6장 263
28장 76-77
28:41 77
30:15 165

30:15-20 129
32장 77, 86, 92
32:42 78

여호수아
24:15 129

사무엘하
7:14 99, 100
13:1 347
13:4 347
13:15 347

열왕기상
8장 32

에스라
9장 229

느헤미야
9장 229
9:20 170

욥기
34:14 143

시편
2편 51, 171-172, 204, 310
2:7 99, 100

2:8 171
8편 33, 46, 52, 56, 204-206, 225,
    279, 280, 367
31:5 143
42-44편 336
44편 229, 308, 331
44:21-22 336
44:22 250, 354
72편 168, 171, 200, 344, 367
76:2(70인역 75:2) 134
84편 174
89편 171
89:27 168, 279
96편 366
98편 366
105편 82
106편 82, 107
110편 204, 319
110:1 317, 367
120-134편(70인역) 성전에 올라가는
    노래 174
126:1(70인역 125:1) 78
132:14(70인역 131:14) 134
135:21(70인역 134:21) 134

전도서
3:21 143
12:7 143

이사야

2:2-4 366

11장 199-200

11:1-10 283, 365

11:9 50, 168

11:10 283

35장 200

35:1-6 365-366

40장 48, 200, 207

40-55장 48, 268, 269-270, 279, 285-286, 345, 348

40:4-5 366

40:5 269

40:10 270

45:21-25 270-271

49:3 269

50장 308, 311-312, 322

50:4-9 322

50:8 305

51:2 323

51:3 323-324

52장 48, 135, 207

53장 48, 348

53:7 355

54장 48

54:10 130

55장 48

55:1-13 366

55:3 279

60:1-3 366

60:19 366

63:7-14 169

예레미야

1:5 278

에스겔

34:25 130

37:26 130

40:1 78

43장 367

다니엘

7장 204, 207, 287, 317, 319

7:27 367

9장 78, 201, 229

9:24 201

호세아

5:3 278

13:5 278

아모스

3:2 278

미가

4:1-5 366

로마서의
심장 속으로

하박국
2:14 168

학개
2:5 169

말라기
2:5 130

외경
솔로몬의 지혜
1:7 233
9장 99

위경
에녹1서 241
에스라4서 241

사해 사본
사해 사본 170, 207

신약 성경
마태복음
23:21 134
26:36-46 173
26:39 180
28장 209, 321
28:18 316

마가복음
1:11 287
7:17-23 176
8장 173
8:29 287
9:7 287
10장 88
10:35-45 275
14:32-42 173
14:36 180
14:61 287
14:62 317

누가복음
1장 229
10:40 248
15장 146
23:46 143
24장 83, 126, 173

요한복음
3:8 21
3:16 62
7:39 91, 118
8:1-11 312-313
12:31-32 118
13:1 350
16장 241
16:33 118

고대 자료와 성경 구절 색인

19:30 143
20:22 91, 118
21장 233

사도행전
1-2장 136
3:17 107
3:21 215-216
7:55-56 319
7:59 143

로마서
1-4장 38, 309
1-8장 51
1:1-5 283
1:2 29
1:3 99
1:3-4 245, 281
1:3-5 44, 359
1:4 100, 282
1:15-17 346
1:16 322
1:16-17 39, 142, 360
1:17 141
1:18 358
1:18-2:16 360
1:32 108
2장 36
2-5장 101-102

2:1-16 312
2:7 42
2:7-10 56
2:10 42, 207
2:17-29 360
2:25-29 141
3장 23
3:1-9 360
3:10-20 360
3:21-4:25 50, 360
3:23 22
3:24-6 314
3:25 106
3:31 81
4장 144, 309, 355
4:13 42, 51, 117, 162, 309
4:19-22 119
4:24 144
5장 42, 102, 104, 205, 246, 280,
    281, 317
5-8장 38, 53, 164, 284, 292, 295,
    299, 309, 330, 339, 360
5:1 22
5:1-5 141, 257-258, 331, 339, 361
5:1-11 141, 360
5:2 42, 257
5:5 257, 263
5:6-11 295, 296, 339, 340, 344, 361
5:10 99, 100

5:11 299

5:12-21 44, 104, 172, 212, 360

5:15-17 105

5:17 33, 44, 52, 162, 182, 275

5:20 78, 79, 94-95, 105

5:21 299

6장 47 54, 103, 134, 164, 177, 217,
    218, 241, 314, 355

6-8장 74-78, 82-83, 106, 360

6:1-14 282

6:11 299

6:23 299

7장 23, 44, 54, 68, 73-87, 93-94,
    101, 103, 107, 116, 124, 130, 134,
    143, 164, 241

7:1-3 73

7:4-6 73, 141

7:5 81

7:7 74

7:7-25 74-75, 92, 105, 131

7:8-11 92

7:8-12 74

7:9 77

7:9-12 104

7:10 63, 74, 77, 90, 92, 108, 124,
    131

7:11 79

7:13 74, 80, 95, 105

7:13-19 74

7:13-20 107

7:13-25 167

7:15 107

7:17 135

7:19 107

7:20-25 74

7:21-23 86

7:22-23 75, 89

7:22 88

7:23 94

7:24 72

7:25 72, 89, 299

9-11장 38-39, 83, 96, 283

9:5 283

9.6-29 103

10:3 107

10:4 70, 103

11:16 244

12장 129

12-16장 38-39, 283

12:1-2 125, 131

12:2 23

12:5 283

13:8-10 120

15:7-13 307

15:12 283

고린도전서

2:11-12 179

3:9 266-267
3:21-23 310
6:3 276
7:19 120
7:32 131
9장 175
9:26-27 175
12:30 247
13장 292, 297
15장 151, 205, 215, 318
15:3-6 29
15:17 314
15:20 244
15:20-28 204
15:27 367
15:50 126
15:51 83

고린도후서
1장 358
1:22 244
3장 88, 96
3-4장 56, 188
3:18 280
4장 208
4:4-6 279
5장 83, 215, 343, 349
5:1-5 32
5:1-6:1 273

5:17 83
5:20-6:1 267
5:21 104, 105
6:1 266
6:10 311
10:3 125
11장 353

갈라디아서
1:15 278
1:16 269, 272
2장 82, 96, 124, 343
2:19 88
2:19-20 138
2:20 82, 99, 100, 124
3장 103
3:10-14 96
4:5-6 180
4:21-31 307
5장 127-128, 175
5:16-26 127
5:24 175

에베소서
1장 278, 318
1:14 244
1:22 367
2:22 134
3장 343

로마서의
심장 속으로

5:2 343

5:25 343

빌립보서

1장 141

1:21 138

1:24 82

2장 286

3장 210, 215, 280

3:12-16 273

3:19-21 204

3:20 32

3:21 181, 367

4:13 356

골로새서

1:10 131

1:13 168

1:15-20 279

1:18 279

1:24 338

1:27 138

3장 175, 217

3:4 210

3:5 175

데살로니가전서

4:1 131

데살로니가후서

2:13 343

요한일서

3:2 210

요한계시록

1:6 46, 212

5:10 46, 212

20:6 46, 212

21-22장 216

21:3 32

로마 문헌

칼푸르니우스 시쿨루스

〈목가집〉1.33-99 364

베르길리우스

〈아이네이스〉197, 341

〈아이네이스〉6.789-794 363

〈목가집〉4.11-41 363

고대 자료와 성경 구절 색인

옮긴이 | 박규태

번역이 생업인 전업 번역자다. 지금까지 《바울 평전》, 《신약성경과 그 세계》, 《성서의 역사》(이상 비아토르), 《두 지평》, 《1세기 기독교와 도시 문화》(이상 IVP), 《바울과 팔레스타인 유대교》(알맹e), 《바울의 종말론》(좋은씨앗), 《기독교, 그 위험한 사상의 역사》(국제제자훈련원), 《예수와 영》(감은사) 등 60여 권을 번역했으며, 《번역과 반역의 갈래에서》(새물결플러스)를 저술했다.

로마서의 심장 속으로

톰 라이트 지음 | 박규태 옮김

2024년 12월 9일 초판 1쇄 발행

펴낸이 김도완
등록번호 제2021-000048호
    (2017년 2월 1일)
전화 02-929-1732
전자우편 viator@homoviator.co.kr

펴낸곳 비아토르
주소 서울시 종로구 삼일대로 428, 500-26호
    (우편번호 03140)
팩스 02-928-4229

편집 김명희
제작 제이오

디자인 임현주
인쇄 민언프린텍   **제본** 다온바인텍

ISBN 979-11-94216-08-7 03230   **저작권자** ⓒ 톰 라이트, 2024